A DIGNIDADE DA PESSOA E A FAMÍLIA

CIP-BRASIL. CATALOGAÇÃO NA PUBLICAÇÃO
SINDICATO NACIONAL DOS EDITORES DE LIVROS, RJ

D569

A dignidade da pessoa e a família / coordenação Ives Gandra da Silva Martins, Diogo Leite Campos, João Dácio Rolim. - 1. ed. - São Paulo : Noeses, 2022.

336 p. ; 23 cm.
Inclui bibliografia
ISBN 978-65-89888-56-7

1. Direito de família - Brasil. 2. Dignidade (Direito) - Brasil. 3. Famílias - Brasil. I. Martins, Ives Gandra da Silva. II. Campos, Diogo Leite. III. Rolim, João Dácio.

22-78753 CDU: 347.6(81)

Meri Gleice Rodrigues de Souza - Bibliotecária - CRB-7/6439

Coordenadores
IVES GANDRA DA SILVA MARTINS
DIOGO LEITE CAMPOS
JOÃO DÁCIO ROLIM

A DIGNIDADE DA PESSOA E A FAMÍLIA

2022
editora e livraria
NOESES

Copyright © Editora Noeses 2022
Fundador e Editor-chefe: Paulo de Barros Carvalho
Gerente de Produção Editorial: Rosangela Santos
Arte e Diagramação: Renato Castro
Revisão: Georgia Evelyn Franco
Revisão tipográfica: Carolline Gomes de Souza
Designer de Capa: Aliá3 - Marcos Duarte

2022

editora e livraria
NOESES

Editora Noeses Ltda.
Tel/fax: 55 11 3666 6055
www.editoranoeses.com.br

PREFÁCIO

Este livro, que tenho a honra de prefaciar, enfeixa artigos escritos por juristas e um sociólogo eminentes, coordenados pelos professores Ives Gandra da Silva Martins, Diogo Leite Campos e João Dácio Rolim, e tem por objeto a família, tal como preconizado na Constituição Federal e no Código Civil de 2002.

A família, enfatiza a professora Angela Vidal Gandra Martins, doutora em Filosofia, na introdução ao livro, *"é o alicerce natural para a edificação de uma sociedade harmônica, justa e solidária, bem como de um verdadeiro Estado Democrático de Direito."*

Bem por isso, proclamou Rui, o maior constitucionalista brasileiro, que a *"Pátria é a família amplificada. E a família, divinamente constituída, tem por elementos orgânicos a honra, a disciplina, a fidelidade, a benquerença, o sacrifício. É uma harmonia instintiva de vontades, uma desestudada permuta de abnegações, um tecido vivente de almas entrelaçadas. Multiplicai a célula, e tendes o organismo."*[1]

Mas, a advertência é ainda da professora Angela, esses conceitos básicos vêm sofrendo *"deterioração intencional."* Daí a necessidade de um livro como este, acrescenta, em que os conceitos fundamentais dessa entidade superior, conceitos

1. Barbosa, Rui, *Discurso no Colégio Anchieta*, 13.12.1903.

em que se arrima o Estado Democrático de Direito, são afirmados, a nos trazer "*reflexões atuais sob o tema da família, com foco em suas essenciais relações como comunidade primária de pertença do ser humano*".

Vale a pena resenhar os magníficos trabalhos enfeixados no livro.

Temos, por primeiro, o artigo do professor Ives Gandra da Silva Martins – "*O Casamento Como Gerador e Base da Família*", que cuida do tema sob o ponto de vista jurídico, abordando a jurisprudência do Supremo Tribunal que vem se formando a partir da segunda década dos anos 2000, com o reconhecimento da união homoafetiva e seu status como instituto jurídico, a preponderância da afetividade sobre a biologicidade, o reconhecimento da união homoafetiva como entidade familiar, o direito à busca da felicidade, a proteção das minorias e equiparação da união estável homoafetiva e heteroafetiva e regime sucessório.

É que o Supremo Tribunal tem entendido que a Constituição Federal, art. 226, confere à família, base da sociedade, especial proteção do Estado. "*Família em seu coloquial ou proverbial significado de núcleo doméstico, pouco importando se formal ou informalmente constituída, ou se integrada por casais heteroafetivos ou por pares homoafetivos.*"[2]

Ives formula contundente crítica à interpretação do Supremo Tribunal Federal – e ressalto este ponto para mostrar a atualidade do trabalho – a respeito do reconhecimento da união estável para casais do mesmo sexo, "*desconfigurando, inclusive, o conceito constitucional de família*", assim "*em flagrante inconstitucionalidade.*"

Estivesse eu ainda no Supremo Tribunal Federal, que tive a honra de integrar, quando do julgamento da ADI 4277/DF e da ADPF 132/RJ, certamente que não teria votado no

2. "Diversidade – Jurisprudência do STF e Bibliografia Temática", Supremo Tribunal Federal, Secretaria de Documentação, 2020.

sentido da interpretação formulada pela Corte, o que declarei ao relator, meu colega e amigo, o eminente Ministro Carlos Ayres Britto, logo em seguida ao julgamento. Mas, concordando ou não com a interpretação da maioria dos julgadores, força é reconhecer que a decisão constitui decisão do seu tempo. Essa tem sido a orientação dos países civilizados, ou através de seus parlamentos ou mediante decisões de suas Cortes. Com o maior respeito ao meu amigo Ives Gandra, que aprendi, ao longo da vida, a admirar e respeitar, a decisão do Supremo Tribunal, no ponto, não é uma decisão inconstitucional, é uma decisão interpretativa da Constituição, feita pela Corte Constitucional, guardiã maior da Constituição; e a Constituição, segundo assinalou o *justice* Charles Evans Hughes, na Suprema Corte norte-americana, ele que foi dos seus maiores juízes, é o que a Corte Suprema diz que é.

Certo é que o professor Ives Gandra coloca o tema de forma superior, com forte conotação conservadora e tendo como base da família o casamento, *"caminho natural para a constituição da família e a união entre homem e mulher, no curso de toda a história da humanidade, sempre foi o que permitiu a evolução da raça humana."*

Segue-se o artigo do professor Paulo de Barros Carvalho, notável tributarista e dos maiores estudiosos da Filosofia do Direito, discípulo fiel do mestre da escola do Recife, Lourival Vilanova. Depois de explanar, com propriedade, o Direito e valores e as características deste, com a invocação, por exemplo, de mestres do quilate de Rudolf Hermann Lotze, Newton Sucupira, Tobias Barreto e Tercio Sampaio Ferraz Jr, Paulo de Barros Carvalho esclarece que a família constitui um valor positivado pelo direito – Constituição Federal, art. 226 e parágrafos – alçada a família *"à condição de princípio dos princípios, de sobreprincípio, consagrada como valor fundamental da ordem jurídica brasileira, de tal modo que deverá orientar tanto a autoridade que legisla quanto do intérprete dos documentos prescritivos."*

Importante o trabalho do professor e sociólogo Marcelo Couto Dias, mestre e doutor em Família na Sociedade Contemporânea pela Universidade Católica da Bahia – "*Considerações sociológicas acerca da dinâmica da família na contemporaneidade*" –, a buscar "*uma compreensão verdadeira da dinâmica da família na contemporaneidade*", e a exigir "*um olhar capaz de ir além, tanto da mera constatação do aumento dos divórcios e recasamentos e da redução da taxa de fecundidade, quanto da exaltação acrítica do fato de um número considerável de pessoas optar por estilos de vida não propriamente familiares*". O estudo tem base na tese de doutorado do autor, apoiado numa ampla bibliografia.

O artigo dos professores doutores José Mampuia André e Diogo Leite de Campos, professores da Universidade Autônoma de Lisboa, a mais antiga universidade privada de Portugal, e Diogo, dentre outros títulos, professor catedrático jubilado da Faculdade de Direito de Coimbra – "*A proteção dos mais necessitados: A Dignidade e Proteção do Nascituro em seio da Racionalidade-Permissibilidade Jurídica Binomial, [Justiça-Direito] e [Direito– Justiça]*" – reflete o pensamento jurídico europeu e, de forma marcante, o pensamento jurídico português, mas não deixando de ter presente o pensamento jurídico brasileiro, trazendo-nos lições relevantes no que toca à proteção do nascituro.

Ana Sofia Matos Fernandes escreve sobre "*O dever de respeito entre os cônjuges*", afirmando que "*Família é amor, empatia, simpatia, cuidado*", o que "*é positivado na própria ideia de comunhão de vida e nos deveres dos cônjuges que são deveres de cuidado, de colaboração*". E indaga a autora: "*será que o dever de respeito marca afastamento*?"; ela própria responde: "*parece-me que não.*" E conclui que, "*bem analisado, é viver com o outro para o outro, tal como este É.*" Num momento em que muitos casamentos são desfeitos, e desfeitos justamente por não compreenderem os cônjuges que as uniões conjugais dependem de uma doação permanente entre ambos, o trabalho de Ana Sofia Matos Fernandes vem em boa hora.

O artigo "*A Importância dos Deveres Recíprocos do Casamento na Família Brasileira*", da professora doutora Regina Beatriz Tavares da Silva, analisa os "*deveres recíprocos do casamento e de sua importância na entidade familiar*", concluindo que "*o ordenamento jurídico brasileiro, baseado na monogamia, ao estabelecer os deveres conjugais tem em vista o bem comum do casal, encontrado no desenvolvimento e na preservação do casamento e, por conseguinte, da família, célula básica da sociedade.*"

Angela Vidal Gandra Martins, doutora em Filosofia do Direito, e Daniel Celestino de Freitas Pereira, especialista em governança de tecnologia da informação, escrevem, com base em extensa bibliografia, sobre "*O impacto dos Cybercrimes na Família*", procurando "*compartilhar experiência contemporânea referente à prevenção dos crimes cibernéticos no* âmbito *familiar, destacando a necessidade de maior informação sobre a abrangência e transcendência do tema, e a importância da denúncia para o combate.*" Para que isso se torne realidade, os autores, ao tempo em que abordam o problema, apresentam "*as políticas públicas familiares aplicadas.*"

O artigo – "*Guarda Compartilhada: os obstáculos e o estado da arte na jurisprudência do Superior Tribunal de Justiça*" – da Ministra Fátima Nancy Andrighi, das mais brilhantes integrantes daquela Corte superior, demonstra que não obstante a clareza do § 2º do art. 1.584 do Código Civil, "*expressa ao esclarecer, de maneira definitiva, que a guarda compartilhada não é meramente prioritária, mas sim obrigatória, se ambos os genitores estiverem aptos ao exercício do poder familiar e tiverem interesse em exercer a guarda*", não obstante, repita-se, "*a clareza do texto normativo, persistem as dificuldades na fixação da guarda compartilhada, o que demanda, sobretudo do Poder Judiciário, esforço no sentido de afastar os falsos obstáculos opostos à implementação dessa modalidade de guarda*". Mas, acrescenta a ilustre magistrada, o Superior Tribunal de Justiça tem se esforçado no sentido de fazer da guarda compartilhada "*a regra e a realidade das famílias brasileiras que convivem com as consequências da separação e do divórcio.*"

"A Relação entre Avós e Netos" é o estudo de Cristina Paula Soeiro, mestre em Direito pela Universidade Autônoma de Lisboa, a enfatizar "*a relação estabelecida entre os avós e netos*", que tem "*como finalidade a prossecução de outros direitos consagrados na esteira dos direitos fundamentais em que todas as pessoas são titulares*". E que "*a promoção do direito ao desenvolvimento da personalidade e historicidade pessoal, dá- se em contexto das relações intergeracional, das pessoas mais velhas para com os mais jovens, ao conhecimento das suas origens, o benefício das relações pessoais ao convívio entre os netos e avós, tem essa relevância no* âmbito do *desenvolvimento da personalidade do jovem.*"

"O casamento: de promessa para a eternidade a amor líquido", de Anderson Fernandes, termina por conceituar o que pode ser entendido como "*amor líquido*", que se consubstancia no casamento católico, "*onde não se trata jamais de uma simples relação, de um simples acordo, mas sim um pacto*", ou "*uma relação que vai se perpetuar com a união dos cônjuges, afastando a ideia de fragilidade e permeabilidade do nada a eternidade, e trazendo para si a ideia de resistência dando início a um relacionamento do nada à eternidade.*" E conclui, com certo pessimismo, que "*o amor líquido* é aquele que escorre por entre os dedos feito água, é instável, não tem *forma e substância, não dura; e encontrar alguém para fazer essa água se transformar em algo sólido e permanente é, nos dias de hoje, um grande desafio.*" Infelizmente, num mundo de permissividades essa parece ser a realidade.

"*A nova 'De Civitate Dei' e a dignidade da casa de morada de família*", de Mónica Martinez de Campos, professora associada no Departamento de Direito da Universidade Portucalense e Rui de Morais Damas, mestre em Direito pela Universidade Portucalense, firmado o estudo em ampla bibliografia, conclui no sentido de que "*o princípio da dignidade humana, fundamento maior do direito enquanto ciência antropocêntrica, só encontra efetividade quando articulado com outros axiomas, nomeadamente o direito à habitação e o direito de proteção da família"*, *ambos "plasmados nas constituições portuguesa e brasileira, e em vários preceitos de direito internacional."*

Finalmente – *Last but not least* –, o artigo de João Dácio Rolim, que além de doutor em Direito Tributário pela Universidade Federal de Minas Gerais (UFMG) e outros títulos meritórios, é doutor em Comércio Internacional, Tributação Internacional e Direitos Humanos internacionais pela Queen Mary University of London – *"A Dignidade da Família no Direito Internacional dos Direitos Humanos"* – cuida do tema no campo do Direito Internacional *"e sua proteção como um direito humano natural e fundamental reconhecido universalmente nas declarações e convenções internacionais de direitos humanos"*, a começar pelas *"Declarações e Convenções Internacionais de Direitos Humanos Fundamentais no âmbito da ONU"*, seguindo-se nas *"Convenções e Tribunais Internacionais Regionais de Direitos Humanos e a Família (Europeia, Interamericana e Africana)"* e em *"Outras Declarações Regionais e a Islâmica"* e a *"Interação entre os Instrumentos Internacionais na Proteção Universal* à *Dignidade da Família."* Trata-se, vê-se, de importante abordagem do tema, a demonstrar a relevância deste e o cuidado e o empenho dos órgãos internacionais em protegê-lo.

Os trabalhos que acabamos de resenhar, e que constituem o livro que tenho a honra de prefaciar, vão despertar debates salutares, tendo em vista, sobretudo, as decisões progressistas do Supremo Tribunal Federal que, interpretando, como lhe cabe, a Constituição, a partir do que inscrito no seu art. 226 e parágrafos, reconhece que a família, "*base da sociedade*", tem direito à "*especial proteção do Estado*", e que inexiste "*hierarquia ou diferença de qualidade jurídica entre as duas formas de constituição de um novo sinônimo perfeito de família*", pelo que "a Constituição não interdita a formação de família por pessoas do mesmo sexo."

Gostemos ou não dessas decisões, certo é que, conforme linhas atrás acentuei, são decisões do seu tempo, em consideração a algo que há muito vem sendo proclamado pelos estudiosos da Teoria Geral do Direito, de que este não somente existe para regular a vida em sociedade, mas, sobretudo, para assegurar a felicidade das pessoas, justamente o que foi inscrito, pelos *Founding Fathers*, na Declaração de Independência dos Estados Unidos: "*Consideramos estas verdades como autoevidentes, que todos os homens são criados iguais, que são dotados pelo Criador de certos direitos inalienáveis, que entre estes são vida, liberdade e busca da felicidade.*"

Os entendimentos, embora divergentes, buscam realizar a felicidade das pessoas. E convidam-nos ao debate, valendo invocar a dialética do idealismo de Hegel: a toda ideia, que constitui uma tese, contrapõe-se uma antítese. Do confronto inteligente entre tese e antítese surge a síntese. Mas a síntese é outra ideia a fazer surgir nova antítese. E do confronto, uma nova tese. É desse debate salutar que se busca a felicidade das pessoas.

Este livro, por isso mesmo, prestará relevante serviço. Não faltará, certamente, na biblioteca dos estudiosos do Direito.

Brasília, DF, 12 de outubro, de 2021.

Carlos Mário da Silva Velloso

Ministro aposentado do Supremo Tribunal Federal.
Professor emérito da Universidade de Brasília (UnB) e da Pontifícia Universidade Católica de Minas Gerais (PUC-MG), em cujas Faculdades de Direito foi professor titular de Direito Constitucional e Teoria Geral do Direito Público.
Advogado.

SUMÁRIO

PREFÁCIO – *Carlos Mário da Silva Velloso* V

INTRODUÇÃO – *Angela Vidal Gandra Martins* 1

O CASAMENTO COMO GERADOR E BASE DA FAMÍLIA – ***Ives Gandra da Silva Martins*** 7

A INSTITUIÇÃO DA FAMÍLIA COMO VALOR CONSAGRADO PELA CONSTITUIÇÃO DA REPÚBLICA – ***Paulo de Barros Carvalho*** 29

CONSIDERAÇÕES SOCIOLÓGICAS ACERCA DA DINÂMICA DA FAMÍLIA NA CONTEMPORANEIDADE – ***Marcelo Couto Dias*** 49

A PROTEÇÃO DOS MAIS NECESSITADOS – ***José Mampuia André e Diogo Leite de Campos*** 71

O RESPEITO DA PESSOA QUE VAI NASCER – ***Diogo Leite de Campos*** 91

O DEVER DE RESPEITO ENTRE OS CÔNJUGES – ***Ana Sofia Matos Fernandes*** 107

A IMPORTÂNCIA DOS DEVERES RECÍPROCOS DO CASAMENTO NA FAMÍLIA BRASILEIRA – ***Regina Beatriz Tavares da Silva*** 119

O IMPACTO DOS CYBERCRIMES NA FAMÍLIA – ***Angela Vidal Gandra Martins e Daniel Celestino de Freitas Pereira*** 143

GUARDA COMPARTILHADA: OS OBSTÁCULOS E O ESTADO DA ARTE NA JURISPRUDÊNCIA DO SUPERIOR TRIBUNAL DE JUSTIÇA – ***Fátima Nancy Andrighi*** 169

A RELAÇÃO ENTRE AVÓS E NETOS – ***Cristina Paula Soeiro*** 197

O CASAMENTO: DE PROMESSA PARA A ETERNIDADE A AMOR LÍQUIDO – ***Anderson Fernandes*** 225

A NOVA "DE CIVITATE DEI" E A DIGNIDADE DA CASA DE MORADA DE FAMÍLIA – ***Mónica Martinez de Campos e Rui de Morais Damas*** 239

A DIGNIDADE DA FAMÍLIA NO DIREITO INTERNACIONAL DOS DIREITOS HUMANOS – ***João Dácio Rolim*** 285

INTRODUÇÃO

Angela Vidal Gandra Martins[1]

Família. Sociedade. Estado. A primeira é o alicerce natural para a edificação de uma sociedade harmônica, justa e solidária, bem como de um verdadeiro Estado Democrático de Direito.[2] Vivemos, infelizmente, uma deterioração intencional desses conceitos básicos – praticamente evidentes por si mesmos[3] –, e de sua hierarquia, arrastando até mesmo os bem intencionados a querer colocar o telhado antes de sedimentar a base.

O indivíduo foi desmembrado de sua comunidade, passando a ser tomado isoladamente como objeto de variadas políticas públicas desconexas,[4] "protegendo-se" desde a criança ao idoso, passando pelas mulheres, adolescentes e jovens, bem como pessoas com deficiência, tendo, em geral, como

---

1. Secretária Nacional da Família no Ministério da Mulher, da Família e dos Direitos Humanos. Doutora em Filosofia do Direito. Professora na Universidade Presbiteriana Mackenzie. Membro da Academia Brasileira de Filosofia e da Academia Paulista de Letras Jurídica.

2. SCALIA, Antonin. *The Rule of Law as a Law of Rules*. 56, University of Chicago Law Review. 1175 (1989)

3. FERRAZ, Carlos Adriano. *Direitos, bem comum e florescimento humano*. Dissertatio (39) 193 – 220, 2014, p. 195.

4. MELLO, Ricardo Gustavo Garcia. *A destruição da família no marxismo de Marx*. Filosofia Educativa, 3-10-2016.

pano de fundo, um princípio de oposição, e não, de composição de relações.

Além de desmascarar interesses ideológicos ou pragmáticos subjacentes, que levam à manipulação através da informação, doutrinação e/ou deformação, tais como concepções materialistas ou utilitaristas moralmente neutras; a hipersexualização anti- humana[5] que vai minando uma compreensão mais profunda da grandeza e do significado decisivo da família como fundamento da sociedade[6] etc., é preciso investir no positivo, operacionalizando uma mudança cultural que devolva ao ser humano o que lhe é naturalmente devido e fonte da mais completa felicidade humana, que, consiste, em última análise, em amar e ser amado.

De fato, a família é constituída a partir de uma relação[7] – em tese, de um abraço de amor – que deveria se prolongar no tempo, abarcando a vida, os irmãos, os pais, os avós, os amigos, a sociedade, a profissão como serviço etc., e, por sua vez, consolidando uma perspectiva autotranscendente. O ser humano é, por excelência, relacional e social, e essas relações são principalmente construídas a partir de uma família – escola de fé e de amor –, berço da cidadania, e, consequentemente, de solidariedade.

Nos últimos séculos, a pauta de direitos humanos – que, hoje, em muitos casos, não podem ser chamados nem de direitos nem de humanos – não traz como contrapartida necessária para o equilíbrio da balança a projeção dos deveres humanos. Por outro lado, levanta-se a bandeira da liberdade e da igualdade – frequentemente, também, sem entender o seu mais profundo significado ontológico, o que torna insatisfatória sua

---

5. EBERSTADT, Mary e LAYDEN, Mary Ann. *The Social Costs of Pornography: a statement of finding and recommendations*. Princeton: Whiterspoon Institute, 2019.

6. FINNIS, John. *Natural Law and Natural Rights*. Oxford: Clarendon Press, 1980, p. 276 et seq.

7. SLATER, Sharon. *Stand for the Family*. Inglestone Publishing: Litchfield Park, Arizona, 2015, p. 29 et seq.

implementação –, colocando em escanteio a fraternidade, que viabilizaria o exercício dos antecedentes, e que, por sua vez, é desenvolvida primeiramente a partir de uma família, estendendo-se o conceito e a prática à sociedade.

Situados no que hoje denominamos de pós-modernidade,[8] chama a atenção a fragilidade dos vínculos familiares e os desafios que envolvem a vida no lar. É evidente a falta de maturidade humana que, em geral, permeia os compromissos matrimoniais. Muitos fatores contribuem para a instabilidade consequente e, infelizmente, para o índice de divórcios, violência doméstica, falta de solidariedade intergeracional etc.

De qualquer forma, não nos parece distante ou impossível uma guinada histórica através da oferta de formação e informação no plano acadêmico, social, político e internacional, o que vemos com otimismo. Tendo em conta a vocação natural do ser humano para um relacionamento profundo e para a perpetuação do amor através do dom da vida, percebe-se que a desorientação provocada é artificial e pode ser reconduzida. De fato, não se pode subestimar a capacidade humana de tender ao bem que lhe é próprio, ainda que o mau exercício da liberdade possa provocar inevitáveis desvios. Muito depende, porém do alimento que se oferece: "pão e circo" ou preparação racional, relacional e afetiva que possa potencializar decisões tomadas não só com mais liberdade – essencial para amar verdadeiramente –, mas também com um sentido de responsabilidade definitivo, como a etimologia da palavra indica: tornar-se "*res sponsus*".[9]

Nesse sentido, essa obra deseja trazer reflexões atuais sob o tema da família, com foco em suas essenciais relações como comunidade primária de pertença do ser humano. Ela é, por excelência, o primeiro e indispensável *locus* de sociabilidade humana. É a matriz da relacionalidade, do mútuo

---

8. BAUMAN, Zigmunt. *Liquid Modernity*. Cambridge: Polity Press, 2000, p. 57 et seq.

9. YEPES, Ricardo e ARANGUREN, Javier. *Fundamentos de antropología*. Pamplona: Eunsa, 2001, p. 165 et seq. Et 283 et seq.

reconhecimento e do cuidado em todos os sentidos. É uma escola de abertura aos demais e do descobrimento do outro.[10] Onde se aprende a compartilhar, a partir do exercício das virtudes básicas da convivência tais como a generosidade, e equidade, a amabilidade, o respeito etc.

Em realidade, é o amor que permite a mais plena realização do ser humano. Do que pode adiantar lutar somente pela sustentabilidade de um planeta se as pessoas não se dão bem? É preciso focar, em primeiríssimo lugar, na estruturação, sustentabilidade e qualidade das relações humanas.[11] Por essa razão, através de uma abordagem principalmente antropológica, este estudo aprofundar-se-á na conjuntura familiar e no fortalecimento de seus vínculos, projetando, brevemente, as possíveis consequências pessoais, sociais, econômicas e jurídicas, de acordo com o rumo que se toma em sua defesa ou desprezo formal. Na prática, investir na família é voltar ao óbvio, ainda que obscurecido para alguns. Daí a necessidade de não nos basearmos somente em fatos, mas em sua avaliação a partir de critérios humanos, de onde se possam traçar soluções eficazes fundamentadas em evidências ontológicas.

Em realidade, muito se deseja, social e politicamente, que este retorno seja definitivo, principalmente após as lições ocasionadas pela pandemia, que, de certa forma, retirou as famílias de uma mera justaposição para uma necessária relação. Tendo em conta os resultados relativos às famílias disfuncionais, às estruturadas e às que se têm reconstituído a partir dos novos desafios, o foco na família tem-se fortalecido também na esfera internacional. É, portanto, um grande momento para suscitar ponderação mais profunda sobre a importância do fortalecimento de vínculos familiares. Não somente em geral, mas

10. LEITE DE CAMPOS, Diogo e ANDRIGUI, Fátima Nancy. *Pessoa, direitos e direito*. São Paulo: Ed. RT (Thomson Reuters), 2021, p. 29 et seq. et 121 et seq.

11. MARTINS, Angela Vidal da Silva. *The importance of philosophical and anthropological knowledge in management education regarding sustainability* in AREVALO, Jorge e MITCHELL, Shelley. *Handbook of Sustainability in Management Education*. Concord: 2017, p. 151 *et seq.*

particularmente, já que toda família tem seu inevitável reflexo social, como célula *mater*, cátedra de cidadania, exemplaridade e transformação da escola e da comunidade. Efetivamente: uma vitória no coração de uma família significa a vitória no coração de muitas. Tal pai, tal filho, tal família, tal sociedade.

Por fim, esperamos demonstrar, através do escrito, que a paternidade e a maternidade vão muito além de prover para a família: "Se pai e mãe é uma relação profunda, afetiva, que requer uma implicação plena".[12]

Referências

BAUMAN, Zigmunt. *Liquid Modernity*. Cambridge: Polity Press, 2000.

EBERSTADT, Mary; LAYDEN, Mary Ann. *The Social Costs of Pornography: a statement of finding and recommendations*. Princeton: Whiterspoon Institute.

FERRAZ, Carlos Adriano. *Direitos, bem comum e florescimento humano*. Dissertatio (39) 193 – 220, 2014.

FINNIS, John. *Natural Law and Natural Rights*. Oxford: Clarendon Press, 1980

LEITE DE CAMPOS, Diogo; ANDRIGUI, Fátima Nancy. *Pessoa, direitos e direito*. São Paulo: Ed. RT (Thomson Reuters), 2021.

MARTINS, Angela Vidal da Silva. *The importance of philosophical and anthropological knowledge in management education regarding sustainability* in AREVALO, Jorge e MITCHELL, Shelley. *Handbook of Sustainability in Management Education*. Concord: 2017.

MELLO, Ricardo Gustavo Garcia. *A destruição da família no marxismo de Marx*. Filosofia Simple e Educativa. Disponível em: https://bit.ly/3yBNSgx Acesso em: 13 maio 2022.

12. OCARIZ, Fernando. Entrevista concedida à jornalista Paula Hermida Romero. Madrid, 2020.

SCALIA, Antonin. *The Rule of Law as a Law of Rules*. 56, University of Chicago Law Review. 1175 (1989)

SLATER, Sharon. *Stand for the Family*. Inglestone Publishing: Litchfield Park, Arizona, 2015.

YEPES, Ricardo; ARANGUREN, Javier. *Fundamentos de antropología*. Pamplona: Eunsa, 2001.

O CASAMENTO COMO GERADOR E BASE DA FAMÍLIA

Ives Gandra da Silva Martins[1-2]

Resumo: Trata-se de estudo dedicado à analise do perfil constitucional do instituto do casamento, demonstrando a clara intenção do Constituinte em proteger a família, assim entendida como a união de um homem com uma mulher, bem como sua prole, se houver. O estudo aborda, ainda, a interpretação da Suprema Corte a respeito do tema que, em flagrante inconstitucionalidade, reconheceu a união estável para casais do mesmo sexo, desconfigurando, inclusive, o conceito constitucional de família.

Palavras-chaves: Casamento – Família – Constituição – União estável – Supremo.

Abstract: This is a study dedicated to analyzing the constitutional profile of the marriage institute, demonstrating the Constituent's clear intention to protect the family, thus understood as the union of a man with a woman, as well as his offspring, if any. The study also addresses the interpretation of the Supreme Court

---

1. Professor Emérito das Universidades Mackenzie, UNIP, UNIFIEO, UNIFMU, do CIEE/O ESTADO DE SÃO PAULO, das Escolas de Comando e Estado-Maior do Exército - ECEME, Superior de Guerra - ESG e da Magistratura do Tribunal Regional Federal – 1ª Região; Professor Honorário das Universidades Austral (Argentina), San Martin de Porres (Peru) e Vasili Goldis (Romênia); Doutor *Honoris Causa* das Universidades de Craiova (Romênia) e das PUCs-Paraná e Rio Grande do Sul e Catedrático da Universidade do Minho (Portugal); Presidente do Conselho Superior de Direito da FECOMERCIO/SP.

2. Agradeço a contribuição de minha Assistente Ana Regina Campos de Sica, que resgatou textos meus, auxiliando-me na elaboração do presente artigo.

on the theme that, in flagrant unconstitutionality, recognized the stable union for same-sex couples, even disfiguring the constitutional concept of family.

Keywords: Marriage - Family - Constitution - Stable union – Supreme.

Sumário: Introdução – O casamento na Constituição: I. Do casamento civil; II. Do casamento religioso; III. Da união estável; IV. Da entidade familiar; V. Da igualdade entre homens e mulheres; VI. Do divórcio; VII. Do planejamento familiar; VIII. Da assistência estatal. – O STF e a família – Conclusão.

INTRODUÇÃO

Foi com muito prazer e honra que aceitei o convite para integrar este livro dedicado a um tema que me é tão caro, qual seja: o casamento, exatamente por ele ser o berço da família. Isso porque, nenhuma sociedade pode viver sem valorizar a família que, por sua vez, depende, fundamentalmente, da vivência de valores.[3]

No passado, Deus, Pátria e Família formatavam o comportamento das pessoas e, mesmo nas tiranias e monarquias absolutas, tal concepção, que os homens valorizavam, dava alento à sociedade.

Nos tempos atuais, entretanto, a família sofre ataques de todos os lados, com destaque para a interpretação judicial que, em contraponto ao tratamento que o constituinte deu ao tema, tem desfigurado a família.

É o que passo a demonstrar.

---

3. Pinto Ferreira ensina:
"A família é uma célula social, tem uma importância básica na estrutura da sociedade, é a própria base da sociedade. Ela recebe uma proteção especial do Estado, pois com o seu amparo se aperfeiçoa e se aprimora a própria instituição política. O homem quando nasce é de imediato membro de uma família e pertence à unidade política de importância que é o Estado. A unidade familiar é reconhecida como a união estável entre o homem e a mulher, devendo a lei facilitar a sua conversão em casamento". (*Comentários à Constituição brasileira*, Saraiva, 1995, v. 7, p. 338).

O CASAMENTO NA CONSTITUIÇÃO

Felizmente, o constituinte fez questão de acentuar, no *caput* do primeiro artigo do Capítulo VII do Título VIII, que família é a base da sociedade, cabendo ao Estado protegê–la.[4]

Mais do que isso, o constituinte impôs ao Estado o dever de protegê-la de forma "especial", adjetivo que dá força ainda maior à norma.

Eis, pois, a disposição do artigo:

> ***Art. 226. A família, base da sociedade, tem especial proteção do Estado. (Redação dada pela EC n. 65, de 13-07-2010.)***

Lamentavelmente, tal princípio, essencial para o fortalecimento da sociedade brasileira e da democracia no País, não tem sido observado nem pelo Estado nem pelos governantes, estes o mais das vezes, por nunca se terem dedicado ou protegido a própria família, quando a têm.[5]

---

4. Jacques Leclercq esclarece: "Revelação e direito natural na moral familiar. Fala-se correntemente de uma doutrina cristã acerca do matrimônio e da família. Essa doutrina cristã da família é uma das manifestações mais características do nexo existente entre a revelação e a moral natural (v. Leclercq, Leçons, t. I, n. 14). Os princípios novos oferecidos pela revelação reduzem-se a pouca coisa. No Antigo Testamento, a lei de Moisés perfilhou e consagrou a instituição familiar tal como vigorava entre os judeus, desde o tempo dos Patriarcas. Descobre-se nela um esforço no sentido de purificar a instituição familiar, mas não se pode dizer que introduza princípios novos (v. ns. 16 e 17). No Novo Testamento, a instituição foi ainda mais purificada, mas, como novidade, só se encontra a elevação do matrimônio à dignidade de sacramento, e porventura a sua indissolubilidade absoluta (v. n. 18). Fora disso, o ensinamento cristão apenas adota e purifica o que poderíamos chamar a tradição humana, isto é, a concepção da família comum a todos os povos civilizados". (*A família,* Quadrante/EDUSP, 1968, p. 9).

5. Gregorio Delgado considera essencial a valoração do outro no casamento: *"Si hubiera que destacar una constante en los planteamientos modernos, ésta podría ser la importancia que otorgan a la actitud, estima o valoración que el contrayente hace de las cualidades o circunstancias personales del otro"*. (*Error y matrimonio canónico*, Pamplona, Ed. Universidad de Navarra, 1975, p. 172).

I. Do casamento civil

§ 1.º O casamento é civil e gratuita a celebração.

Desde a separação do direito canônico daquele do Estado, que toda a ordem jurídica é civil.

Por essa perspectiva, o casamento válido perante o direito brasileiro é o civil,[6] apesar de o casamento religioso poder ganhar efeitos civis sempre que formalmente o casamento civil não se tenha concretizado por obstáculos que não dizem respeito à própria lei, o que mostrarei ao comentar o § 2º.

O certo é que, consagrando o direito pátrio, a família como a base da sociedade e sendo a família fundamental constituída pelo casamento, é de se compreender que o Estado propicie sua celebração de forma gratuita, como meio de estimulá-lo.[7]

A Lei 6.015, de 31 de dezembro de 1973, e os arts. 180 e s. do Código Civil de 1916, bem como os arts. 1.511 e seguintes do Código Civil (Lei 10.406, de 10 de janeiro de 2002), cuidaram

---

6. Manoel Gonçalves Ferreira Filho esclarece: "Casamento civil. Esta norma permanece na Constituição por força da tradição. Na verdade, ela tem caráter infraconstitucional. Convém lembrar, todavia, que a primeira Constituição republicana, fiel à inspiração laica dos positivistas, só reconhecia como casamento o civil, cuja celebração haveria de ser gratuita. Mas já a Lei Magna de 1934 reconheceu ao casamento religioso efeito civil, como está no parágrafo seguinte" (*Comentários à Constituição brasileira de 1988*, Saraiva, 1995, v. 4, p. 107).

7. Joseph Hoffner esclarece: *"El matrimonio como contrato e institución. En la Enc. Casticonnubii (parte II) de Pío XI se dice: 'El matrimonio tiene solamente lugar a través del libre consentimiento de ambos contrayentes'. Objeto de esta unión de voluntades, que 'no puede ser substituída por ningún poder humano', es, con todo, solamente esto: 'que los contrayentes quieran o no contraer realmente matrimonio, y, a decir verdad, con una determinada persona'. Por otra parte, la naturaleza del m. 'está completamente sustraída al capricho de los contrayentes, de modo que quien haya contraído una vez matrimonio se someta a las leyes divinas y a la naturaleza intrínseca del mismo' (Denz. Sch. 3700). Mientras otros contratos están sujetos al libre convenio de los contrayentes, el contrato matrimonial está determinado en su contenido por su misma naturaleza, es decir, por Dios mismo. La celebración del m. en la forma contratual de modo que cree una obligación ante Dios y ante los hombres es una exigencia del orden social y, al mismo tiempo, una manifestación del amor conyugal, que se expresa a través del juramiento santo como unidad, indisolubilidad y exclusividad. En este sentido es el contrato matrimonial 'la traducción jurídica del concepto del amor'* (R. Savatier)" (*Gran Enciclopédia Rialp*, Madrid, Rialp, 1984, t. 15, p. 295).

da formalização do matrimônio civil entre o homem e a mulher. Principalmente após a sistematização do direito pelos romanos, nenhuma legislação havia sido tão abrangente.

A afirmação, por outro lado, de que o casamento é civil demonstra, nitidamente, a conformação leiga do ordenamento nacional, uma vez que, nada obstante a preservação do matrimônio como a base da família, o constituinte reafirma que é casamento aquela união que o Estado determina que seja e na forma que determinar, desde que necessariamente entre um homem e uma mulher. O constituinte não cuidou do casamento entre pares homossexuais.

Sendo assim, o casamento, no Brasil, perante a Constituição, é necessariamente entre homem e mulher, logo, civil, e sua celebração é, por imposição constitucional, gratuita.

Veremos, entretanto, que não é esta a leitura do Pretório Excelso que cada vez mais tem-se tornado um "constituinte não eleito".

II. Do casamento religioso

§ 2.º O casamento religioso tem efeito civil, nos termos da lei.

O instituto do matrimônio sempre teve um caráter religioso. No momento em que o sopro da racionalidade integrou a vida com o aparecimento do homem, seja em face da teoria evolucionista, seja por força da teoria criacionista — hipóteses explicativas do nascimento do ser humano absolutamente irrelevantes para a determinação de sua origem divina —, a união matrimonial passou a ter um caráter diferente da cópula entre machos e fêmeas de outras formas de vida, sem se considerar as formas mais elementares que se automultiplicam.[8]

8. Escrevi: "Há uma lei natural para os animais e há uma lei natural para os seres humanos. Embora as leis naturais biológicas que regem a procriação dos seres vivos se assemelhem, não são idênticas, havendo aqueles que se autorreproduzem, aqueles cuja gestação se faz fora do organismo materno, aqueles em que o macho é

Há algo de transcendental na compreensão do fenômeno da criação de seres racionais, que sabem perguntar de onde vieram, para que vale a vida, qual é o destino da humanidade e se haveria um Criador do universo, da vida e do homem.[9]

Até mesmo entre os homens primitivos — o matriarcado dos xeroqueses e o patriarcado de quase todas as primeiras tribos, desde o homem de Neandertal até a pré-civilização Cro-Magnon — havia algo de sagrado na criação do homem, sendo as primeiras representações da mulher-mãe, antes da história narrada, um culto a esse admirável ato da geração humana, que espantava aos nossos primeiros ancestrais.

E tal caráter sagrado da união, mesmo nos povos que admitiam a poligamia ou a poliandria, é um elemento diferencial do ser humano em relação à cobertura de quaisquer animais na época do cio. Na relação animal, copulam uma fêmea e um macho. Nas relações humanas, unem-se um homem e uma mulher para construir a família, em todos os povos com algo de sagrado a inspirá–los.[10]

---

o responsável pela fase de incubação e assim de forma variada.
As leis que regem a reprodução dos seres vivos são naturais, embora seja variada a forma de sua incidência, como variados são os seres vivos que o planeta hospeda.
A consciência, característica fundamental do ser humano, não é detectável nos demais seres, muito embora alguns sejam dotados de inteligência elevada. Isto porque a razão é inerente ao ser humano, único capaz de, por livre determinação, violentar as leis que regem harmonicamente suas relações vitais, a partir de uma falsa percepção dos fatos, de uma deformação inata ou da fraqueza da vontade em se harmonizar com a plenitude de seu ser". (*Teoria da imposição tributária*, Saraiva, 1982, p. 378).

9. Michael Villey, em seu livro *Compendio de la filosofía del derecho* (Madrid, Rialp), diz que a filosofia, ao contrário das ciências, por trabalhar apenas com a especulação sobre questões que a razão não pode responder, não se aproveita das conquistas anteriores, visto que cada filósofo cria seu próprio sistema de indagações.

10. Jacques Leclercq explica: "Não há motivo para nos admirarmos. Existe a respeito da família um acordo universal do gênero humano que se explica pelo próprio caráter da instituição familiar. Não existe outra instituição tão próxima da natureza. Sociedade simples, assente do modo mais imediato em instintos primordiais, a família nasce espontaneamente pelo simples desenvolvimento da vida humana. Comparemo-la com o Estado. O Estado também corresponde a exigências naturais.
Mas que distância entre o Estado realizado na nossa sociedade civilizada, instituição complicada, cheia de peças e órgãos artificiais, e o instinto social elementar que impele o homem a fugir da solidão e a unir -se a outros seres humanos! Ao contrário, o

Na tradição luso-brasileira, o casamento religioso teve valor superior ao civil nos primeiros séculos da história nacional. E sempre a certeza de que a união era presenciada por Deus dava à solenidade relevância maior, que continua até os dias de hoje nos matrimônios contraídos perante a Igreja, muito embora, atualmente, a festa e a ostentação muitas vezes prevaleçam sobre o significado transcendental da união conjugal.[11]

---

impulso natural do instinto sexual, do amor maternal, a tendência do homem para que outros o continuem, dão origem à família de um modo tão imediato quanto possível. A autoridade paterna estabelece-se sem qualquer recurso aos princípios, unicamente pela circunstância de os filhos nascerem de seus pais e de não poderem viver nem desenvolver-se sem eles. Por isso, não é de admirar que se encontre em todos os povos civilizados uma organização familiar sensivelmente idêntica, nem que ela exista inclusive entre os povos mais próximos da natureza. Sendo a família uma instituição tão vizinha da natureza, as exigências naturais são também, no campo da família, muito mais rigorosas que em matéria política e, como o desenvolvimento da humanidade está intimamente relacionado com o respeito pelas leis da natureza humana, também se encontra vinculado às leis do regime familiar, a tal ponto que se pode afirmar que toda a sociedade que as viole, cai ou torna a cair necessariamente na barbárie" (*A família*, Quadrante/EDUSP, 1968, p. 10).

11. São Paulo, na *Carta aos Colossenses* (3, 12 -17), exalta esse sentido da vocação:
"Irmãos:
Vós sois amados por Deus,
sois os seus santos eleitos.
Por isso, revesti-vos de sincera misericórdia,
bondade, humildade,
mansidão e paciência,
suportando-vos uns aos outros
e perdoando-vos mutuamente,
se um tiver queixa contra o outro.
Como o Senhor vos perdoou,
assim perdoai-vos também.
Mas, sobretudo, amai-vos uns aos outros,
pois o amor é o vínculo da perfeição.
Que a paz de Cristo reine em vossos corações,
à qual fostes chamados como membros de um só corpo.
E sede agradecidos.
Que a palavra de Cristo, com toda sua riqueza,
habite em vós.
Ensinai e admoestai-vos uns aos outros com toda sabedoria.
Do fundo dos vossos corações, cantai a Deus
salmos, hinos e cânticos espirituais,
em ação de graças.
Tudo o que fizerdes, em palavras ou obras,
seja feito em nome do Senhor Jesus Cristo.
Por meio dele dai graças a Deus, o Pai.
Palavra do Senhor" (*Epístola de São Paulo aos Colossenses* — Col. 3, 12 -17).

Assim, o constituinte, com pertinência e percepção, deu ao casamento religioso, nada obstante a separação entre o direito canônico e o direito civil, efeitos de casamento civil, nos termos da lei, sempre que por qualquer razão, que não um impedimento material civil, a união se faça apenas no plano religioso e não no civil. Por isso, declara que o casamento religioso tem efeitos civis, *nos termos da lei.*[12]

III. Da união estável

§ 3.º Para efeito da proteção do Estado, é reconhecida a união estável entre o homem e a mulher como entidade familiar, devendo a lei facilitar sua conversão em casamento.

O § 3.º do art. 226 segue a mesma linha enunciada nos parágrafos anteriores de proteção à família.[13]

Nitidamente, o Estado protege o casamento e estimula que seus cidadãos e as pessoas aqui residentes constituam sua família, formalmente, mediante o matrimônio.

---

12. José Cretella Jr. esclarece: "O casamento religioso de efeitos civis foi introduzido, no Brasil, por via constitucional. A Constituição de 1934, art. 146, era bem clara: desde que o rito do casamento religioso não contrariasse a ordem pública e os bons costumes, era permitido o registro civil do enlace matrimonial. A habilitação, entretanto, era perante a autoridade civil e, então, obrigatória a observância dos princípios da lei civil, na verificação dos impedimentos e no processo da oposição. Se os dois nubentes fossem estrangeiros, ou um só deles o fosse, seria observada a lei estrangeira, quanto aos dois, e quanto a cada um, respectivamente, ou quanto ao nubente estrangeiro, de acordo com os princípios do Direito Internacional Privado do Estado da nacionalidade" (*Comentários à Constituição brasileira de 1988*, Forense Universitária, 1993, v. 8, p. 4528 -9).

13. Gregorio Delgado escreve: "Partiendo de las conexiones existentes entre persona y sociedad, se subraya el contexto de la sociedad actual en la que desaparece lo sagrado, lo religioso y los valores humanos naturales encuentran todo su valor y significado. En ella el matrimonio civil adquiere una verdadera importancia y compromete o afecta profundamente a la persona. Fuera de cualquier posible apreciación subjetiva del interesado, tal compromiso (matrimonio civil) debe considerarse como factor que señala de manera fundamental e individuante a la persona". (*Error y matrimonio canónico*, Pamplona, Ed. Universidad de Navarra, 1975, p. 77).

O constituinte, todavia, não poderia desconhecer uma triste realidade dos dias atuais, qual seja, a da união sem vínculos formais entre um homem e uma mulher, com a prole decorrencial que pode advir dessa união.

Por essa razão, estende a proteção do Estado à família não constituída pelo casamento, mas pela união estável de um homem e de uma mulher, considerando tal união uma entidade familiar.

A Lei 9.278, de 10 de maio de 1996 (Lei de Convivência), regulamentou este § 3.º do art. 226, nos seguintes termos:

> Art. 1º. "É reconhecida como entidade familiar a convivência duradoura, pública e contínua, de um homem e uma mulher, estabelecida com objetivo de constituição de família".

O Código Civil de 2002 (Lei 10.406/2002), por sua vez, reforçou o instituto da *união estável* em seu art. 1.723, que assim dispõe:

> "É reconhecida como entidade familiar a união estável entre homem e mulher, configurada na convivência pública, contínua e duradoura e estabelecida com o objetivo de constituição de família".

Estes dois dispositivos infraconstitucionais asseguram aos companheiros *status* de entidade familiar. Cumpre, ainda, registrar a Lei 8.971/94, que regula o direito dos companheiros a alimentos e à sucessão.

Estende a proteção do Estado, mas estimula a conversão dessa união em casamento. Protege, portanto, a entidade familiar, mas deseja que essa entidade se transforme em casamento, razão pela qual, como vimos, o aparelho do Estado deve facilitar a conversão da união estável em casamento.[14]

---

14. José Afonso da Silva explicita: "Não é mais só pelo casamento que se constitui a entidade familiar. Entende -se, também como tal, a comunidade formada por qualquer dos pais e seus descendentes e, para efeito de proteção do Estado, também, a união estável entre homem e mulher, cumprindo à lei facilitar sua conversão em casamento. Em qualquer desses casos, os direitos e deveres referentes à sociedade

Quanto à união afetiva de pessoas do mesmo sexo, não obstante a jurisprudência do Supremo, entendo que podem celebrar contratos inominados de caráter civil, com o que, para fins patrimoniais, o direito já lhes oferta uma segurança adequada, sem que para isso haja a necessidade de infringir o disposto no § 3° do art. 226 da Constituição.

IV. Da entidade familiar

§ 4.º Entende-se, também, como entidade familiar a comunidade formada por qualquer dos pais e seus descendentes.

O § 4.º do art. 226 objetiva dar "estabilidade legal" à comunidade formada por qualquer dos pais e seus descendentes.

Na triste realidade de uma sociedade hedonista e sem sentido de valores superiores, a separação conjugal tem sido, cada vez mais, facilitada pelo Estado, criando um número crescente de famílias em que apenas um dos cônjuges passa a ser o responsável pela prole.[15]

À evidência, o casal já não mais existe, mas a prole resultante do casamento é uma realidade que não pode ser

---

conjugal são exercidos igualmente pelo homem e pela mulher, especificando aqui o direito de igualdade entre ambos, já consignado no art. 5.º, I (art. 226)" (*Curso de direito constitucional positivo*, 5. ed., Ed, RT, 1989, p. 709).

15. A. de Fuenmayor Champín enuncia a origem da palavra: "Divórcio: La palabra d. deriva de divertere, separarse. Aplicada al matrimonio (v.), significa separación de los cónyuges; pero como esta separación puede llevar consigo efectos muy diferentes, según que permanezca o se estime disuelto el vínculo matrimonial, desde antiguo se distinguen dos especies de d.: a) el llamado menos pleno o imperfecto (*divortium quoad thorum et cohabitationem*), que se limita a suspender la vida común; b) el llamado pleno o vincular (*divortium quoad vinculum*), que, a diferencia del anterior, pretende producir juridicamente la ruptura del vínculo, y reconocer la consiguiente libertad a las partes para contraer nuevas nupcias con tercera persona. Desde hace algún tiempo, para evitar equívocos, hay asenso común en utilizar el término d. en el sentido de d. vincular, y en llamar separación conyugal o separación de cuerpos a la que reconoce la indisolubilidad del matrimonio. Sin embargo, algunas legislaciones civiles siguen llamando d. a la simple separación". (GER — *Gran Enciclopedia Rialp*, Madrid, Rialp, 1984, t. 8, p. 30).

desconhecida, devendo, portanto, ser preservada como entidade familiar, cabendo ao Estado dar-lhes o mesmo tratamento e a mesma proteção que à família tradicional.

Tenho para mim que um dos grandes dramas que a humanidade está vivendo decorre de ressentirem-se os jovens da falta de lar, visto que a grande maioria dos casais se separa sem pensar nas consequências que a separação trará para seus filhos.[16]

A facilitação da separação conjugal é, pois, a meu ver, um dos principais fatores de desestabilização e da crise familiar do século XX. O que tem persistido neste início de novo século.[17]

---

16. É Gomes da Silva que argumenta: "Nos aspectos filosóficos e psicológicos recorria-se sobretudo ao carácter irrenunciável da liberdade e ao direito à felicidade, mas aqui jogava-se com noções aberrantes: a liberdade não consiste na faculdade de agir ao sabor de caprichos, mas no poder de conformar a própria vida com a razão, e (contra a mentalidade, hoje de novo em voga por influência do existencialismo ateu) a liberdade pressupõe a lei e o dever, pois estes são precisamente os liames reclamados pela natureza dos seres racionais e livres, visto ser por eles que a autonomia pessoal se ajusta ao bem objetivo que eles se destinam a realizar com mérito e responsabilidade; e a felicidade não é gozo irracional e arbitrário, só capaz de gerar tédio e insatisfação" (*Enciclopédia luso-brasileira de cultura*, cit., v. 6, p. 1587).

17. M. D. Gomes da Silva rememora: "Juízo sobre o D. — 1) Os partidários do D. têm recorrido a toda a espécie de argumentos para o justificar — argumentos que dizem históricos, filosóficos, jurídicos, psicológicos e sociológicos. Na realidade, todos eles se encontram ultrapassados, pois ou se baseiam na interpretação errônea de princípios ou de factos passados, ou não passam de teorias infundadas. A) No aspecto jurídico invocavam eles, especialmente, a natureza de contrato atribuída ao casamento, alegando que a vontade que o cria o poderia igualmente dissolver. Mas a verdade é que o contrato se destina, por natureza, a criar um vínculo que, mal é produzido, logo se emancipa da vontade que o gera, e para suprimir esse vínculo é necessário um outro acto (distrate, revogação unilateral); e toda a questão reside em saber-se se a natureza desse vínculo permite a extinção voluntária por esse novo acto; é por isso compatível com a ideia de contrato o caráter perpétuo do vínculo por ele criado, e é isso o que se verifica no casamento; aliás, se a origem voluntária implicasse, por si, a extinção por força da mesma vontade, o vínculo deveria desaparecer com a mera falta do consentimento de um dos cônjuges, como no Dir. Romano, e o casamento não seria contrato, mas realidade muito diversa" (*Enciclopédia luso-brasileira de cultura*, Lisboa, Editorial Verbo, 1967, v. 6, p. 1587).

V. Da igualdade entre homens e mulheres

§ 5.º Os direitos e deveres referentes à sociedade conjugal são exercidos igualmente pelo homem e pela mulher.

Considerando-se inferiorizadas por constar do direito anterior que o homem seria o chefe da sociedade conjugal, na busca de equiparação de direitos, as correntes feministas exigiram e conseguiram que os constituintes, na sua maioria do sexo masculino, acolhessem a igualdade no exercício dos direitos inerentes à sociedade conjugal.[18]

Assim é que os movimentos feministas em todo o mundo têm levado à juridicizar tal igualdade, mesmo em matéria na qual a realidade conjugal — e não o direito — é que determina quem é quem, isto é, quem de fato exerce a liderança nessa sociedade. Ora, Carlos IV, rei da Espanha, era comandado por sua mulher — que, apesar de não ter prendas físicas apreciáveis, a julgar pelas pinturas de Goya, sobre comandar o marido e o império, mantinha diversos amantes, não se sabendo, entre seus filhos, quem era filho do rei e quem dos amantes. Hatexphsu foi rainha do Egito; Elizabeth I e II e Vitória, da Inglaterra; Cleópatra, do Egito; Margareth Thatcher, primeira-ministra da Inglaterra, em clara demonstração de que, na história, o talento supera eventuais preconceitos ou obstáculos, que são cada vez menores, na medida em que a mulher tem mais acesso à educação, nivelando-se, por mérito e não

---

18. O art. 233 do Código Civil de 1910 estava assim redigido: "Art. 233. O marido é o chefe da sociedade conjugal.
Compete -lhe:
I. A representação legal da família.
II. A administração dos bens comuns e dos particulares da mulher, que ao marido incumbir administrar em virtude do regime matrimonial adotado, ou de pacto antenupcial (arts. 178, § 9.º, n. I, c, 274, 289, n. I, e 311).
III. O direito de fixar e mudar o domicílio da família ressalvada a possibilidade de recorrer a mulher ao Juiz, no caso de deliberação que a prejudique (arts. 36 e 233, n. IV).
IV. O direito de autorizar a profissão da mulher e a sua residência fora do teto conjugal (arts. 231, n. II, 242, n. VII, 243 a 245, n. II, e 247, n. III).
V. Prover à mantença da família, guardada a disposição do art. 277".

por determinação legal, ao homem na realização de todas as atividades, sejam elas quais forem.[19]

Tenho, inclusive, sérias dúvidas de que essa matéria devesse ser regulada numa Constituição, na medida em que a vida conjugal e os direitos dela decorrentes dizem muito mais respeito à privacidade e intimidade do lar e do casal que às intromissões do constituinte, sendo a matéria muito mais de direito ordinário, no concernente aos aspectos externos do casamento.[20]

Aliás, em nível de direito ordinário, o assunto está regulado no Código Civil (Lei 10.406/2002), em seus arts. 1.565 e 1.567, que assim dispõem:

> Art. 1.565. "Pelo casamento, homem e mulher assumem mutuamente a condição de consortes, companheiros e responsáveis pelos encargos da família".
>
> Art. 1.567. "A direção da sociedade conjugal será exercida, em colaboração, pelo marido e pela mulher, sempre no interesse do casal e dos filhos.
>
> Parágrafo único. Havendo divergência, qualquer dos cônjuges poderá recorrer ao juiz, que decidirá tendo em consideração aqueles interesses".

---

19. Escrevi: "Os monumentos deste período são extraordinários. Na Suméria, há a primeira grande codificação moderna (Hamurabi), que sucede aos Códigos de Lijp-Ishtar, Shulgi e Urnamunu. Na Pérsia, que sucede as civilizações anteriores, o Palácio de Persépolis (só se conhecem os alicerces) demonstra a capacidade arquitetônica que não fica atrás das pirâmides e dos monumentos egípcios, aquelas ganhando seu momento superior, na 4.ª dinastia, com as três maiores de sua história. Uma mulher, Hatexhpsu, na época, consegue pela Costa Africana, utilizando-se do Mar Vermelho, enviar embarcações à Índia" (*A cultura moderna*, Tertúlia: Pensão Jundiaí V, Ed. ORVIL, 1997, p. 123).

20. "Registro Civil. Assento de casamento. Adoção do apelido de família da futura esposa. Deferimento. Art. 226, § 5.º, da Constituição da República. Sentença confirmada. Recurso não provido. Voto vencido. Tendo a Constituição da República, em seu art. 226, § 5.º, assegurado a igualdade entre marido e mulher quanto aos direitos e deveres que resultam do casamento, nada impede que o marido venha a adotar, quando do casamento, o apelido de família da mulher (TJSP. AC 198.349 -1/Lins. Rel.: Des. Guimarães e Souza. 1.ª Câmara Civil. Decisão: 03/08/93. JTJ/SP — LEX — 149, p. 96)" (*A Constituição na visão dos tribunais*, cit., v. 3, p. 1403).

Apesar de tais disposições, reforço meu entendimento de que é a realidade — mais do que a legalidade — que, na vida conjugal, determinará quem, por força de um caráter mais forte e dominante, exercerá, de fato, a chefia dessa sociedade.

VI. Do divórcio

§ 6º O casamento civil pode ser dissolvido pelo divórcio. (Redação dada Pela Emenda Constitucional nº 66, de 2010)

O divórcio não era permitido no direito anterior. A Constituição brasileira respaldava os princípios do Código Civil/16, que, no seu art. 317, não permitia a dissolução da sociedade conjugal, inadmitindo segundo casamento. O desquite era cabível em cinco hipóteses.

A liberalização dos costumes e a irresponsabilidade crescente perante os deveres matrimoniais levaram a um esgarçamento do matrimônio, com origem em países de costumes decadentes. A crise do casamento, no século XXI, é consequência de uma juventude sem lares estáveis, entregue às drogas, à licenciosidade, aos divertimentos imediatos e a uma menor crença na família, na pátria e no ser humano.

Atualmente, a matéria é regulada do art. 1.571 até o art. 1.582 do Código Civil de 2002.

VII. Do planejamento familiar

§ 7º. Fundado nos princípios da dignidade da pessoa humana e da paternidade responsável, o planejamento familiar é livre decisão do casal, competindo ao Estado propiciar recursos educacionais e científicos para o exercício desse direito, vedada qualquer forma coercitiva por parte de instituições oficiais ou privadas.

O dispositivo é direcionado ao planejamento familiar, que só pode ocorrer desde que:

a) respeitados os princípios da dignidade humana;

b) respeitados os princípios da paternidade responsável.

Da mesma forma, o planejamento familiar, sendo livre decisão do casal, não pode ser fixado por instituições privadas ou oficiais.

Sendo assim, medidas deploráveis como a do Banco Mundial, que pressionou Estados indianos ao planejamento familiar forçado, inclusive com pena de prisão para os casais com dois filhos que não abortassem um terceiro (Estado de Maharashtra), no Brasil, são proibidas pela Constituição. A liberdade do casal não pode ser atingida por interesses que atentem contra a dignidade humana.

Por fim, o Estado propiciará recursos educacionais e científicos para o exercício do direito de planejar.

Cumpre ressaltar que, à evidência, planejamento familiar não é homicídio uterino. O movimento das homicidas uterinas, que entendem que o direito da mulher implica o direito de matar seus filhos no útero sempre que não o desejem, procurou ver, no § 7º do art. 226, o direito ao aborto.

Não lograram sucesso, pois a própria Conferência Mundial das Mulheres, em Pequim, em que a matéria foi discutida, entendeu que o aborto não é técnica de planejamento familiar.

As pessoas que defendem o assassinato do nascituro — e só podem fazer porque já superaram a fase do risco, não tendo seus pais se aconselhado com indivíduos que pensavam da mesma forma, caso contrário poderiam ser abortadas — não percebem que o planejamento familiar a que se refere o § 7º só pode ser feito com respeito à dignidade humana e à paternidade responsável. Nada mais atentatório à dignidade da pessoa humana que a supressão da vida do feto, e nada mais hediondo do que os pais que matam seus próprios filhos, no ventre materno, por qualquer motivo que lhes pareça válido.

A Constituição do Brasil garante o "direito à vida" e não apenas "os direitos concernentes à vida", como constava da

Constituição anterior. Sendo a própria vida o mais relevante direito natural do homem, o aborto não pode ser admitido no País, como não podem ser admitidas a pena de morte e a eutanásia, visto que o direito à vida é cláusula pétrea, nos termos do art. 60, § 4.°, IV, da Lei Suprema. A pena de morte no Brasil só pode ocorrer em caso de guerra declarada (art. 5º, XLVII, letra "a" da CF/88).

VIII. Da assistência estatal

§ 8º. O Estado assegurará a assistência à família na pessoa de cada um dos que a integram, criando mecanismos para coibir a violência no âmbito de suas relações.

O § 8.° do art. 226 é um princípio programático. Faz menção à assistência que o Estado assegurará à família, na pessoa de cada um de seus membros.

A sequência do discurso é mais incisiva, pois se refere à criação de mecanismos capazes de coibir a violência no âmbito das relações familiares.

O dispositivo comporta duas leituras. A primeira delas é que toda espécie de assistência necessária à família é assegurada pelo Estado. A segunda, mais restrita, no sentido de que tal assistência apenas será assegurada para evitar a violência entre os membros da família, no âmbito exclusivo de suas relações internas.

Se for correta a segunda leitura, tais mecanismos seriam as delegacias especializadas e os assistentes sociais, que atuariam sempre que detectada a possibilidade ou a ocorrência de violência, como espancamentos de crianças por seus pais, estupros, crimes sexuais entre progenitores e prole, adultérios, agressões entre cônjuges, tentativas de homicídio e toda a gama de problemas que muitas vezes impedem seja a vida familiar um lar seguro e desejado.

Nesse momento, as delegacias policiais e principalmente os assistentes sociais podem exercer papel de extrema relevância, prevenindo a exacerbação dos ânimos e procurando soluções capazes de reduzir as tensões indesejáveis.

Tais tensões, em grande parte, decorrem de uma deterioração de costumes, alavancada pela mídia e por sérios problemas sociais, em que o desemprego estrutural, provocado principalmente pela substituição do homem pela máquina, gera desajustes crescentes nos lares.

Tais problemas e violências diminuirão se a economia possibilitar o aumento da oferta de empregos e a redução dos problemas sociais, o que, manifestamente, a globalização não oferece.

A rápida leitura de que todo tipo de assistência seria assegurado pelo Estado, meta ideal de todos os governos para gerar o bem-estar da sociedade, tornaria o dispositivo manifestamente programático, visto que tal desiderato é procurado pelos governos de todo o mundo, não tendo sido atingido nem mesmo em países mais desenvolvidos.

O STF E A FAMÍLIA

Como se percebe, há todo um tratamento constitucional de proteção à entidade familiar, tendo o constituinte, conforme demonstrado, apenas cuidado da união entre um homem e uma mulher – seja a união estável sem vínculo matrimonial, seja o que mais desejou, ou seja, que este vínculo fosse o desiderato final dos que estavam apenas em uma relação de fato.

Não obstante, em 04 de maio de 2011, a Suprema Corte do país, nos autos da Ação Direta de Inconstitucionalidade – ADI nº. 4277 e da Arguição de Descumprimento de Preceito Fundamental – ADPF nº. 132, reconheceu a união estável para casais do mesmo sexo, alargando, portanto, tal relação que até então era constitucionalmente permitida apenas entre homem e mulher. É de se realçar na ementa, todavia, o ponto 5:

> "5. DIVERGÊNCIAS LATERAIS QUANTO À FUNDAMENTAÇÃO DO ACÓRDÃO. Anotação de que os Ministros Ricardo Lewandowski, Gilmar Mendes e Cezar Peluso **convergiram no**

> **particular entendimento da impossibilidade de ortodoxo enquadramento da união homoafetiva nas espécies de família constitucionalmente estabelecidas.** Sem embargo, reconheceram a união entre parceiros do mesmo sexo como uma nova forma de entidade familiar. Matéria aberta à conformação legislativa, sem prejuízo do reconhecimento da imediata autoaplicabilidade da Constituição" (grifos meus).

Quatro anos depois, nos autos do Recurso Extraordinário nº. 846.102/PR, a Ministra CÁRMEN LÚCIA decidiu que *"se as uniões homoafetivas já são reconhecidas como entidade familiar, com origem em um vínculo afetivo, a merecer tutela legal, não há razão para limitar a adoção, criando obstáculos onde a lei não prevê"*.

Com o respeito devido à douta Ministra, parece-me, uma vez mais, absolutamente equivocada a interpretação que emprestou à Constituição. Ora, o instituto da adoção objetiva ofertar uma família à criança sem família. E família, pelo § 3º do art. 226 da Constituição Federal, só pode ser constituída por um homem e uma mulher e, se tiverem prole, por qualquer deles – se viúvo ou separado – e os filhos, que lhe cabe educar e preparar para a vida.

Quero, neste ponto, esclarecer que não tenho qualquer preconceito contra os homossexuais e – como todos os brasileiros – tenho amigos que adotaram tal opção na vida. Tenho, todavia, desde os *Comentários à Constituição do Brasil*, que com Celso Bastos elaborei, em 12.000 páginas e 15 volumes pela Editora Saraiva, entendido que a união de pares do mesmo sexo não configura casamento, no sentido consagrado pela Lei Maior. Ora, em nenhum momento, a Constituição, no art. 226 e seus oito parágrafos sobre a família, cuidou de homem e homem e mulher e mulher para constituírem a família nos moldes constitucionais.

Um grande e saudoso amigo, ex-presidente do STF, Oscar Corrêa, com quem escrevi alguns livros, disse-me, certa vez: "Nós do Supremo, somos aqueles que temos o direito de errar por último". Nunca sua frase foi tão verdadeira.

Assim, quando o STF decidiu, contra o expresso texto constitucional, que família também seria constituída pela união de pessoas do mesmo sexo, violou o referido artigo, comportando-se como "poder constituinte" e não, o que a Constituição determinou ser sua função, ou seja, apenas de "Guardião da Constituição" (art. 102). Tanto é assim que, nem nas ações diretas de inconstitucionalidade por omissão do Poder Legislativo, a lei prevê que o Judiciário possa legislar em seu lugar (art. 103, § 2º).

Nesta esteira, embora não tenha qualquer espécie de preconceito contra os homossexuais, critiquei, à época, a decisão da Suprema Corte, preferindo a solução do Conselho Constitucional da França, que é seu Tribunal para tais questões, que rejeitou participasse o Poder Judiciário da criação de um novo tipo de relacionamento afetivo com a conformação matrimonial, declarando que os interessados deveriam procurar a Assembleia Nacional, não as Cortes Judiciais.

Tenho, pois, procurado alertar a insegurança jurídica que causa tal assunção de funções legislativas e executivas que a Suprema Corte tem assumido no Brasil. Neste quadro, o mais relevante é voltar o Supremo Tribunal Federal a ser o "guardião da Constituição" e não um "constituinte derivado".

À evidência, não pretendo – e nem seria lógico – retirar o direito de conviverem pares do mesmo sexo. Mas, tal união não seria casamento, como definiu, há algum tempo, o Tribunal Europeu de Direitos Humanos de Estrasburgo, pois o "casal" seria incapaz de gerar prole por processos naturais, não se assemelhando à família, que deve ser prestigiada pelo Estado como base da sociedade. O fulcro da decisão foi de que se deveria, no caso homoafetivo, lembrar-se da criança, ou seja, tinha que se dar uma família para a criança e não uma criança a uma família.

A criação de uma sociedade civil, outorgando-se mútuos direitos e deveres, em contrato que lhes permita garantirem-se no futuro, é possível e são numerosas as relações jurídicas passíveis de conformar este tipo de sociedade e de uniões. O que não são e nunca serão é família, no conceito tradicional, aquela que tem permitido a evolução da humanidade pela geração natural de prole na relação entre pai e mãe, na imensa maioria dos casos.

Nem há que se argumentar com a exceção, ou seja, de casais que não têm filhos ou de pessoas que adotam filhos. A união de homem e mulher permitirá a seus filhos a opção mais natural, que é atração pelo sexo oposto. Na grande maioria das hipóteses de homossexualismo, a opção sexual realiza-se por influência externa e após certa idade. Mesmo aqueles que pretendem impor uma ideologia do gênero, dizendo que os seres humanos nascem sem sexo definido – apesar de o aparelho genital definir o sexo – sabem, por "n" experiências, que a esmagadora maioria das crianças têm suas preferências e atitudes acompanhando sua natureza biológica.

Por todo o exposto, tais decisões mereceriam reflexão pelos Ministros da Suprema Corte do país, que admiro por sua cultura, idoneidade e valor, mas que, neste ponto, não respeitaram a Constituição Brasileira.

CONCLUSÃO

O casamento é, por excelência, o caminho natural para a constituição da família e a união entre homem e mulher, no curso de toda a história da humanidade, sempre foi o que permitiu a evolução da raça humana.

No âmbito da Constituição Federal brasileira, como visto, a família é a base da sociedade, então o Estado tudo fará para prestigiá-la, desde que formada por homem e mulher; o casamento religioso tem valor de casamento civil entre homem e mulher; que deve, o Estado, tudo fazer para transformar a união estável em casamento; que a família será assim considerada, se houver prole, desde que ou o homem ou a mulher continue a educá-la; que o poder familiar será exercido ou pelo homem ou pela mulher.

Portanto, o ideal da família é essencial para que uma nação cresça e família é aquela descrita pela Lei Maior como constituída pela união entre homem e mulher e não aquela criada pela Suprema Corte, sem que esta afirmação implique qualquer preconceito contra os homossexuais, cuja união não pode gerar filhos numa relação matrimonial natural. Podem se unir, o que é legítimo, mas não constituem a família idealizada pelos constituintes.

Reafirmo, pois, ao final deste trabalho, que, nada obstante orientação diversa – e é aquela que vale para os cidadãos — do STF, o que pretenderam, os constituintes e não o Pretório Excelso, é o que apresentei nestes comentários.

A INSTITUIÇÃO DA FAMÍLIA COMO VALOR CONSAGRADO PELA CONSTITUIÇÃO DA REPÚBLICA

Paulo de Barros Carvalho[1]

Sumário: 1. Introdução – 2. Direito e valores – 3. Características do valor – 4. Princípios enquanto valores e a compreensão do direito – 5. Enunciação aforizante e a necessária recontextualização – 6. Família como valor positivado pelo direito – 7. Notas conclusivas.

1. Introdução

A consciência é forma superior e exclusiva à espécie humana. É por meio dela que o ser humano trava contato com suas vivências, estados psíquicos e condutas, bem como projeta sua atenção para o mundo exterior recolhendo os dados obtidos pela intuição sensível (olfato, visão, audição, tato, paladar), processando assim suas emoções, sentimentos, sensações, lembranças, sonhos, imaginação, pensamentos, esperanças e a gama imensa de suas manifestações volitivas.

---

1. Professor Titular e Emérito FD-USP e PUC-SP. Membro titular da Academia Brasileira de Filosofia.

Como unidade dos processos psíquicos, que governam a intelecção pelo homem do mundo objetivo e do território imanente a suas subjetividades, a consciência é sempre "consciência de algo". Eis aí o território imenso dos objetos, exteriores ao ser cognoscente ou interiores a ele.

Edmund Husserl, tomando o ser humano como ponto de referência, divide os objetos em quatro regiões ônticas. São elas: (i) objetos naturais; (ii) objetos ideais; (iii) objetos culturais; e (iv) objetos metafísicos.

Obviamente, essa classificação – como, de resto, todas as outras – não esgota com precisão o mundo objetal. Ademais, há entidades que preenchem os critérios de pertinência de duas ou mais classes regionais, suscitando a dúvida em nosso espírito.

De todo modo, e sem passar em revista todas as espécies mencionadas, entendo que o direito se inscreve na região ôntica dos objetos culturais, posto que, produzido pelo ser humano no curso de sua trajetória existencial, transforma a natureza circunstante para atingir e implantar um fim.

Penso, pois, que não é exagero referir que o dado valorativo está presente em toda configuração do jurídico, desde seus aspectos formais (lógicos), como nos planos semântico e pragmático. Em outras palavras, ali onde houver direito, haverá, certamente, o elemento axiológico.

2. Direito e valores

O direito posto, enquanto conjunto de prescrições jurídicas válidas num determinado espaço territorial e num preciso intervalo de tempo, é criado pelo homem para organizar os comportamentos intersubjetivos, canalizando-os em direção aos valores que a sociedade quer ver realizados. Sua função é eminentemente prescritiva, incidindo como um conjunto de ordens, comandos, que buscam alterar comportamentos sociais, motivando seus destinatários.

Embora o direito se volte para o mundo do "ser", com ele não se confunde. Ao examinar esses dois corpos de linguagem, fica claro que, enquanto o mundo do "ser" é disciplinado pela *causalidade natural*, em que há relações de implicação exprimindo um nexo formalmente necessário entre os fatos naturais e seus efeitos, no mundo do "dever-ser", a causalidade é *normativa*, ou seja, demanda que o homem a *construa*, enlaçando um fato a uma relação jurídica mediante um conectivo implicacional deôntico.

Exemplificando: ao soltarmos um lápis, ele inevitavelmente cai, em razão da gravidade, ou seja, em virtude de uma relação naturalmente existente entre causa (soltar o lápis) e consequência (queda). Por outro lado, ao nos depararmos com uma placa contendo a inscrição "não fume", não significa a impossibilidade física de praticar o ato ali tipificado, mas sim que um ser humano está manifestando sua vontade de que não haja pessoas fumando naquele local (dever-ser). Tanto que, independentemente de essa regra vir a ser observada ou não, o preceito continua válido.

De fato, no universo jurídico, inexiste necessidade lógica ou factualmente fundada de a hipótese implicar a consequência, sendo *a própria norma quem estatui o vínculo implicacional*, por meio do "dever-ser". Em termos mais diretos: é o ato de vontade da autoridade que legisla, expresso por um "dever-ser" neutro – isto é, que não aparece modalizado nas formas "proibido", "permitido" e "obrigatório" –, o responsável pela conexão deôntica entre *proposição-antecedente* e *proposição-tese*.

A ponência de normas inaugurais num dado sistema serve, portanto, para estatuir não somente os acontecimentos que se consideram relevantes para o direito (antecedente), mas também as consequências que tais acontecimentos desencadearão, por força de uma decisão do legislador (consequente).

Ao escolher, na multiplicidade intensiva e extensiva do real-social, quais os acontecimentos que serão postos na condição de antecedente de normas tributárias, o legislador exerce uma preferência: recolhe um, deixando todos os demais. Nesse instante, sem dúvida, emite um juízo de valor, de tal sorte que a mera presença de um enunciado sobre condutas humanas em interferência subjetiva, figurando na hipótese da regra jurídica, já significa o exercício da função axiológica de quem legisla. Como registra Lourival Vilanova:[2]

> Diremos: os conceitos, quer normativos, quer empíricos-naturais ou empíricos-sociais, são seletores de propriedades. Nem tudo do real tem acolhida no universo das proposições. No campo do direito, especialmente, a hipótese, apesar de sua descritividade, é *qualificadora normativa do fáctico.* O fato se torna fato jurídico porque ingressa no universo do direito através da porta aberta que é a hipótese. E o que determina quais propriedades entram, quais não entram, é o ato-de-valoração que preside à feitura da hipótese da norma.

Outro tanto se diga no que atina ao modo de regular a conduta entre os sujeitos postos em relação deôntica. As possibilidades são três, e somente três: obrigatória, permitida ou proibida. Os modais "obrigatório" e "permitido" trazem a marca de um valor positivo, porque revelam que a sociedade aprova o comportamento prescrito, ou mesmo o tem por necessário para o convívio social. Caso o functor escolhido seja o "proibido", fica nítida a desaprovação social da conduta, manifestando-se inequívoco valor negativo. Vê-se que o valor está na raiz mesma do dever-ser, isto é, na sua configuração lógico-formal.

3. Características do valor

Foi Rudolf Hermann Lotze, um dos grandes metafísicos alemães e dos mais representativos pensadores do seu século, que introduziu a categoria valor na problemática da filosofia moderna. Haveria uma ordem dos valores distinta da ordem

2. *Estruturas lógicas e o sistema do direito positivo.* 3. ed. São Paulo: Noeses, 2005, p. 85.

do ser, como o mundo das validades irreais, de uma objetividade puramente espiritual.

Newton Sucupira[3] apresenta alguns princípios gerais que norteavam a teoria de Lotze e que se encontram na filosofia dos valores do neokantismo de Baden e em outros filósofos: 1) os valores repousam sobre validades irreais; 2) constituem campo autônomo junto e sobre o ser concreto; 3) o valor é sempre uma relação ligada a um sujeito; 4) não é atividade puramente teorética, mas uma faculdade prática que nos conduz à apreensão do valor.

Como referiu Tercio Sampaio Ferraz Jr.,[4] valores são preferências por núcleos de significação, ou melhor, são centros significativos que expressam preferibilidade por certos conteúdos de expectativa. Podemos dizer que é a não indiferença de alguma coisa relativamente a um sujeito ou a uma consciência motivada. É uma relação entre o sujeito dotado de uma necessidade qualquer e um objeto ou algo que possua qualidade ou possibilidade real de satisfazê-lo. Valor é, pois, um vínculo que se institui entre o agente do conhecimento e o objeto, tal que o sujeito, movido por uma necessidade, não se comporta com indiferença, atribuindo-lhe qualidades positivas ou negativas.

Luiz Fernando Coelho[5] salienta a quase unanimidade das opiniões no sentido de que os valores não têm expressão ôntica, isto é, eles não são, não consistem em algo, mas valem, e só se pode predicar sua existência como algo aderente ao ser e não como alguma coisa que tenha um ser. Haveria uma dependência ontológica dos valores com relação ao ser.

Registre-se, entretanto, que essa forte inclinação das opiniões filosóficas para o niilismo dos valores recebe o impacto da noção fenomenológica de objeto como correlato intencional

---

3. *Tobias Barreto e a filosofia alemã*. Rio de Janeiro: Gama Filho, 2001, p. 149-150.

4. *Introdução ao estudo do direito*, São Paulo: Atlas, 1991, p. 111.

5. *Aulas de introdução ao direito*, São Paulo, Manole, 2004, p. 15.

da consciência cognitiva. Isso permite que os valores sejam objetivamente pensados como ser-em-si. Podemos, então, focalizar a justiça como dado supremo para o direito, a igualdade, a segurança, a boa-fé e assim por diante.

Não é excessivo, porém, falar na inexistência, propriamente dita, dos valores. Seu existir consistiria apenas no ato psicológico de valorar, segundo o qual atribuímos a objetos, aqui considerados em toda a sua plenitude semântica, qualidades positivas ou negativas. E o que nos dá acesso ao reino dos valores é a intuição emocional, não a sensível nem a intelectual. Tomados, porém, isoladamente, tais atributos assumiriam a feição de objetos metafísicos: a justiça em si, a beleza em si etc. Enfim, os valores não são, mas valem. Dito de outra maneira, os valores seriam aquelas entidades cujo modo específico de ser é o valer. Eles são na medida em que valem.

Por outro lado, as ideologias constituem prismas, critérios de avaliação de valores. Como pondera Tercio, são valores que filtram outros valores. A ideologia vai se formando com a consolidação de valores em posições de preeminência, de tal modo que definida a composição desse bloco axiológico, passa ele a submeter outros valores que pretendam ingressar no sistema de estimativas do indivíduo, selecionando-os em função de sua compatibilidade com aquela camada que fundamenta a estrutura. É a experiência de vida de cada um que vai, paulatinamente, tecendo a configuração desse esquema seletor, em organizações que podem ser categorizadas e reconhecidas por aspectos peculiares, somente seus.

Daí a proposição afirmativa segundo a qual a valoração ideológica tem por objeto imediato os próprios valores. Aliás, utiliza-se com muita propriedade o termo "ideologia" como equivalente nominal de "avaliação ideológica", e, neste sentido, funciona como fator que gera equilíbrio, calibrando as diversas instâncias do ordenamento normativo.

Oferecidas essas observações propedêuticas, podemos concluir que há o ato de valoração expedido pela autoridade que legisla, depositando a forma axiológica no texto do direito positivo. Todavia, como a mensagem normativa é dirigida a todos os cidadãos, caberá ao intérprete dos documentos prescritivos atribuir valor às palavras do texto e essa missão, ainda que possa parecer facilitada pela eventual coincidência da mensagem prescritiva com a sequência das fórmulas gráficas utilizadas pelo legislador (no direito escrito), oferece ingentes dificuldades, em especial pelas estimativas, sempre cambiantes em função da ideologia de quem interpreta.

Contudo, nutro uma convicção que me parece acertada: o direito positivo introduz uma série de proposições prescritivas tendo em vista tolher o trabalho exegético para evitar, por esse modo, que o aplicador mobilize valores que lhe são próprios, pondo em jogo sua ideologia em detrimento das orientações axiológicas que o sistema consagra. Ainda que não se elimine a participação subjetiva do operador, reduz seu exercício a padrões mínimos, aptos para garantir que o ordenamento cumpra sua trajetória reguladora sem interferências estranhas ao projeto que a sociedade solenemente adotou.

4. Princípios enquanto valores e a compreensão do direito

O componente axiológico, invariavelmente presente na comunicação normativa, experimenta variações de intensidade de norma para norma, de tal sorte que existem preceitos fortemente carregados de valor e que, em função de seu papel sintático no conjunto, acabam exercendo significativa influência sobre grandes porções do ordenamento, informando o vector de compreensão de múltiplos segmentos.

Em direito, utiliza-se o termo "princípio" para denotar as regras de que falamos, mas também se emprega a palavra para apontar normas que fixam importantes critérios objetivos, além de ser usada, igualmente, para significar o próprio valor, independentemente da estrutura a que está agregado e, do mesmo modo, o limite objetivo sem a consideração da norma.

Entrevemos na consideração do signo "princípio", distinguindo-o como "valor" ou como "princípio objetivo", um passo decisivo, de importantes efeitos práticos. Isso porque, se reconhecermos no enunciado prescritivo campo para a atribuição de valores, teremos que ingressar, forçosamente, nos domínios da Axiologia, para estudá-los segundo as características próprias das estimativas.

Seja como for, os princípios aparecem como linhas diretivas que iluminam a compreensão de setores normativos, imprimindo-lhes caráter de unidade relativa e servindo de fator de agregação num dado feixe de normas. Exercem eles uma reação centrípeta, atraindo em torno de si regras jurídicas que caem sob seu raio de influência e manifestam a força de sua presença. Algumas vezes constam de preceito expresso, logrando o legislador constitucional enunciá-los com clareza e determinação. Noutras, porém, ficam subjacentes à dicção do produto legislado, suscitando um esforço de feitio indutivo para percebê-los e isolá-los. São os princípios implícitos. Entre eles e os expressos não se pode falar em supremacia, a não ser pelo conteúdo intrínseco que representam para a ideologia do intérprete, momento em que surge a oportunidade de princípios e de sobreprincípios.

De uma coisa, porém, estou convencido: a despeito de sua complexidade, nosso ordenamento jurídico fixa valores, expressos ou implícitos, aptos a condicionarem o raciocínio exegético e conterem a progressão de estimativas individuais dentro de padrões axiológicos garantidores de uniformidade, harmonia e unidade no grande *factum* comunicativo que é o direito.

5. Enunciação aforizante e a necessária recontextualização

Não podemos cogitar de manifestação do direito sem uma linguagem, idiomática ou não, que lhe sirva de veículo de expressão. Agora, esse oferecer-se em linguagem significa dizer que aparece na amplitude de um texto, o qual tem um plano de expressão, de natureza material, e um plano de conteúdo, por onde ingressa a subjetividade do intérprete para compor a significação da mensagem.

De fato, toda linguagem, como conjunto sígnico que é, compõe-se de um substrato material, de natureza física, que lhe serve de suporte, uma dimensão ideal na representação que se forma na mente dos falantes (plano de significação) e o campo dos significados, vale dizer, dos objetos referidos pelos signos e com os quais eles mantêm relação semântica. Nessa conformação, a literalidade textual ocupa o tópico de suporte físico, base material para produzir a representação na consciência do homem (significação) e, também, termo da relação semântica com os objetos significados. O texto é o ponto de partida para a formação das significações e, ao mesmo tempo, para a referência aos entes significados, perfazendo a estrutura triádica ou trilateral que é própria das unidades sígnicas. Nele, texto, as manifestações subjetivas ganham objetividade, tornando-se intersubjetivas. Em qualquer sistema de signos, o esforço de decodificação tomará por base o texto e o desenvolvimento hermenêutico fixará nessa instância material todo o apoio de suas construções.

Não por outra razão, o comportamento de quem pretende interpretar o direito para conhecê-lo é orientado pela busca incessante da compreensão dos textos prescritivos, onde estão as estruturas morfológicas e gramaticais que servirão de base para a construção dos conteúdos significativos dos vários enunciados ou frases prescritivas para, enfim, ordená-los na forma estrutural de normas jurídicas.

Todavia, nunca é demais lembrar: não há texto sem contexto, de modo que a compreensão da mensagem legislada pressupõe, necessariamente, uma série de associações que poderíamos referir como linguísticas e extralinguísticas.

Com efeito, podemos examinar o texto segundo um ponto de vista interno, elegendo como foco temático a organização que faz dele uma totalidade de sentido – operando como objeto de significação no fato comunicacional que se dá entre emissor e receptor da mensagem – e outro corte metodológico que centraliza suas atenções no texto enquanto instrumento da comunicação entre dois sujeitos, tomado agora como objeto cultural e, por conseguinte, inserido no processo histórico-social, onde atuam determinadas formações ideológicas. A interpretação do direito, portanto, pode assumir uma feição interna, recaindo sobre os procedimentos e mecanismos que armam sua estrutura, e uma feição externa, envolvendo a circunstância histórica e sociológica em que o texto foi produzido.

Mas não é só. A interpretação pressupõe, também, o trabalho penoso de identificar o intenso diálogo do texto a ser interpretado com outros textos, passados, presentes ou futuros (intertextualidade). Afinal, assim que inseridos no sistema, os textos jurídico-positivos iniciam a conversação com outros conteúdos, intrassistêmicos e extrassistêmicos, num denso intercâmbio de comunicações. Com a introdução de uma nova norma no sistema jurídico, institui-se complexa e extensa rede de comunicações jurídicas e extrajurídicas (lei ordinária dialogando com escritos constitucionais, por exemplo).

Esses predicados assumem especial relevância quando se está a considerar as grandes diretrizes que formam o estrato axiológico das normas jurídicas no Brasil. Essas diretrizes, ainda que se encontrem na implicitude dos textos do direito positivo, têm a mesma força vinculante, funcionando sempre como vetor valorativo ao penetrar as demais regras do conjunto, influindo decisivamente na sua conformação semântica. Por isso mesmo são colocadas no altiplano da Constituição.

Espera-se do exegeta, portanto, que considere aqueles primados no momento de construir o sentido das demais normas que integram o sistema e que ferem, diretamente, as condutas em interferência intersubjetiva. Não obstante a força axiológica dos valores constitucionalmente consagrados, situações há em que essas parcelas dos textos prescritivos são desconsideradas para fins de construção da mensagem legislada.

É certo que algumas frases possuem certas características (como autonomia textual, por exemplo) que as qualificam como aptas a serem separadas do texto no qual, inicialmente, estão integradas (destacabilidade) para serem utilizadas em outros contextos textuais. Como ressalta Dominique Maingueneau, essa possibilidade de destacamento, muitas vezes, é enfatizada pelo próprio autor do texto mediante uma operação denominada *sobreasseveração*,[6] a qual não é outra coisa senão o realce de uma determinada passagem em relação ao contexto no qual está inserida.

Muitas vezes, porém, algumas parcelas do texto são dele destacadas – e adquirem vida própria – não por conta da *sobreasseveração* realizada pelo autor, mas sim em razão da enunciação *aforizante*, a qual se caracteriza não pelo simples destaque de um enunciado do seu texto-fonte, mas pela profunda alteração do seu *status* pragmático, de modo que o sentido atribuído ao enunciado destacado – cuja redação, muitas vezes, sequer coincide com a sequência que lhe deu origem – desvincula-se completamente do contexto no qual se originou. Nas palavras de Dominique Maingueneau:

> Existe uma tensão irredutível entre o próprio princípio do discurso relatado, que delega a responsabilidade do dizer àquele que cita, e a própria natureza do estilo direto que simula dar a palavra ao locutor citado. Desde que existe a linguagem, há os que afirmam que suas frases foram distorcidas, "descontextualizadas". No caso da aforização, essa tensão é levada ao seu paroxismo, na medida em que não se trata de uma "citação" comum. A aforização não se apresenta como um fragmento de texto, mas como um enunciado autossuficiente, situado ao mesmo tempo "no" texto em que está inserido e "fora" de qualquer texto. Enquanto as citações em estilo direto podem variar de tamanho (de uma palavra a um texto inteiro) e conservar algumas características do texto-fonte, a lógica da aforização é a de apagar tanto as marcas de inscrição num ambiente textual quanto seu

6. MAINGUENEAU, Dominique. *Frases sem texto*. 1. ed. São Paulo: Parábola Editorial, 2014, p. 15-16.

> pertencimento a um gênero de discurso. Ela se apresenta como tendo sido proferida em outra cena.[7]

Em síntese, aquilo que o autor chama de *aforização* ou frase "sem texto" não é outra coisa senão um enunciado que, ao ser destacado do seu contexto original (e que, muitas vezes, sequer coincide com o texto de origem), adquire vida própria e, exatamente por isso, pode ter seu sentido significativamente alterado. A lógica da aforização, portanto, consiste em destacar um enunciado de um determinado texto-fonte – algumas vezes, inclusive, alterando a sua redação – e permitir que seja interpretado de maneira autônoma, ou seja, de forma desvinculada do contexto no qual foi produzido.

É exatamente isso o que se verifica quando se está a interpretar os textos prescritivos. As autoridades competentes muitas vezes isolam certas porções do texto, desconsiderando não somente sua compostura interna, mas também os outros textos jurídico-positivos com os quais devem conversar – em especial aqueles que veiculam os valores que devem orientar a construção da mensagem legislada –, alterando sensivelmente o seu sentido.

Ora, não ignoro que essas aforizações podem ser examinadas no contexto-fonte, que é o texto do qual provém, e no contexto de recepção, assim entendido como o texto no qual o enunciado destacado está sendo utilizado. A comparação entre essas análises, no entanto, permite que se identifique as mutações de sentido ("deslizamentos de sentido") que o contexto de recepção impõe às aforizações. Em termos mais diretos: surpreendendo o enunciado no contexto-fonte e no contexto de recepção, percebe-se que o seu destacamento resulta, muitas vezes, na completa alteração do sentido a ele atribuído, o que é inadmissível quando a missão é interpretar para aplicar o direito positivo.

---

7. *Frases sem texto*, p. 40.

Em síntese, quero consignar que, embora admita a possibilidade de destacamento dos enunciados prescritivos, reitero que não se pode ignorar o contexto – interno e externo – no qual foram produzidos. Volto a dizer: a interpretação do direito pressupõe não apenas um exame do texto prescritivo nas suas feições interna (estrutura) e externa (circunstância histórica e sociológica em que foi produzido), mas também os outros textos passados, presentes ou futuros (intertextualidade) que integram o ordenamento jurídico em vigor.

6. Família como valor positivado pelo direito

A instituição da *família* assume papel sobremodo relevante no ordenamento jurídico brasileiro. A proteção à *família* vem referida, com tintas fortes e de maneira eloquente, no texto constitucional:

> Art. 226. A família, base da sociedade, tem especial proteção do Estado.
>
> § 1º. O casamento é civil e gratuita a celebração.
>
> § 2º. O casamento religioso tem efeito civil, nos termos da lei.
>
> § 3º. Para efeito da proteção do Estado, é reconhecida a união estável entre o homem e a mulher como entidade familiar, devendo a lei facilitar sua conversão em casamento.
>
> § 4º. Entende-se, também, como entidade familiar a comunidade formada por qualquer dos pais e seus descendentes.
>
> § 5º. Os direitos e deveres referentes à sociedade conjugal são exercidos igualmente pelo homem e pela mulher.
>
> § 6º. O casamento civil pode ser dissolvido pelo divórcio. (Redação dada Pela Emenda Constitucional nº 66, de 2010)
>
> § 7º. Fundado nos princípios da dignidade da pessoa humana e da paternidade responsável, o planejamento familiar é livre decisão do casal, competindo ao Estado propiciar recursos educacionais e científicos para o exercício desse direito, vedada qualquer forma coercitiva por parte de instituições oficiais ou privadas.

> § 8º. O Estado assegurará a assistência à família na pessoa de cada um dos que a integram, criando mecanismos para coibir a violência no âmbito de suas relações.

Vê-se, pois, que nenhuma regulação de comportamentos interpessoais se torna possível sem atinência a esse primado estruturante que está na raiz de muitas das prerrogativas indicadas no Texto Supremo, como, por exemplo:

(i) a garantia conferida aos presos de serem assistidos pelas suas famílias, bem como de que estas sejam informadas da sua prisão (art. 5°, LXII e LXIII);

(ii) a proibição de penhora de pequena propriedade rural trabalhada pela família (art. 5°, XXVI);

(iii) a atribuição, aos trabalhadores urbanos e rurais, de salário-mínimo capaz de atender não somente às suas necessidades vitais básicas, mas também às de sua família (art. 7°, IV);

(iv) a organização da previdência social de modo a garantir o pagamento de salário-família e auxílio-reclusão para os dependentes dos segurados de baixa renda (art. 201, IV); e

(v) a prestação de assistência social de modo a garantir a proteção à família (art. 203, I).

Eis, aí, a instituição da *família* alçada à condição de princípio dos princípios, de sobreprincípio, consagrada como valor fundamental da ordem jurídica brasileira, de tal modo que deverá orientar a atividade tanto a autoridade que legisla quanto o intérprete dos documentos prescritivos.

Segundo Ives Gandra da Silva Martins, qualquer violação à dignidade da família será, em última instância, uma vulneração ao princípio da dignidade humana, especialmente por se tratar de princípio constitucional "de direito natural".

Princípios dessa natureza, segundo o autor, seriam aqueles inerentes ao direito inato de cada cidadão:

> Os princípios constitucionais de direito natural, incorporados pela lei suprema, são princípios destinados a que Estado e a sociedade respeitem-nos, pois inerentes ao direito inato de cada cidadão (na expressão, incluo também residentes e qualquer ser humano que transite no território nacional). São princípios, pois, que geram direitos que devem ser respeitados, pois com uma carga convivencial de particular relevância para uma verdadeira democracia, em que a pessoa humana não governamental é mais relevante que a governamental, pois esta deve servir àquela e não servir-se daquela.[8]

Sob essa perspectiva, e considerando que a dignidade da pessoa humana figura como um dos fundamentos da República Federativa do Brasil (art. 1º, III, da Constituição da República), não caberia imaginar disciplina das condutas intersubjetivas – ou a interpretação das normas postas pelo legislador – sem considerar à proteção conferida pelo constituinte originário à instituição da *família*.

Feitas essas considerações, voltemos às lições de Tercio Sampaio Ferraz Jr. Segundo o autor, valores são *preferências* por núcleos de significação, ou melhor, são centros significativos que expressam preferibilidade por certos conteúdos de expectativa. O sujeito, movido por uma necessidade, não se comporta com indiferença, atribuindo ao objeto qualidades positivas ou negativas, num ato de valorar. Haveria, pois, dependência ontológica dos valores com relação ao ser, daí o definir-se o objeto cultural como a conjunção de um suporte físico mais o *ato de valoração* que sobre ele o homem faz incidir.

Miguel Reale,[9] desvinculando os valores dos objetos ideais, logrou dar status autônomo à Axiologia ou Teoria dos Valores. Consoante as ponderações do jusfilósofo, seguindo a trilha de

---

8. "A família na Constituição." In.: CARVALHO, Paulo de Barros (org.). *A família na Constituição Brasileira*. 1. ed. São Paulo: Noeses, 2019, p. 1-22.

9. *Introdução à filosofia*. 3. ed. São Paulo: Saraiva, 1994, p. 141.

Hessen, há traços que assinalam a presença de valores, permitindo identificá-los em contraste com entidades próximas. São autênticos elementos lógicos que estão em todos os valores. Acrescentei aos nove itens indicados por Hessen, três outros que vejo integrarem a compostura dos entes axiológicos. Vejamos quais são eles e como se manifestam no valor *família*.

A *bipolaridade* (a), apenas possível nos objetos metafísicos e culturais, é marca obrigatória dos valores. Onde houver valor, haverá, como contraponto, o desvalor, de tal modo que os valores positivos e negativos se implicam mutuamente. Daí (b) a *implicação recíproca*: a família é o valor e a singularidade, o desvalor.

A terceira nota (c) é a necessidade de sentido ou *referibilidade*, querendo significar que o valor importa sempre uma tomada de posição do ser humano perante alguma coisa a que está referido e este algo, no caso da família, é a necessidade de proteção desse conjunto de indivíduos. Além disso, as estimativas são entidades vetoriais, apontando para uma direção determinada, para um fim e denunciando, com isso, (d) *preferibilidade*.

Por outro lado, não sendo susceptíveis de medição, os valores são (e) *incomensuráveis*. A família, por exemplo, não pode ser medida, avaliada em termos quantitativos. Mas os valores apresentam forte tendência à (f) *graduação hierárquica*. Encontrando-se em relações mútuas e tendo em vista o mesmo sujeito axiológico, tendem a acomodar-se em ordem escalonada, como fez o próprio constituinte, aliás, para dar preeminência à família em face de outras diretrizes previstas na Constituição.

Mais um item que comparece na configuração de cada valor que analisamos é a (g) *objetividade*, importa dizer, requerem objetos da experiência para neles se agregar. Não se revelam sem algo que lhes sirva de suporte e sem uma ou mais consciências às quais se refiram. A objetividade é consequência da particular condição ontológica dos valores. Se eles se configuram como qualidades aderentes, que os seres humanos predicam dos objetos (reais e ideais), hão de reivindicar, invariavelmente, a presença desses mesmos objetos. Chamo aqui de objetividade a esse atributo intrínseco aos valores, a despeito de sua verificação cognoscitiva processar-se mais emocional do que racionalmente. Ao tratar-se do valor família é imprescindível uma situação concreta em que o participante tenha a opção de escolha.

Ainda sobre a composição lógica dos valores, é preciso dizer que eles vão sendo construídos na evolução do processo histórico e social, o que lhes dá o timbre de (h) *historicidade*. Os valores não caem do céu, porém vão sendo depositados, gradativamente, ao longo da trajetória existencial dos homens. Assim, as lutas dos povos e das pessoas individualmente consideradas para conquistar a proteção à família denotam a *historicidade* dos valores.

Igualmente, os valores são (i) *inexauríveis*. Eles excedem sempre os bens em que se objetivam. Mesmo que o belo seja atribuído intensamente a uma obra de arte, sobrará esse valor estético para muitas outras situações do mundo. E quanto à família, por mais que a reconheçamos presente na vida das pessoas e dos povos, certamente nossas reservas desse valor continuarão intactas para serem atribuídas a outros indivíduos e outros povos.

A (j) *atributividade* é o aspecto da vida dos valores que enaltece o ato de valoração, deixando acesa a lembrança de que eles são, realmente, preferências por núcleos de significação ou centros significativos que expressam uma preferibilidade por certos feixes de expectativa, como já ficou consignado mais acima. A família não existe simplesmente por si mesma. Somos nós, emitindo juízos de valor sobre condutas, intra ou intersubjetivas, que a predicamos de pessoas ou situações.

Há também o requisito da (k) *indefinibilidade*, que reforça a feição dos valores como entidades que se acrescentam precariamente aos suportes físicos dos objetos, mas que são incompatíveis com uma demarcação nítida e rigorosa de seus contornos semânticos. Se os valores são, antes de tudo, atos de valoração, ditados pela intuição emocional daquele que valora, torna-se extremamente difícil traçar delimitações semânticas que nos satisfaçam.

E, por fim, cabe mencionar (l) a *vocação dos valores para se expressarem em termos normativos.* Quando nosso espírito emite juízos de valor, seguem com eles cargas de intenção normativa, como se, ao mesmo tempo em que o expressamos, transmitíssemos também o desejo de aprovação generalizada ou de desaprovação peremptória. Ao dizermos que a família deve ter proteção especial do Estado, há um impulso de fazermos a apologia da família e, simultaneamente, de emitirmos um juízo negativo para depreciar sua ausência.

7. Notas conclusivas

Quem se dispuser a conhecer o direito positivo não pode aproximar-se dele na condição de sujeito puro, despojado de atitudes axiológicas, como se estivesse perante um objeto da natureza. A neutralidade ideológica impediria, desde o início, a compreensão do sentido das normas, tolhendo a investigação. Magistral, a propósito, a lição de Lourival Vilanova: *"o homem é demasiado humano para contemplar as realidades humanas, sem tomar posição, sem decidir-se positiva ou negativamente, num estado de adiáfora purificação e neutralidade ante o dever-ser de um dado ser que é inseparável do homem".*

Dessa maneira, o procedimento de quem se põe diante do direito com pretensões cognoscitivas há de ser orientado pela compreensão e, numa atividade dialética, deve perceber a compostura material do fato, recoberta com os conteúdos de significação dos textos normativos, tudo inspirado pelos valores que o legislador depositou em sua linguagem prescritiva.

Para conhecer o direito e, em última análise, compreendê-lo, interpretá-lo, conferindo conteúdo, sentido e alcance à mensagem legislada, é necessário o envolvimento do exegeta com as proporções inteiras do todo sistemático, incursionando pelos escalões mais altos e de lá regressando com os vetores axiológicos ditados por certas normas, em especial aquelas integrantes do Texto Constitucional.

A *família* é um autêntico valor, expressamente positivado pelo constituinte originário e, portanto, representa preferência por um núcleo de significação, que anuncia as expectativas do agente social com relação às condutas intersubjetivas.

A certificação sintático-semântica da existência desse valor em nosso ordenamento não garante, porém, a sua observância, pois uma linguagem não pode prescindir de sua dimensão pragmática e o direito positivo, como tal, é concebido para projetar-se sobre a região material das condutas intersubjetivas, disciplinando-as para a obtenção de certos valores. E é justamente pelo seu modo de ser valor que de nada adiantam direitos e garantias individuais, placidamente inscritos na Lei Magna, se os órgãos a quem compete efetivá-los não o fizerem das maneiras que o bom uso jurídico requer, isto é, fazendo prevalecer em seus comandos jurídicos os conteúdos axiológicos proclamados no corpo do direito positivo.

Com efeito, os valores e sobrevalores que a Constituição proclama hão de ser partilhados entre os cidadãos, não como quimeras ou formas utópicas simplesmente desejadas e conservadas como relíquias na memória social, mas como algo pragmaticamente realizável, apto, a qualquer instante, para cumprir seu papel demarcatório, balizador, autêntica fronteira nos hemisférios da nossa cultura. A propósito, vale a afirmação peremptória de que o direito positivo, visto como um todo, na sua organização entitativa, nada mais almeja do que preparar-se, aparelhar-se, pré-ordenar-se para implantá-los.

Como decorrência de tudo quanto foi dito, há que se reconhecer a presença do valor *família* no percurso de implantação de toda e qualquer norma destinada a disciplinar as condutas em interferência intersubjetiva, dado que se trata de vetor relevantíssimo do sistema.

Mas não só. A mensagem não é dirigida somente ao legislador das normas gerais e abstratas, mas, igualmente, ao administrador público, ao juiz e a todos aqueles a quem incumba cumprir ou fazer cumprir a lei. No desempenho das respectivas funções, devem promover uma análise sistemática, capaz de levar em consideração o universo das regras jurídicas, enquanto organização sintática (hierarquia sintática) e enquanto organização axiológica (hierarquia dos valores jurídicos), pois uma proposição prescritiva do direito não pode ser apreciada independentemente do sistema a que pertence, ou seja, sem considerar os valores jurídicos injetados nas estruturas normativas, em especial o valor *família*.

CONSIDERAÇÕES SOCIOLÓGICAS ACERCA DA DINÂMICA DA FAMÍLIA NA CONTEMPORANEIDADE[1]

Marcelo Couto Dias[2]

Sumário: 1. Introdução – 2. As mudanças na família – 3. A pluralização das formas familiares – 4. As relações constitutivas da família – 5. Considerações finais – Referências.

1. Introdução

Na sociedade atual, especialmente nos meios de comunicação de massa e num grande número de publicações acadêmicas, tem-se tornado comum a adoção de um conceito polimorfo

---

1. Este texto baseia-se no estudo de doutorado do autor. A referência da tese é: DIAS, Marcelo Couto. *Relações familiares e políticas sociais:* o caso do Serviço de Proteção e Atendimento Integral à Família - PAIF. 152 f. Tese (doutorado) - Programa de Pós-graduação em Família na Sociedade Contemporânea, Universidade Católica do Salvador, 2019.

2. Doutor e mestre em Família na Sociedade Contemporânea pela Universidade Católica do Salvador, com estágio sanduíche no Departamento de Sociologia da Universidade de Bolonha. Licenciado em Ciências Sociais pela Universidade Federal da Bahia. Atualmente, é Diretor na Secretaria Nacional da Família da Família, do Ministério da Mulher, da Família e dos Direitos Humanos. E-mail: mcoutodias@gmail.com

de família no qual os papéis tradicionais de pai e mãe, legitimados publicamente, são substituídos pelos papéis genéricos de "parceiros", que podem ou não ser um homem e uma mulher e que não precisam, necessariamente, ser aprovados por um pacto público. Nesta perspectiva, legitima-se a ideia de que todas as formas de "viver juntos" constituam família.

Porém, quando se está diante de uma afirmação como aquela da Constituição brasileira de 1988, que a considera "base da sociedade" e merecedora de "especial proteção do Estado" (art. 226), é necessário que se tenha alguma clareza acerca das relações constitutivas da família e em que medida elas são um recurso a ser promovido.

Nesse contexto, o presente capítulo se propõe a discutir alguns temas recorrentes na literatura científica acerca das mudanças que estão ocorrendo na família (item 2), e aquele fenômeno que diversos autores descrevem com a expressão "pluralização das formas familiares" (item 3) para, por fim, analisar se, nesse contexto de intensas transformações, ainda é possível identificar certas relações como constitutivas da família (item 4).

2. As mudanças na família

Não é necessário muito esforço para notar que as formas e características da família estão intimamente relacionadas à realidade social na qual ela se encontra. Como afirma Petrini (2005, p. 42), "a família participa dos dinamismos próprios das relações sociais e sofre as influências do contexto político, econômico e cultural no qual está imersa". Por isso, num contexto de intensas e aceleradas mudanças sociais, é preciso investigar de que forma essas transformações influenciam a família.

Diversos autores das ciências sociais dedicaram-se à investigação das causas e possíveis consequências das mudanças nas famílias. Autores como Castells (1999), Arriagada (2000) e Therborn (2006) consideram o declínio do modelo de família patriarcal como um dos principais aspectos da transformação da família nas últimas décadas. Segundo Castells (1999, p. 173), a crise da família patriarcal está representada pelo "enfraquecimento do modelo familiar baseado na autoridade/dominação contínua exercida pelo homem, como cabeça do casal, sobre toda a família". Manifestação deste fato é a crescente variedade nos modos que as pessoas escolhem para conviver e gerar/criar os filhos.

Essa crise está associada a variados fatores. Um deles é a transformação na economia e no mercado de trabalho, com a progressiva incorporação da mulher neste espaço e as diversas consequências deste fato para a vida familiar. Entre estas consequências pode-se destacar um crescimento da autonomia da mulher em relação ao marido, alterando as tradicionais assimetrias entre os sexos, acompanhada de um aumento nos rendimentos domésticos e nas possibilidades de consumo familiar. Entretanto, não se pode deixar de mencionar a significativa redução do tempo dedicado às tarefas domésticas e, sobretudo, à educação dos filhos.

Com base em pesquisas empíricas, têm-se destacado que a aproximação da mulher em relação às atividades anteriormente reservadas aos homens, não tem sido acompanhada de mudanças significativas no que se refere à participação masculina nas atividades domésticas e de cuidado para com os filhos (RABINOVICH; MOREIRA; FRANCO, 2012). Assim, muitas mulheres se veem diante daquilo que Castells (1999) considera uma quádrupla jornada: o trabalho fora de casa, as tarefas domésticas, o cuidado com os filhos e a relação com o marido. Diante desse fato, onde à incorporação da mulher no mercado de trabalho não correspondeu, necessariamente, uma maior igualdade entre os sexos, Jablonski (1999, p. 64) afirma que "um respeitável contingente de mulheres urbanas de classe média sente-se traído e iludido por estas promessas não cumpridas".

Apesar disso, é possível perceber uma progressiva incorporação do valor da igualdade ao cotidiano da convivência familiar, fortemente promovida pela legislação. No caso brasileiro, por exemplo, a Constituição de 1988 colocou a igualdade entre homens e mulheres como um direito tanto no art. 5º quanto no art. 226 que, ao tratar da família, estabelece no § 5º que "Os direitos e deveres referentes à sociedade conjugal são exercidos igualmente pelo homem e pela mulher" (BRASIL, 1988).

Therborn (2006), ao analisar a dinâmica da família ao longo do século XX, também coloca como primeiro tema o patriarcado e os direitos relativos de pais e filhos. Em suas análises, ele destaca a relação entre a crise do patriarcado e os direitos concedidos às mulheres e crianças. Além disso, investiga também o papel do casamento na regulação do comportamento sexual e afirma que esta instituição ainda é a dominante da ordem socioafetiva. Porém, os contextos sociais e sexuais em que os casamentos acontecem sofreram profundas mudanças, o que pode ser evidenciado na análise do que ele chamou de "tendências maritais do século XX". Na última parte do seu estudo, intitulada "Casais, bebês e Estados", Therborn percorre a questão da natalidade, mostrando "as rotas do declínio da fecundidade".

Diante desse fenômeno que poderíamos conceber como a crise do um certo modelo de família, não emergem outros que tenham uma validade universalmente reconhecida. Assim, a família passa a conviver com certa fluidez, aquilo que Bauman (2004) descreve com o termo "líquido" e que Giddens (1993) entende como uma democratização da família. Entre as consequências desse processo, podemos destacar a maior instabilidade nas relações. Como afirma Petrini (2005, p. 43):

> a independência econômica dos cônjuges configura uma responsabilidade familiar mais compartilhada e uma posição social igualitária e, ao mesmo tempo, facilita a ruptura do vínculo familiar, quando a convivência não é mais fonte de satisfação e de prazer.

Castells (1999, p. 171) destaca que esta crise da família também está relacionada com "as transformações tecnológicas ocorridas na biologia, farmacologia e medicina, proporcionando controle cada vez maior sobre a gravidez e a reprodução humanas". Com isso, a sexualidade deixa de estar associada diretamente à procriação, passando a ser vista como uma necessidade pessoal que não deve, necessariamente, ser canalizada para o interior da família (Castells, 1999). Além disso, abre-se espaço para a possibilidade de manipulação da vida, com o sério risco de interferir naquilo que é propriamente humano.

As relações entre pais e filhos também são amplamente redefinidas neste cenário. Primeiro, com uma redução significativa no número de filhos, consequência daquela possibilidade de controle sobre a reprodução, que foi anteriormente mencionada; depois com a dificuldade de compatibilizar as exigências do trabalho com as da família e, por fim, com o adiamento das uniões matrimoniais. Em virtude dessa redução no número de filhos, verifica-se uma maior dedicação e investimento de recursos, além de um crescimento nas expectativas de gratificação emocional e afetiva dos pais em relação aos filhos (SINGLY, 2007). Bauman (2004, p. 59) chega a afirmar que "o filho se torna objeto de consumo emocional".

A autoridade e a disciplina, que caracterizavam as relações entre pais e filhos, vão sendo substituídas pelos valores do diálogo, da negociação e da tolerância (KALOUSTIAN, 1994). Apesar da crescente valorização do ambiente de afetividade familiar, os vínculos de pertença entre pais e filhos tendem a serem mais frouxos, por vários motivos. Um deles é a distância entre as duas gerações a respeito das concepções de aspectos relevantes da existência, como por exemplo, os valores a serem cultivados (PETRINI, 2005). Essa distância e o consequente afrouxamento dos vínculos entre pais e filhos estão diretamente associados à divisão das funções de cuidado e de socialização inicial dos filhos com outros agentes sociais como a escola ou outras pessoas (familiares ou não), o que acontece a depender das possibilidades econômicas e da presença ou não de famílias extensas (GOLDANI, 1994; RABINOVICH; MOREIRA; FRANCO, 2012).

Ainda com relação aos filhos, nota-se o crescimento do número de crianças nascidas fora do casamento e, no caso brasileiro, a persistência dos índices de gravidez precoce acima da média mundial. Essas duas realidades, juntamente com o crescimento das separações, divórcios e recasamentos, criam complexos entrelaçamentos de parentesco e muitas vezes levam as crianças a crescerem distantes do pai ou da mãe e de todo um conjunto de parentes (avós, tios, primos etc.).

Com tudo isso, para a mentalidade dominante, os aspectos "objetivos" da relação familiar vão perdendo relevância diante dos aspectos "subjetivos", ou seja, ocorre um "processo de desinstitucionalização, entendida como a diminuição de certas expectativas públicas a respeito da família, a favor de uma maior legitimação como grupo social expressivo do mundo vital" (DONATI, 2008, p. 62). Mais uma vez, pode-se notar uma tendência em direção a relações mais fluidas e instáveis. Autores como Singly (2007) afirmam que estes processos se desenvolvem na direção de uma maior autonomização do indivíduo em relação à família. Essa rejeição da referência institucional e a busca de um modelo que dê livre campo às escolhas individuais, à negociação e à ideologia do amor conjugal, se manifestam de múltiplas formas, como por exemplo, com a progressão das uniões livres e dos nascimentos fora do casamento, ou pelo relaxamento das normas do direito de família (MARTIN, 1996).

Porém, essa privatização da família que, por um lado representa um maior reconhecimento da autonomia dos sujeitos, por outro lado traz um novo risco familiar: a desunião, entendida como fragilização dos vínculos sociais, como aponta Martin (1996). O mesmo autor acrescenta que os riscos dessa fragilização podem ser vistos em fenômenos como a feminilização da pobreza e a pauperização das famílias monoparentais.

A Síntese dos Indicadores Sociais de 2018 (IBGE, 2018), publicada pelo Instituto Brasileiro de Geografia e Estatística – IBGE, mostrou a relação entre pobreza e arranjo domiciliar. Do total de pessoas abaixo da linha da pobreza, 56,9% viviam em domicílios compostos por uma mulher sem cônjuge com filhos de até 14 anos e 30,4% integravam arranjos familiares formados por casal com filhos. Do total das pessoas que vivem abaixo da linha da pobreza no Brasil, 43,4% são crianças de 0 a 14 anos.

Seguindo nessa mesma direção, um estudo realizado nos Estados Unidos mostrou que ser criado em uma família formada por um casal reduz a probabilidade da criança viver na pobreza em cerca de 80% (RECTOR, 2010). Ou seja, os dados estatísticos apontam para o fato de que a fragilização dos vínculos familiares, especialmente do vínculo conjugal, constitui um fator de risco para pobreza.

As estatísticas têm mostrado também que o núcleo familiar mais comum no País continua sendo aquele formado por casal com filhos, apesar da significativa diminuição na sua representatividade, passando de 50,1% para 42,3% do total dos arranjos, de 2005 a 2015. Por outro lado, a proporção de arranjos compostos por casal sem filhos cresceu, de 15,2% passou para 20,0% (IBGE, 2016).

Outra mudança indicada pelas estatísticas é o crescimento do número de arranjos unipessoais no período de 2005 a 2015, passando de 10,4% para 14,6% do total de arranjos. A proporção destes arranjos nos quais se encontram pessoas de 50 anos ou mais de idade passou de 57,3% para 63,7% neste mesmo período. Além do envelhecimento populacional, aumento da participação dos idosos e diminuição da participação das crianças e adolescentes no conjunto da população, o fenômeno do aumento do número de arranjos unipessoais formado por pessoas com 50 anos ou mais pode indicar uma fragilidade do aspecto relacional próprio da família e, consequentemente, o surgimento de novas demandas para a proteção social.

O aumento do número de domicílios formado por casal sem filhos, a queda da fecundidade, o aumento da escolaridade e da inserção das mulheres no mercado de trabalho se associam a outra mudança importante que é o crescimento na proporção de mulheres indicadas como pessoa de referência da família: 30,6%, em 2005, e 40,5%, em 2015 (IBGE, 2016). Este dado aponta também uma renegociação de papéis sexuais em condições mais igualitárias, como comentado anteriormente.

Também em relação aos filhos nota-se uma mudança significativa. Os dados (IBGE, 2016) mostram uma queda de 78,8% para 71,5% na proporção de arranjos com presença de filhos corresidentes no período de 2005 a 2015. Em relação ao número de filhos, verifica-se um aumento na proporção de famílias com apenas um filho corresidente (34,4% para 38,1% dos arranjos com parentesco) e uma diminuição na proporção de famílias com 2 e 3 filhos residindo no mesmo domicílio (de 26,5 para 22,8 e de 18,0% para 10,5%, respectivamente).

Enfim, pode-se dizer que a respeito das mudanças familiares, a literatura especializada, apoiada nos levantamentos estatísticos, tem tratado amplamente de temas como: fragilização dos laços matrimoniais (separações e divórcios), diminuição no número de filhos, aumento das famílias chefiadas por mulheres, famílias reconstituídas e dos domicílios formados por adultos vivendo só.

Olhando para as análises acerca das mudanças familiares centradas nas questões apresentadas acima, Donati (2003, p. 47) faz uma importante ponderação:

> só mudam as famílias daqueles que [...] não vivem em uma família normalmente constituída (definida desta forma pelas leis e costumes que prevalecem nestes lugares)? As outras famílias não mudam? A realidade é que também mudam, mas as ciências sociais não têm revelado estas mudanças já que as observações se concentram nas separações, divórcios e famílias monoparentais. (tradução nossa)[3]

O estudo da dinâmica das relações familiares é um fenômeno mais complexo do que a simples constatação de quantos

---

3. *Sólo cambian las familias de aquellos que [...] no viven en una familia normalmente constituida (definida de esta forma por las leyes y costumbres que prevalecen en estos lugares)? Las otras familias no cambian? La realidad es que también cambian, pero las ciencias sociales no han revelado estos cambios ya que las observaciones se centran en separaciones, divorcios y familias monoparentales.*

e quem são os membros da família. É necessário aprofundar a compreensão daquilo que tem mudado nas relações, seja na conjugalidade, na parentalidade e nas relações intergeracionais, seja na relação da família com a comunidade e com a sociedade.

3. A pluralização das formas familiares

Todos estes fenômenos mencionados quando se fala das mudanças na família, diminuição dos matrimônios, aumento das separações, divórcios e recasamentos, diminuição do número de filhos e nascimentos fora do casamento, desvinculação entre o exercício da sexualidade e a vida conjugal, são manifestações, sintomas, daquela que seria a problemática familiar. Como afirma Donati (2013, p. 17), "a família se torna hoje um problema na medida em que parece desaparecer a sua identidade específica. Parece que todas as formas de 'viver junto' constituam família" (tradução nossa).[4]

Segundo Petrini (2005, p. 42), "a perda de validade de valores e modelos da tradição e a incerteza a respeito das novas propostas que se apresentam desafiam a família a conviver com certa fluidez e abrem um leque de possibilidades que valorizam a criatividade numa dinâmica de tentativa de acerto e erro". Mais do que as transformações apreendidas pelas estatísticas, talvez seja essa fluidez e incerteza o aspecto mais relevante e desafiador das relações familiares na contemporaneidade.

O sociólogo Anthony Giddens, no livro *A transformação da intimidade*, para designar aquilo que na sua visão seria a tendência na vida de casal na contemporaneidade, propõe o conceito de "relacionamento puro", que, segundo ele

> refere-se a uma situação em que se entra em uma relação social apenas pela própria relação, pelo que pode ser derivado por cada pessoa da manutenção de uma associação com outra,

4. *"La famiglia diventa oggi un problema in quanto sembra venire meno la sua identità specifica. Sembra che tutte le forme di "vivere insieme" facciano famiglia".*

> e que só continua enquanto ambas as partes considerarem que extraem dela satisfações suficientes, para cada uma individualmente, para nela permanecerem (GIDDENS, 1993, p. 68-69).

Ou seja, com a emergência do relacionamento puro, os casais permaneceriam juntos somente enquanto fosse conveniente para ambos, enquanto cada um dos parceiros encontrasse na relação benefícios suficientes a ponto de considerarem que vale a pena continuar. Para Giddens (1993, p. 73), o relacionamento puro pressupõe a "igualdade na doação e no recebimento emocionais". Seria o triunfo da lógica própria do utilitarismo moderno, onde tudo é calculado em função da conveniência e da utilidade. O autor descreve a passagem para esta nova condição da vida de casal afirmando que,

> para a maior parte da população sexualmente "normal", o amor costuma ser vinculado à sexualidade pelo casamento, mas agora os dois estão cada vez mais vinculados através do relacionamento puro. O casamento – para muitos, mas de forma alguma para todos os grupos na população – tem-se voltado cada vez mais para a forma de um relacionamento puro, com muitas outras consequências (GIDDENS, 1993, p. 69).

A ideia de relacionamento puro, de Giddens (1993), se une a outras teses pós-modernas acerca da família, como as de Bauman (2004), por exemplo. É possível fazer um breve elenco das ideias contidas nestas teses: a) afirma-se uma radical mudança de expectativas em relação à família, ou seja, os jovens não teriam mais o desejo de se casar, ter filhos e permanecer unidos por toda a vida; b) afirma-se a desinstitucionalização das relações conjugais; c) afirma-se um papel mais central das mulheres, que refutariam sempre mais os papéis tradicionais e buscariam relações mais justas e igualitárias; d) afirma-se um casal sempre mais negociador; e) afirma-se uma deflagração de estruturas familiares, ou seja, uma perda de centralidade do casal heterossexual unido por pacto público, civil ou religioso, à medida que outras formas de vida se tornariam mais desejadas (viver só, ser genitor só, conviver com parceiro do mesmo sexo, viver junto cada um por conta própria).

Diante destas ideias, cabe colocar algumas questões: como os indivíduos poderiam viver uma vida boa sem a família ou com uma família concebida como mera convivência que perdura somente enquanto é fonte de prazer e autorrealização individual? É possível a família num contexto em que as relações são continuamente colocadas em discussão entre indivíduos que buscam somente a sua própria satisfação individual?

Se é verdade que algumas das afirmações das teses pós-modernas descrevem mudanças em curso nas sociedades atuais "a sua falácia está em considerar que as transformações em ato sejam ou possam se tornar os modos de vida mais satisfatórios. A grande parte dos estudiosos mistura a descrição dos fenômenos e a sua dimensão normativa" (DONATI, 2012, p. 35, tradução nossa[5]).

Algumas críticas feitas à tese do relacionamento puro foram recolhidas e comentadas por Guizzardi (2008). Segundo Giddens (1993), uma das características do relacionamento puro é que ele pode terminar mais ou menos a critério de qualquer uma das partes a qualquer momento. Não é preciso muito esforço para notar que, na prática, para os sujeitos ligados por um vínculo afetivo, não é algo simples nem imediato o encerramento de uma relação. As pessoas continuam desejando a fidelidade e esperam construir vínculos duradouros e compartilhar a vida de forma verdadeira. Uma concepção na qual, sem levar em conta as consequências, o vínculo de casal é pensado como algo que pode ser facilmente rompido parece ignorar a dramaticidade da vida e das relações interpessoais.

Outro ponto de crítica é esta igualdade entre os parceiros que caracterizaria o relacionamento puro e que dificilmente se nota na realidade dos casais. A negociação entre os parceiros é sempre um aspecto problemático na relação de casal. Por isso, a manutenção de um vínculo de amor fundado no

---

5. *"[...] la loro fallacia sta nel ritenere che le trasformazioni in atto siano o possano diventare dei modi più soddisfacenti di vita. La gran parte degli studiosi mescolano assieme la descrizione dei fenomeni e la lora dimensione normativa".*

monitoramento reflexivo da parte dos parceiros e na tentativa de medir aquilo que é doado e recebido não é realista. Basta pensar em algumas circunstâncias da vida, como a gravidez, a doença ou mesmo um período de desemprego. Enfim, o relacionamento não é "puro" de qualquer dependência necessária para garantir a vida comum e contribuir para a segurança de cada um (GUIZZARDI, 2008).

Em seu estudo, Guizzardi (2008) também corrobora a opinião de que a teoria do relacionamento puro não pode ser tomada como um instrumento adequado da sociologia da família, uma vez que

> o relacionamento puro perde a distinção entre família e grupo social primário, de modo que qualquer pequena comunidade pode se definir como uma família, desde que realize práticas rotineiras de "família". A relação pura perde completamente o sistema simbólico de parentesco que articula a aliança, a filiação e a fraternidade, em referência à distinção dos sexos, da idade e das gerações (PRANDINI, 2006 *apud* GUIZZARDI, 2008, p. 7, tradução nossa).[6]

Apesar da pertinência dessas críticas, é fato que uma relativa desregulação tem caracterizado a vida do casal nas últimas décadas, fazendo com que a família pareça ter se tornado um fato eminentemente privado e não mais uma instituição com relevância pública (BELARDINELLI, 2007). As formas familiares que vão emergindo resultam do deslocamento entre aquilo que é considerado público ou privado, tanto nas relações de casal como nas relações entre as gerações, aquele "processo de desinstitucionalização" mencionado anteriormente.

Essa desinstitucionalização da família não vem mais acompanhada da proclamação da morte da família, como aconteceu na década de 70 (COOPER, 1994). O que se nota, atualmente,

---

6. *[...] la relazione pura perde la distinzione tra famiglia e gruppo sociale primario cosicché qualsiasi piccola comunità può definirsi famiglia fintanto che porta avanti pratiche routinizzate da "famiglia". La relazione pura perde completamente "il sistema simbolico di parentela che articola l'alleanza, la filiazione e la germanità, in riferimento alla distinzione dei sessi, dell'età e delle generazioni.*

é a indiferenciação da família: uma dificuldade ou desinteresse em notar as diferenças entre as várias formas consideradas familiares, uma tentativa de tratar qualquer relação de cuidado e afeto recíproco como sendo família (DONATI, 2012).

Ao tratar das transformações da família, Donati (2008; 2009; 2013) utiliza a expressão "morfogênese familiar" para mostrar que estas transformações significam e exprimem o originar-se de novas formas familiares. Entre elas, estão as famílias com dupla carreira, nas quais a divisão do trabalho entre homem e mulher se dá de forma diferente daquela que era comum até pouco tempo (o homem provedor e a mulher responsável pela casa e pelo cuidado dos filhos); as famílias reconstituídas, ou seja, aquelas que se estabeleceram após o divórcio; as famílias monoparentais; as uniões livres etc.

Como afirmado anteriormente, a tendência atual, quando se fala da pluralidade de formas familiares, é legitimar a ideia de que não existe mais a família no singular, mas sim "famílias", tão diversas quanto são as formas de convivência estabelecidas pelos indivíduos. Porém, o fato de surgirem novas formas de convivência que reivindiquem o *status* de família não impede, antes até exige, que seja evidenciada a sua identidade específica.

Donati (2008, p. 67), refletindo sobre a dita pluralização das formas familiares, fala da "necessidade de distinguir três modos de usar o termo família: o modo da metáfora, da analogia e da identidade própria". O termo família é usado em sentido metafórico quando se faz referência a um grupo de pessoas que compartilham entre si algumas qualidades que também se encontram nas relações propriamente familiares: um profundo afeto nutrido uns pelos outros, laços fortes de solidariedade etc. Neste sentido, pode se dizer que é uma família, metaforicamente, uma comunidade religiosa, os funcionários de uma empresa, um grupo de amigos. O termo família é usado de modo analógico quando um certo tipo de convivência possui semelhanças concretas com a família em sentido próprio. É o caso das convivências que o direito define como uniões estáveis. Por fim, para Donati (2008, p. 73), o termo família é usado segundo a sua identidade própria quando nos referimos a uma realidade que possui "a qualidade única de relação de reciprocidade plena entre os sexos e entre as gerações".

O fato de ser uma "relação social plena", que implica a totalidade da existência humana (dimensões biológicas, psicológicas, econômicas, sociais, jurídicas, políticas e religiosas) torna complexa a tarefa de definir a família, uma vez que ela possui um caráter suprafuncional, ou seja, não existe apenas para satisfazer uma ou algumas funções sociais (DONATI, 2008).

A realidade parece indicar tanto para um uso cada vez mais frequente de analogias e metáforas quando o assunto é família, quanto para um crescimento do número de pessoas que optam por estilos de vida orientados para a individualização e privatização dos vínculos interpessoais, mas isso não significa que as relações propriamente familiares possam desaparecer ou serem confundidas com outras formas de "viver juntos". Por isso, continua sendo necessária e talvez ainda mais importante no contexto em que vivemos, uma reflexão acerca daquelas relações propriamente familiares e do seu valor para a sociedade.

4. As relações constitutivas da família

Num texto intitulado "A família", Claude Lévi-Strauss (1966, p. 356) fala de "uma convicção cada vez maior entre os antropólogos, de que a vida familiar está presente praticamente em todas as sociedades, mesmo naquelas que possuem costumes sexuais e educacionais bastante distantes dos nossos". O mesmo autor afirma que o termo família serve para designar um grupo social que possui pelo menos três características:

> (1) tem sua origem no casamento; (2) é constituído pelo marido, pela esposa e pelos filhos provenientes de sua união, embora seja lícito conceber que outros parentes possam encontrar o seu lugar próximo ao núcleo do grupo; (3) os membros da família estão

> unidos entre si por a) laços legais, b) direitos e obrigações econômicas, religiosas ou de outra espécie, c) um conjunto bem definido de direitos e proibições sexuais, e uma quantidade variada e diversificada de sentimentos psicológicos, tais como amor, afeto, respeito, reverência, etc. (LÉVI-STRAUSS, 1966, p. 361).

Pedro Morandé (1999) fala de três relações distintas, ainda que mutuamente relacionadas, que formam a base da família: filiação, consanguinidade e aliança. A complexa inter-relação entre estes três elementos "permite dar uma organização social e cultural aos fatos naturais que determinam a ontogênese de cada indivíduo da espécie" (MORANDÉ, 1999, p. 40, tradução nossa[7]).

Estes vínculos são constitutivos da identidade da pessoa, uma identidade que é dinâmica e relacional. Diante da pergunta "quem sou?" a resposta não pode prescindir do encontro e da aliança com o "tu", do encontro com os outros. O outro é condição irrenunciável para que exista o eu. Não um puro "acidente", mas algo de constitutivo. Alguns fatos da nossa experiência, como recorda Kampowski (2012, p. 102), dão testemunho da natureza relacional do constituir-se da identidade da pessoa: "Quando alguém nos pergunta 'quem és tu?' frequentemente as primeiras respostas que damos são de tipo relacional: sou filho de tal genitor, irmão de tais irmãos e irmãs, marido de tal mulher, pai de tais filhos." O encontro, seguido do estabelecimento de um vínculo destinado a durar no tempo, se torna fonte daquele processo de constituição da identidade pessoal.

A quase totalidade das sociedades dá à família algum grau de reconhecimento, pois reconhece que as qualidades que distinguem a família das demais relações primárias criam as condições para que as necessidades mais fundamentais das pessoas e da sociedade encontrem uma solução mais adequada.

---

7. "*[...] permite dar una organización social y cultural a los hechos naturales que determinan la ontogénesis de cada individuo de la especie*".

> Para que os indivíduos existam não se requer somente condições biológicas adequadas para uma reprodução sexuada, mas também a regulação cultural necessária para poder compreender que aqueles que vêm ao mundo sem ser consultados, dependendo dos seus progenitores, gozarão de igual dignidade e dos mesmos direitos e obrigações reconhecidos a seus progenitores, não em virtude daquilo que eles tenham ou de sua conduta, mas em virtude apenas da sua existência (MORANDÉ, 1999, p. 40-41, tradução nossa[8]).

É por essa razão que o conceito de família não pode ser redefinido a partir da constatação de uma pluralidade de formas de convivência, que vão surgindo na sociedade atual. É preciso colher a especificidade da família, que não representa apenas uma convenção social, um modelo ideal de conduta considerado bom num determinado período ou no interior de uma sociedade. Como lembra também Morandé (1999, p. 19, tradução nossa[9]) "o reconhecimento da dignidade humana do filho coloca a pergunta acerca do caráter e dignidade social da relação que o gerou" e que o acompanha ao longo do seu desenvolvimento.

Nesse aspecto, é útil recordar aquilo que afirmou Lévi-Strauss (1966, p. 379): "a sociedade pertence ao reino da cultura, enquanto a família é a emanação, no nível social, daqueles requisitos naturais sem os quais não poderia haver sociedade nem, certamente, humanidade."

A tendência atual à desinstitucionalização da família, considerada sempre mais como um fato privado, cujas regras poderiam ser estabelecidas apenas por aqueles que convivem juntos, carece de fundamentação racional, uma vez que

---

8. *"Para que los individuos existan no sólo se requieren condiciones biológicas adecuadas para una reproducción sexuada, sino también la regulación cultural necesaria para poder comprender que quienes vienen al mundo sin ser consultados, en dependencia de sus progenitores, gozarán de igual dignidad y de los mismos derechos y obligaciones reconocidos a sus progenitores, no en virtud de lo que ellos hagan o de su conducta, sino en virtud de su sola existencia".*

9. *"[...] El reconocimiento de la dignidad humana del hijo plantea la pregunta acerca del carácter y dignidad social de la relación que lo engendró".*

o nascimento de uma pessoa e também o ato sexual entre um homem e uma mulher, do qual pode resultar a procriação de um novo ser humano, não são fatos meramente privados. É por isso que Morandé (1999, p. 40) afirma que "o conceito de família não pode limitar-se à descrição de hábitos de conduta ou às características socioeconômicas daqueles que vivem debaixo de um mesmo teto" (tradução nossa[10]).

Outras duas questões devem ser consideradas. Em primeiro lugar, como mostram os dados demográficos, em meio a esta crescente pluralidade de formas familiares, nota-se a persistência daquele arranjo familiar formado por casal com filhos, que representa no Brasil 42,3% dos arranjos com parentesco (IBGE, 2016). Em segundo lugar, é preciso reconhecer que algumas funções sociais desenvolvidas por este tipo de família "parecem revelar-se sem qualquer equivalente funcional na sociedade e, portanto, sempre mais decisivas para o desenvolvimento de uma sociedade civil digna deste nome" (BELARDINELLI, 2010, p. 24).

Segundo Donati (2008, p. 78) "as formas familiares se organizam como 'variações sobre o tema' de uma estrutura latente que é vivida de modos diferentes, mas nem por isso deixa de ser o núcleo constitutivo da família". Ele chama esta estrutura latente de "genoma familiar", explicando que: "a relação familiar era e continua sendo *uma modalidade* (entre as muitas possíveis) de conectar de forma estreita as seguintes quatro dimensões: uma intencionalidade (gerar), um meio (a sexualidade de casal), uma normatividade (a reciprocidade), um valor modal (o dom)" (DONATI, 2013, p. 32-33, tradução nossa[11]). O genoma social da família pode então ser definido como um sistema relacional baseado em quatro

10. *"[...] El concepto de familia no puede limitarse a la descripción de hábitos de conducta o a las características socioeconómicas de quienes viven bajo un mismo techo".*

11. *"[...] la relazione famigliare è stata e tuttora è una modalità (fra le molte possibili) di connettere in modo stretto le seguenti quattro dimensioni: una intenzionalità (generare), un mezzo (la sessualità di coppia), una normatività (la reciprocità), un valore modale (il dono)".*

componentes: o dom, a norma da reciprocidade, a sexualidade e a generatividade.

Ou seja, a família se forma quando duas pessoas se doam reciprocamente, reativam constantemente este dom através da norma da reciprocidade e geram (ou ao menos desejam gerar) filhos através da sexualidade de casal.

A variabilidade das famílias tem a ver com o fato que estas dimensões podem dissociar-se com maior facilidade no contexto atual, fazendo com que a relação familiar exista de forma incompleta. Um casal pode, por exemplo, viver as dimensões da sexualidade e da reciprocidade, mas ignorar o dom e a generatividade.

Enfim, a família, em sentido pleno, é a estrutura relacional que é gerada e que conecta outras duas relações diversas: a relação de casal e a relação genitor-filho, ou, como apresentado anteriormente, uma relação de reciprocidade plena entre sexos e gerações (DONATI, 2008; 2009; 2013). Existe família, em sentido pleno, quando há, entre aqueles que convivem, uma relação específica de objetiva pertença recíproca como casal estável, marcado por um consentimento generativo e/ou como pais e filhos.

5. Considerações finais

Se é verdade que a família "normo-constituída", isto é, o casal casado com filhos (DONATI, 2009, 2012; 2013), persiste como o arranjo familiar mais frequente, como mostram os dados estatísticos, também é verdade que a proporção de famílias deste tipo tem diminuído ao longo dos anos. É fato que os indivíduos na sociedade atual reivindicam mais liberdade de escolha e muitas vezes se relacionam segundo modalidades diversas daquela estrutura familiar deixada pelas gerações precedentes, porém, estas novas formas de convivência (*families-of-choice*) não têm conduzido a um maior senso de felicidade e satisfação. A tese de que as diferentes formas familiares são igualmente válidas ainda não foi demonstrada empiricamente.

Do ponto de vista sociológico, as novas formas de convivência deverão ser avaliadas à luz de critérios empíricos: sua vitalidade interna, tendo em vista que algumas dessas formas serão mais aptas a regenerar-se do que outras; e a capacidade de responder às expectativas da sociedade, sobretudo na questão da socialização, da responsabilidade para com os filhos, da ajuda mútua entre os casais e entre as gerações (DONATI, 2008).

Uma compreensão verdadeira da dinâmica da família na contemporaneidade exige um olhar capaz de ir além, tanto da mera constatação do aumento dos divórcios e recasamentos e da redução na taxa de fecundidade, quanto da exaltação acrítica do fato de um número considerável de pessoas optar por estilos de vida não propriamente familiares. É preciso analisar as transformações no modo de se viver a conjugalidade e a parentalidade também no interior daquelas famílias formadas por um casal casado e com filhos. Para isso, é preciso olhar com profundidade para o conjunto de características da cultura atual que impactam, seja na força dos vínculos familiares, seja na própria disposição das pessoas para se unirem e gerarem filhos.

Referências

ARRIAGADA, I. Nuevas familias para un nuevo siglo? *Paideia*. v. 18, n. 10, FFCLRP-USP Rib. Preto, jan-jul, 2000. p. 28-35.

BAUMAN, Z. *Amor líquido:* sobre a fragilidade dos laços humanos. Rio de Janeiro: Jorge Zahar, 2004.

BELARDINELLI, S. A pluralidade das formas familiares e a família como insubstituível "capital social". *In*: BORGES, A; CASTRO, M. G. (Orgs.) *Família, gênero e gerações:* desafios para as políticas sociais. 2ª ed. São Paulo: Paulinas, 2010. p. 21-43.

BRASIL. *Constituição da República Federativa do Brasil*. Brasília: Senado Federal, 1988.

CASTELLS, M. *O poder da identidade*. São Paulo: Paz e Terra, 1999.

COOPER, D. *A morte da família*. São Paulo: Martins Fontes, 1994.

DONATI, P. *Manual de sociología de la familia*. Navarra: EUNSA, 2003.

_____. *Família no século XXI:* abordagem relacional. São Paulo: Paulinas, 2008.

_____. *Manuale di sociologia della famiglia*. 3. ed. Bari: Editori Laterza, 2009.

DONATI, P. (Org.). *Famiglia risorsa della società*. Bologna: Mulino, 2012.

_____. *La famiglia:* il genoma che fa vivere la società. Soveria Mannelli: Rubbetino, 2013.

GIDDENS, A. *A transformação da intimidade*: sexualidade amor e erotismo nas sociedades modernas. São Paulo: Editora da Universidade Estadual Paulista, 1993.

GUIZZARDI, L. Perché la relazione pura? L'amore tra la virtualità della struttura e l'attualizzazione della pratica. *Sociologica,* n. 3, nov-dez, 2008.

GOLDANI, A. M. As famílias brasileiras: mudanças e perspectivas. *Caderno de pesquisa*. n. 91, São Paulo, nov. 1994. p. 7-22.

IBGE. *Síntese de indicadores sociais:* uma análise das condições de vida da população brasileira: 2016. Rio de Janeiro: IBGE, 2016.

_____. *Síntese de indicadores sociais:* uma análise das condições de vida da população brasileira: 2018. Rio de Janeiro: IBGE, 2018.

JABLONSKI, B. Identidade masculina e o exercício da paternidade: de onde viemos e para onde vamos. *In*:

FÉRES-CARNEIRO, T. (Org.) *Casal e Família*: entre a tradição e a transformação. Rio de Janeiro: NAU, 1999. p. 55-69.

KALOUTIAN, S. M. (Org.). *Família brasileira:* a base de tudo. São Paulo: Cortez; Brasília, DF: UNICEF, 1994.

KAMPOWSKI, Stephan. Chi sono? L'identità relazionale dell'uomo. *Anthropotes*. v. 28, n. 1, 2012, pp. 101-109.

LÈVI-STRAUSS, C. A família. *In*: SHAPIRO, H. L. *Homem, cultura e sociedade*. Rio de Janeiro: Fundo de Cultura, 1966.

MARTIN, C. Renouveau de la question familiale: protection privée, protection publique. In: LE GALL, D; MARTIN, C. *Familles et politiques sociales:* dix questions sur le lien familial contemporain. Paris: ÉditionL'Harmattan, 1996.

MORANDÉ, P. *Familia y sociedad:* reflexiones sociológicas. Santiago de Chile: Editorial Universitaria, 1999.

PETRINI, G. Mudanças sociais e mudanças familiares. In: PETRINI, J. C.; CAVALCANTI, V. R. S. (orgs.). *Família, sociedade e subjetividades*: uma perspectiva multidisciplinar. Petrópolis: Vozes, 2005.

RABINOVICH, E. P; MOREIRA, L. V. de C; FRANCO, A. Papéis, comportamentos, atividades e relações entre membros da família baiana. *Psicologia & Sociedade* [on-line]. 2012, vol.24, n.1, p. 139-149.

RECTOR, R. Marriage: America's Greatest Weapon Against Child Poverty. *Poverty And Inequality*. set. 2012. Disponível em: https://herit.ag/37yDP0i Acesso em: 20 maio 2021.

SINGLY, François de. *Sociologia da família contemporânea*. Trad. Clarice Ehlers Peixoto. Rio de Janeiro: Editora FGV, 2007.

THERBORN, G. *Sexo e poder:* a família no mundo, 1900 -2000. Trad. Elisabete Dória Bilac. São Paulo: Contexto, 2006.

A PROTEÇÃO DOS MAIS NECESSITADOS

A Dignidade e Protecção do Nascituro em seio da Racionalidade - Permissibilidade Jurídica Binomial, [Justiça → Direito] e [Direito → Justiça]

José Mampuia André

Doutor em Direito (UAL). Professor da Universidade
11 de Novembro, em Cabinda - Angola.

Diogo Leite de Campos

Professor catedrático jubilado da
Faculdade de Direito de Coimbra.

Professor catedrático da Universidade Autónoma de Lisboa.

Agregado em Direito (Un. de Coimbra).

Doutor em Direito (Un. de Coimbra).

Docteur d'État en Droit (Un. Paris 2.)

Docteur en Politiques Économiques et Sociales (Un. Paris 9).

A Maria e a José

A PROTEÇÃO DOS MAIS NECESSITADOS

A Dignidade e Protecção do Nascituro em seio da Racionalidade - Permissibilidade Jurídica Binomial, [Justiça → Direito] e [Direito → Justiça]

José Mampuia André

Diogo Leite de Campos

Resumo

Captar e projectar a Dignidade e a Protecção do Nascituro, em discurso, quiçá, mais vigoroso (a endossar e a seguir outros tantos da índole) são a pretensão do presente texto.

Deparamo-nos com uma clivagem jurídica de grande impacto, relativa às Dignidade e Protecção do Nascituro. Estão em causa as contraversões óbvias, constitutivas da desvalorização e desprotecção do Nascituro, assentes na dicotomia [personalidade jurídica] vs. [direito à vida e direitos sucessórios para nascituro e concepturo].

Consideramos que a clivagem ou a causa jurídica, contravertida, da dignidade e da desprotecção, humanas, do Nascituro resolve-se para o que pretendemos – a remoção de leis constitutivas desta desproteção – numa óptica que faça prevalecer, pelo menos, neste particular, o valor do princípio da Reciprocidade-Equidade em racionalidade e prática jurídicas e legislativas, ou seja, uma presciência da perspectiva [Justiça → Direito] sobre a perspectiva [Direito → Justiça].

Abstract

The probem is that the Justice and the Law are not, even being one connecting-thing, the same meaning-thing. The subject concerns the Protection and the Dignity of the Unborn Child (Nascituro).[1]

For that, two perpectives we are overcoming, the [Justice→Law's], one, and the [Law→Justice] perspective, other.

Concluding is that:

At the Justive-Law's perspective, we swich the coherence of the equalizer Principle of the Reciprocity, unlowing all law unprotecting the Unbore n Child. So, under de Justice's rational Principle of the Reciprocity, the Nascíture has right to be protected with all the garanties of the Law.

It is a grave mistake, perhaps a crime not doing so, or making it not happen. It's done at the Law-Justice level. We claim rationaly the change: the Unborn is a Child, inteirly a Human Person'stage. Therefor not a thing, as the Law courrently, somewhere, imposes to everybody to think and to play on.

Sumário: Introdução – 1. Dignidade e Protecção do Nascituro: Perpectivação pela racionalidade jurídica (primo-geracional), da [Justiça → Direito], sob Base Equidade-Reciprocidade: 1.1 O nascituro como condição biológica de intimidade maternal e familiar ímpar: a intimidade ímpar "biológico-filial"; 1.2 O nascituro como evidência experiencial Alter-Ego: a Dependência e Dignidade Vitais, com autoria, condição e atribuição, com imanência e com transcendência absolutas – 2. Dignidade e Protecão do Nascituro: Perspectivação pela racionalidade jurídica (secundo-geracional), do [Direito → Justiça], sob base [Legitimidade-(I)Licitude]: 2.1 Orientação jus-doutrinária e legiferante bípede sobre o Nascituro; 2.2 Aproximação crítica de normas jurídicas sobre Des/Protecção do Nascituro – Conclusão.

---

1. É importante comparar-se o termo [Nascituro], português, e o termo corresponde inglês [Unborn Child], Aqui se percebe que a terminologia inglesa especifica que se trata de [criança ainda não nascida (mas JÁ, indubitavelmente CRIANÇA)], enquanto o termo lusófono-latino [Nascituro] fica opaco a esta nuance.

Introdução

Como pessoas, que somos, iguais umas às outras em dignidade, relacionamo-nos através do reconhecimento do outro como outro-eu, sentindo as suas necessidades (empatia) e tentando satisfazê-las (simpatia).

O reconhecimento do outro é sempre a-priori intuído, para ser sempre devido, e envolve imediatamente respeito: congénere cuidado, ou seja, o valor "congénere" exclui per si muitos casos de indiferença, que levem ao desconhecimento. Ego e o Alter-Ego, face a face, é facto momentoso axiomático dos direitos de primeira geração, regentes dos de segunda geração.

Nesta perspectiva, não será contranatura, com articulações de direitos de segunda geração negarmos reconhecimento das pessoas mais frágeis, desde logo o nascituro, em detrimentos do sustentáculo axiomático de direitos (intuitivos) primo-geracionais?

O reconhecimento do direito precede e produz, necessariamente, o reconhecimento do dever. O axioma Ego-reconhecedor-do-Alter-Ego é consequentemente axioma jus-produtor de direito-dever de empatia / simpatia Ego-Alter-Ego. E, se alguém, "já biologicamente Pessoa" pretender ignorar que o que é não começou em formato "pré-biologicamente fetal", de nascituro, que, então, sim, se arrogue titular de direito a aproximar o seu "pré-Ego-fetal-Pessoa" como não congénere ou não homologável a um "actual Alter-Ego-Fetal-Pessoa".

Por tudo dito, neste trabalho, trataremos do direito primo-geracional do nascituro (e do concepturo) e do óbvio ou consequente dever não apenas de empatia / simpatia por este, ele ou ela, mas do dever de protecção deste estádio-uterino-Pessoa, como autêntica "pessoa-como Eu fui", ou seja, como Alter-Ego / Pessoa. Como pode uma Pessoa, Humana, ser cândida, empático-simpática para com os fetos de uma cadela ou de uma porca, esperá-los, protegendo a cadela ou a porca – para os contemplar, vê-los nascendo e crescendo, possuindo-os e podendo ou não vendê-los, oferecê-los – enquanto é carrasco e feticídio para com um Alter-Ego (ainda fetal como ele)? Este entendimento passa a ser desenvolvido em duas articulações, formuladas mais convenientemente assim:

1. Dignidade e Protecção do Nascituro: Perpectivação pela racionalidade jurídica (primo-geracional), da [Justiça / Direito], sob Base Equidade-Reciprocidade

2. Dignidade e Protecão do Nascituro: Perspectivação pela racionalidade jurídica (secundo-geracional), do [Direito-Justiça], sob base [Legitimidade-(I)Licitude]

1. Dignidade e Protecção do Nascituro: Perpectivação pela racionalidade jurídica (primo-geracional), da [Justiça → Direito], sob Base Equidade-Reciprocidade

A vida fetal humana desdobrar-se-á em duas perspectivas importantes, uma biogenética, outra sociológica, a primeira, técnica, a segunda, experiencial-cultural. Quem, como nós, aproxime a questão como jurista, deve poder esclarecer, entre ambas as perspectivas, a imbricação constitutiva da unidade da irredutível bilateralidade.

O lado fetal sociológico ou experiencial é aqui abordado como "experiência (mas não experimentação)". É um conhecimento de Relação, mas não (já) de Cognição. É uma "verdade", de subjectivação, mas já não uma "certeza", de objectivação.

Deve, na concisão desta exposição, caber-nos descrever com a expressão "intimidade ímpar biológico-filial" o dito lado fetal humano sociológico, enquanto descreveríamos, como a expressão "feto-vida (humano)", o dito lado biogenético do mesmo embrião humano vivente ou nascituro. Seguem-se dois passos expansivos deste propósito, em que falamos, sucessivamente, (i) do nascituro como condição biológica de intimidade maternal e familiar ímpar: a intimidade ímpar "biológico-filial", e (ii) do nascituro como evidência experiencial Alter-Ego: a Dependência e Dignidade Vitais, com autoria, condição e atribuição, com imanência e com transcendência absolutas

1.1 O nascituro como condição biológica de intimidade maternal e familiar ímpar: a intimidade ímpar "biológico-filial"

Os varões não ficam "grávidos". As mulheres, sim. Não se tratará de uma injustiça, como se alguém tivesse rompido um acordo prévio. Trata-se de uma espécie de Disposição (sem acordo). Não é preciso ser-se crente ou Cristão, para que se veja e se viva uma vida sem acordos prévios. Não houve nem há acordo, por exemplo, que os olhos estejam na cabeça, e não possam ver o seu próprio possuidor. Nenhum "Direito" permitiria a alguém considerar a isto "injustiça", ou "arbitrariedade". É "Natureza".[2] Por outras palavras, a Natureza é um contexto existencial único, que dispõe, instrui, formata, e enforma, informando (para cada Pessoa Humana), Sermos Natureza é sermos Vida. Tentar rebelar-se à Natureza é absurdo. É uma possibilidade aparente, mas impossível.

Assim, o Nascituro é a configuração de toda a Pessoa Humana madura. O Nascituro "sou Eu, «enquanto estive a viver e a crescer HUMANAMENTE desde a barriga da minha Mãe". O Nascituro SOU EU. E é o Nascituro o meu Alter Ego. É singular. O Nascituro comporta a Minha Filogenia (de Espécie Humanoide), o Meu percurso Fenótipo e o Meu particularíssimo carácter Genótipo. Mais Ninguém (ou mais Nada), para Pai e Mãe do que o Feto de ambos, o Nascituro, PRESENTE na barriga de Mãe, capitaliza, capta e mostra ou reproduz a minha tipicidade antropológico-ontológica.

---

2. Ser Progenitor não é uma fatalidade, mas uma capacidade da Natureza. A Natureza, e, cada vez mais o conhecimento experiencial e científico do metabolismo genital permite que a concepção seja uma opção, senão uma incúria.

Falar assim significa tentarmos nós sumarizar que no facto Natural "Nascituro" incide tal nossa inteligibilidade. Trata-se de uma sensação. Aquilo que torna o Varão em PAI e torna a Mulher em Mãe, definitivamente, é o mesmo que deles faz, respectivamente, filho e filha para uma Mulher e Varão. Isto é uma evidência experiencial, Natural. Por outras palavras: [o Nascituro reprodução de filhos de seus Pais e tão facto como condição biológica de intimidade maternal e familiar ímpar: a intimidade ímpar "biológico-filial"]. Trata-se de "Facto", porque é Natureza: varão e mulher não iriam inverter ou opor-se, mas só podem OBEDECER a um programa biológico, que os fez a eles, o de que da sua junção nasçam uma Pessoa. Trata-se de "Condição", porque a mesma Natureza que lhes determina (a capacidade ou uma fatalidade) da reprodução, da Paternidade-Maternidade com o Nascituro, CONCEDE-LHES momento decisório-participativo. Por outras palavras, a Natureza Não É INJUSTA nem Arbitrária, nem Anti-Humana, ou desumana. A Natureza CONCEDE aos pré-Papá / Mamã, a faculdade não tanto de uma procriação, mas de a faculdade decisória de serem PAI-MÃE, conforme são os próprios FILHO-FILHA em seio decisório de seus pais e mães. Este não é (apenas) o significado, mas é a EVIDÊNCIA, de que estamos a falar. A Evidência experiencial, de que [o Nascituro É condição biológica de intimidade maternal e familiar ímpar, ou seja, a intimidade ímpar "biológico-filial"]. Neste parco discurso, iremos propor apenas o indispensável. Esta CONCESSÃO PARTÍCIPE dos futuros PAI-MÃE com o seu NASCITURO coloca-se, essencialmente, sob três situações, duas delas antropológico-reais, e a terceira antropológico-cultural. Trata-se, conforme passamos a falar, do desafio Natural dos "Paituro / Mãeturo" em presença de seu Nascituro, em seu exercício (exclusivo) sobre a Dependência e Dignidade Vitais, condição de aceitação e de atribuição, com imanência e com transcendência absolutas do que são Eles próprios ao seu Alter-Ego (Fetal).

1.2 O nascituro como evidência experiencial Alter-Ego: a Dependência e Dignidade Vitais, com autoria, condição e atribuição, com imanência e com transcendência absolutas

A raça (ou espécie) Humana só conversa com base na Racionalidade, que, com projecção do Eu individuante, a autossuperioriza, neste particular, dentre outras formas de racionalidade difusas nos seres-membros da Natureza. É o Homem que se diz a si próprio que é Mais Racional ou Inteligente do que o Cão. Ora, o Cão, exclusivamente mais bem capaz do que o Homem de seguir o rasto de uma presa ou de ser o único agente policial detective e comprovador insuspeito de várias coisas, nunca, aparentemente, digladiou contra o Homem. Queremos simplesmente dizer que SIM, o Ser Humano tem o direito-dever apriorístico ou primo-geracional de se assumir O MAIOR e O MELHOR, em exclusivo na Natureza, dentre todos os outros membros-da-Natureza. A mais profunda razão autoconfitente desta apodíctica, axiomática e incontornável supra/auto/Dignificação para o Homem – já o temos dito[3] – radica NATURALMENTE em sua Racionalidade encriptada de um irradiante Ego. O Homem não tem olhos, mas também não precisará deles para se ver a si próprio. Só tem olhos para ver à frente de si.

Em suma, o Homem ESTÁ ou É, primeiro, ontologia superior, por experienciar e exercer-se em sua suficiente auto-omnisciência e autoubiquidade "EU". "Suficiente", porque nenhum homem se sentiu e se manifestou insatisfeito para com a proporcionalidade ou amplitude (efectivamente suficiente) do seu [Eu a respeito de si próprio].

O Eu é a fundante ontológica da Racionalidade Humana. Não deve poder homem nenhum deixar de encarar IMEDIATAMENTE o (seu) Nascituro como seu reflexo próprio, independentemente, da bidimensionalidade ou hibridade

3. Vide nossa tese de doutoramento (MAMPUIA, A, 2021 / UAL - Lisboa), mais especificamente, na nossa "teoria pentadáctila (primo-geracional) do Ser Humano".

bio-osmótica (densificando Pai, Mãe e uma linhagem filogenética, tipogenética e ontogenética bem mais ampla), que este Nascituro comporta.

O Nascituro é a gravidez-Nascituro, da sua já-Mãe. O Nascituro (não é um conepturo). Não é hipotético, mas factual, por isso, é feto humano vivo, resultante e constitutivo de parentalidade. Não se trata de uma pré-mamã. O par humano progenitor, quando muito, poderia, conforme atrás sugerido, ser paralelamente titulado de "Paiscituro / Mãesciturо",[4] mas é já Pai e Mãe em progenitura, visto e desde o feto vivo, de que são autores, pelo quadro da Natureza. Não se é progenitor duas vezes. A progenitura acontece uma só vez não carece de preenchimento, porque o embrião ou feto humano fica completo e desencadeia-se a sua autonomia biológico-metamórfica no útero até nascer.

O Nascituro é indefeso, absolutamente dependente dos seus já autores, quer dizer progenitores. É o estados biológico humano o mais necessitado de protecção. A sua condição humana não é discutível, mas sob risco de reconhecimento, aceitação e atribuição dignificante por parte dos seus próprios progenitores.

Este nosso discurso tem esta motivação aquém de questões como o aborto, a gravidez indesejada, o nascituro resultante de uma violação. A motivação desta exposição é a defesa da Vida ou a Injustiça sobre ela, no que o Direito positiva para a despotecção do Nascituro e dos progenitores (Paiscituto e Mãesciturо).

Veja-se:

Cada um de nós é ser humano, porque foi um nascituro protegido e dignificado como humano pelos seus autores-progenitores, antes de mais ninguém. Estamos a falar do princípio de reciprocidade, para não falarmos da "lei do talhão, olho por olho, dente por dente; ou ainda, quem não foi nascituro

4. São vocábulos ainda não constantes de dicionários.

seja o primeiro a delapidar o (seu) nascituro". O princípio da reciprocidade: "faço-te o que me fizeste ou faço-te o que me foi feito, ou melhor, devolvo o que devo" implica que sou vida e sou nascituro protegido, logo quero vida e tenho de fazer do nascituro o nascituro que fui." É de Justiça, que assim seja. É equitativo, e a Equidade é o fiel da "balança" ou da "cegueira" decisora da JUSTIÇA.[5]

Falando da Racionalidade, esta conclusão será irracional e ilógica, ante qualquer Humano (progenitor) se não agisse em consequência. Qualquer processamento (racional) jurídico não filaria a sua legitimidade e admissibilidade senão neste princípio de reciprocidade.

A Racionalidade autoriza-nos a pedir que sejamos coerentes: temos de fazer ao nosso nascituro o que os nossos pais fizeram connosco, enquanto nascituros. Não o fazer é pior do que entrar em contraciclo com a sua própria vitalidade: é violar a Racionalidade do seu Eu e da sustentabilidade da Vida Humana.

Nenhuma comunidade humana deixou de se reger, desse os primórdios paleolíticos até hoje, pelo vinculativo princípio do direito-dever da Reciprocidade. A este princípio, que podemos considerar como sendo um normativo antropológico universal, acrescem outras normas culturais. Em culturas africanas, há quem reconheça este ditado: "*Nsi ka-nheva, bantu* (território excelente, (só) com pessoas)", quer dizer, a pessoa humana, o nascituro é quem perfaz o esplendor da comunidade, da terra e do cosmos. Podendo nós considerar que a Protecção e a Dignidade humanizantes devidas pelos Pais ao Nascituro relevam da Racionalidade humana imediata e universal, ou seja de direito primo-geracional, porque baseada no dever-direito do Princípio antropo-lógico e universal da Reciprocidade, então arrumaríamos as normas jurídicas positivas subsequentes, num âmbito de direito secundo-geracional, aliás, bem positivo.

5. JUSTIÇA e DIREITO são domínios inseparáveis e intercomunicantes. O segundo concretiza e deveria reproduzir, mas não chega a configurar consequentemente a primeira.

E atenção: não falámos do amor dos Pais ou de uma compaixão para com o Nascituro. Falámos de um DIREITO que o Nascituro impõe aos PAIS, em termos constitutivos de DEVER EXISTENCIALISTA destes últimos, para com o mesmo Nascituro. [A vocês, meus Pais – diz o Nascituro – não caberá, RACIONAL E CONSEQUENTEMENTE, por terem sido vida uterina protegida, senão a mim (pelo menos) fazerem o mesmo.]

Por conseguinte, além do que vincula os Pais (progenitores) ao dever de proteger e dignificar o Nascituro como (intrinsecamente titular e reivindicador de um direito de reciprocidade, enquanto) seu Alter-Ego, reflexo de si próprios pré-nascituros, (*minime*) por Princípio da Reciprocidade, e por normas consuetudinárias como esta, temos as normas propriamente jurídicas, incidentes no Nascituro. Passaremos a examinar algumas delas.

2. Dignidade e Protecão do Nascituro: Perspectivação pela racionalidade jurídica (secundo-geracional), do [Direito → Justiça], sob base [Legitimidade-(I) Licitude]

Nesta secção expositiva, passamos, num primeiro ponto, a analisar algumas normas jurídicas, e noutro ponto, a aprofundar, sob crítica, estas mesmas normas, para o que seria lacuna não lembrarmos que as sociedades (modernas) dizem-se, mormente, em sua enunciação e apresentação, regidas por direito (democrático-multipartidário).[6] Ou seja, aos governos nelas eleitos, os cidadãos destas sociedades delegam a tarefa de legiferação.

Nem sempre é fiável, consequente ou vinculativo que os governantes implementem um mandato legislativo, ou

6. Não queremos dizer que a dita "democracia multipartidária" seja o maior, o mais correcto e melhor prisma organizativo, gestor, produtivo, competitivo-criativo e satisficente junto dos terráqueos quadrantes populacionais do mundo, aliás, multiculturais.

consensual ou (maioritariamente) satisfatório para a diversidade cromática de seus cidadãos (embora) parlamentarmente representados.[7]

Um dos determinantes não / pouco autorais e não controlados pelos cidadãos eleitores para legiferação tem a ver com a opinião pública, em cujos articuladores surgem, quase sempre pensadores, académicos ou *opinion-makers* jus-doutrinários. É desta classe, de tenores jus-doutrinários, que, como pano de fundo da segunda parte desta comunicação, nos ocupamos com a devida concisão.

As jus-doutrinas são muito sedutoras para os legisladores – os governantes – tanto mais que muitos destes chefes do Estado e muitos parlamentares – sem nenhuma surpresa – são juristas de formação.[8]

Portanto, colocando nós o cursor discursivo apenas sobre o segmento jus-doutrinário com pertinente determinação em legiferações sobre o Nascituro, passaremos do âmbito (antropomórfico) de uma Justiça vinculativa para a Equidade [e de Racionalidade Equitativa (apelativa de direitos primo-geracionais) humanos] para o outro âmbito (socio-mórfico) da

7. Sobre o assunto, MAMPUIA (2021/UAL) propõe três modelos principais, podendo ser cruzados, configuradores de "gramaticalidade" legiferante em sociedades: (i) o modelo legiferante de eixo axiomático Ético-Ascendente, (ii) o modelo legiferante de eixo axiomático Racional Ético-Racional, e (iii) o modelo legiferante de eixo axiomático ético-difuso ou de forças competitivas. Os cidadãos, em sociedades democráticas, podem, em caso de insatisfação para com as leis protagonizadas pelos governantes, e sem prejuízo da sindicância parlamentar sobre o mesmo governo, exprimir as suas reivindicações e indignação por actuações / manifestações (pacíficas e organizadas), exercitadoras do que se chama "democracia participativa".

8. Somos, nós próprios, e com sentimento de orgulho satisfatório, admiradores e membros desta nobre classe de juristas, líderes ou fortíssimos influenciadores de legiferação. É uma classe, sim, FORTEMENTE corporativa. No entanto, como em qualquer Classe Pensante e societal-trabalhadeira, não e nem pode ser proibida a liberdade de pensamento-expressão e de posicionamento doutrinário-competitivo próprio, donde, na classe dos juristas, exerce-se (competitiva, responsabilizada e responsavelmente) esta liberdade, em plataformas e destinatários de captação-projecção de discursos jus-doutrinários. É o que, aliás, sincera e assumidamente estamos Nós a fazer, como jus-doutrinários (Pro-Protectores da Vida Humana [ante ilustres colegiais detractores]).

(mesma) Justiça, vinculativa (já não só para a Equidade, mas, sobretudo) para a Legitimidade.

É fácil, agora, em função do sintetizado no parágrafo anterior, sobre o processamento, binocular Justiça, em [Justiça / Direito] e [Direito / Justiça – respetivamente, a primeira para Equidade (primo-geracional) e a outra para Legitimidade (secundo-geracional) – indicar que aproximaremos o âmbito do [Direito / Justiça], em duas inflexões: orientação jus-doutrinária e legiferante bípede sobre o Nascituro, e aproximação crítica de normas jurídicas sobre Des/Protecção do Nascituro.

2.1 Orientação jus-doutrinária e legiferante bípede sobre o Nascituro

Às três teorias jurídicas[9] em torno do Nascituro – (i) a teoria sobre a personalidade jurídica do nascituro, (ii) a teoria natalista, e (iii) a teoria concepcionista – subjaz uma orientação bípede jus-doutrinária, que inspira os actos legiferantes dos governantes. As duas grandes orientações jus-doutrinais deste bípede antípoda, que apelidaríamos, uma, ["limitativa" do Direito à Vida], outra ["expansiva" do Direito à Vida], e com incidência no diferendo [factualidade-faculdade intrínseca vs. postulação-atribuição extrínseca] da Personalidade Jurídica (com Direitos Sucessórios associados), são, respectivamente, as duas primeiras, por um lado, e a terceira, por outro lado.

Enquanto duas teorias da tríade, convergentes e radicalmente opostas à terceira, a teoria sobre a personalidade jurídica, e a teoria natalista do Nascituro exprimem, resumidamente esta trilogia, em termos de pressuposto, instrumento e densificação jurídicas assumidas:

---

9. Cf., por exemplo, Rodrigues, e outros, (2013) *Breves considerações a respeito das teorias relativas ao reconhecimento da personalidade jurídica e sua aplicabilidade à proteção do Ser Humano em gestação*, https://bit.ly/37bnz5F, web-visita em 18 fev. 2021. Veja-se ainda Alves, (2006), *O Nascituro como Sujeito de Direitos*, em https://bit.ly/3v2tqSI visita-web: 17 fev. 2021.

- Presuposto jus-cognitivo: o [Direito à Vida (humana)] está normativamente positivado, mas é limitável.

- Instrumento jus-executivo: a limitação fundamental do Direito à Vida será uma faculdade exercitável por uma legitimidade sociojurídica (extrínseca à pessoa titular), que estabelece a atribuição e os atribuidores da Personalidade Jurídica.

- Densificação jurídica: genericamente efectiva e vigente em ordenamentos jurídicos de Estados: A Personalidade é obtida, ou seja, atribuída com o bom nascimento. Os direitos sucessórios (que permanecem reconhecidos, mas suspensos ao concepturo e ao nacituro), são daí activados (por tutoria até à maioridade).

Enquanto teoria da tríade, divergentes e radicalmente oposta às duas outras, a terceira, a teoria concepcionista exprime, resumidamente esta trilogia paralela, em termos de pressuposto, instrumento e densificação jurídicas assumidas:

- Presuposto jus-cognitivo: o [Direito à Vida (humana)] está normativamente positivado, mas é ilimitável, ou seja, expansiva. (Porque, transversalmente, a positivação do Direito à Vida, quer a nível dos Direitos da Personalidade, quer a nível dos Direitos Fundamentais / Constitucionais e quer a nível dos direitos Humanos) não insere nem permite ou condiciona restrições eventuais, e tende a proibi-las.

- Instrumento jus-executivo: a expansividade fundamental do Direito à Vida será decorrente da factualidade vital identificada pela concepção, sendo inalienável titular deste facto a Pessoa humana uterina, dado ser inalienável, intransmissível e irrepetível a individualidade ontológico-antropológica e bio-sociológica da Pessoa-Feto. E não numa faculdade exercitável por uma legitimidade sociojurídica (extrínseca à pessoa), que estabelece a atribuição e os atribuidores manter o termo da Personalidade Jurídica.

- Densificação jurídica: genericamente não efectiva e nem vigente em ordenamentos jurídicos de Estados: a Personalidade Jurídica, de Pessoa Humana, não pode nem deve ser atribuída, porque é uma propriedade intrínseca ao ser; e o Ser não deixa de ser [o Ser, que (já) É], enquanto "Está" em estado sexistencial fetal. O Ser é Ser, desde e quando é [Ser evidente, positivo e concreto por si próprio]. O ser [Ser] é, portanto, exclusiva e irredutivelmente, factual, com ipseidade indelegável, não arbitral nem atribuível ou atribuível por seu estado sbiológico-evolutivos como um bom nascimento, uma minoridade sem patologia ou uma senioridade sem dependência; isto é, muito menos por uma usurpação atributiva ou arbitral exógena ao próprio SER.

Se as três principais teorias jus-doutrinais se digladiam internamente nesta estrutura bípede, com a teoria conceptualista a configurar a positivação de normas jurídicas reconhecedoras (e algures protectoras) do direito à vida, e com as teorias natalista e da personalidade jurídica a restringir este mesmo direito e à sua protecção universal, podemos passar o mesmo foco analítico e contrastivo para leis, em cuja codificação isso transparece.

2.2 Aproximação crítica de normas jurídicas sobre Des/Protecção do Nascituro

As normas jurídicas incidentes em Nascituro dos Estados do Mundo inteiro poderiam ser submetidas a uma votação universal, mundial, sem constrangimentos. É, porém, nossa árdua missão, a aposta em construir uma Dignidade Humana. Esta começa desde que nossa Mãe nos concebeu com nosso Pai, fizeram ambos de nós seu filho ou filha e fizemos nós deles, respectivamente, Mãe e Pai nossos. Nos pontos seguintes, agora, trata-se de dispormos de uma análise (universal, ou, pelo menos) plurinacional, que nos permita discorrer com satisfação a ilógica exterminação da procriação, pela asfixia do Nascituro.

Angola, Portugal, Brasil e China seriam amostras, ordenamentos jurídicos sobre o Nascituro, decerto, aferentes deste infeliz dissenso bípede jus-doutrinário e legiferante. O que, com isto pretendemos, já toda a gente sabe: somos concepcionistas, e pretendemos, de forma RACIONAL (argumentativa ou articulada) – única forma mais dirimente em Direito / Justiça – mostrar não caber lógica a discursos e legislação (natalista e de personalidade jurídica suspensiva) de desprotecção do Nascituro (e de sua Mãe, em gestação).

Constitui, assim, propósito deste passo discursivo um duplo propósito material. Passamos à aproximação, combinada, de codificações acerca do Nascituro em um tetragrama exemplificativo: Angola, Portugal, Brasil e China, em que iremos inserindo alegações críticas, demostrativas da incoerência ou da irracionalidade em desprotecção do Nascituro.

ANGOLA:

Embora a Constituição da República de Angola (CRA) positive o Direito à Vida, nada normatiza sobre a protecção do Nascituro. O nº 2 do artigo 81 /CRA, porém é uma consignação relativa ao "*princípio do superior interesse da criança*". O Nascituro não é forma existencial ou biológica de puerilidade ou de minoridade humanoide tutorada. E a angolana Lei 25/12, de 22 de Agosto – Lei sobre a Protecção e Desenvolvimento Integral da Criança (LPDIC) que concorre para a materialização deste precito constitucional codifica "*onze compromissos*", para referenciação de "*tarefas essenciais que devem ser desenvolvidas a favor da criança*", a saber: "*1) esperança de vida ao nascer, segurança alimentar e nutricional, 3) registo de nascimento, 4) educação da primeira infância, 5) educação primária e formação profissional, 6) justiça juvenil, 7) prevenção e redução do impacto do VIH e SIDA nas famílias e nas crianças, 8) prevenção e combate à violência contra a criança, 9) protecção social e competências familiares, 10) a criança e a comunicação social, a cultura e o desporto, e 11) a criança no plano nacional e no Orçamento Geral do Estado* (Cf. artigos 70º – 77º / LPDIC)". Nenhum destes preceitos protege, quer dizer que, pelo contrário, todos ignoram e desprotegem o Nascituro (angolano).

PORTUGAL:

O ordenamento jurídico Português também atribui a personalidade jurídica com nascimento bem-sucedido. O feto ou Nascituro não tem qualquer protecção vinculativa, em conformidade com os termos dos artigos 25º - 27º e 66º - 70º do Código Civil Português, em vigor: (art. 25.º): *(Âmbito da lei pessoal): O estado dos indivíduos, a capacidade das pessoas, as relações de família e as sucessões por morte são regulados pela lei pessoal dos respectivos sujeitos, salvas as restrições estabelecidas na presente secção.* (art. 26.º): *(Início e termo da personalidade jurídica) 1. O início e termo da personalidade jurídica são fixados igualmente pela lei pessoal de cada indivíduo. 2. Quando certo efeito jurídico depender da sobrevivência de uma a outra pessoa e estas tiverem leis pessoais diferentes, se as presunções de sobrevivência dessas leis forem inconciliáveis, é aplicável o disposto no n.º 2 do art. 68.º* (art. 27.º): *(Direitos de personalidade)* 1. *Aos direitos de personalidade, no que respeita à sua existência e tutela e às restrições impostas ao seu exercício, é também aplicável a lei pessoal. 2. O estrangeiro ou apátrida não goza, porém, de qualquer forma de tutela jurídica que não seja reconhecida na lei Portuguesa.* (Secção I *Personalidade e capacidade jurídica* / art. 66.º): *(Começo da personalidade) 1. A personalidade adquire-se no momento do nascimento completo e com vida. 2. Os direitos que a lei reconhece aos nascituros dependem do seu nascimento.* (art. 67.º) *(Capacidade jurídica) As pessoas podem ser sujeitos de quaisquer relações jurídicas, salvo disposição legal em contrário: nisto consiste a sua capacidade jurídica.* (art. 68.º): *(Termo da personalidade) 1. A personalidade cessa com a morte. 2. Quando certo efeito jurídico depender da sobrevivência de uma a outra pessoa, presume-se, em caso de dúvida, que uma e outra faleceram ao mesmo tempo. 3. Tem-se por falecida a pessoa cujo cadáver não foi encontrado ou reconhecido, quando o desaparecimento se tiver dado em circunstâncias que não permitam duvidar da morte dela.* (art. 69.º): *(Renúncia à capacidade jurídica)* Ninguém pode renunciar, no todo ou em parte, à sua capacidade jurídica. (Secção II – *Direitos de personalidade:* Art. 70.º): *(Tutela geral da personalidade) 1. A lei protege os indivíduos contra qualquer ofensa ilícita ou ameaça de ofensa à sua personalidade física ou moral. 2. Independentemente da responsabilidade civil a que haja lugar, a pessoa ameaçada ou ofendida pode requerer as providências adequadas às circunstâncias do caso, com o fim de evitar a consumação da ameaça ou atenuar os efeitos da ofensa já cometida.*

BRASIL:

O ordenamento jurídico brasileiro é bem mais mitigado e impõe valores dignificadores e protectores do Nascituro. Os arts. 2º e 1.799º do Código Civil da República federativa do Brasil dispõem o seguinte: (art. 2º): "*A personalidade civil da pessoa começa do nascimento com vida; mas a lei põe a salvo, desde a concepção, os direitos do nascituro";* (art. 1.799º) *"Na sucessão testamentária podem ainda ser chamados a suceder: I - os filhos, ainda não concebidos, de pessoas indicadas pelo testador, desde que vivas estas ao abrir-se a sucessão (...)".* Consequentemente, em lei especial, estatutária das Crianças e Adolescentes, a Lei 11.804/08 do Brasil, o Nascituro é reconhecido com segmento da criança, porque esta lei impõe uma secção garantística protectora do Nascituro e da Mãe, intitulada "*Lei de Alimentos Gravídicos*".

CHINA:

Do Código Civil da República Popular da China consta o seguinte, relativamente ao Nascituro: **Article 13:** "*A natural person shall, from the time of birth until the time of death, have the capacity for enjoying civil-law rights, and may enjoy* *civil-law rights and assume civil-law duties in accordance with law*"; **Article 16:** "*A fetus is deemed as having the capacity for enjoying civil-law rights in estate succession, acceptance of gift, and other situations where protection of a fetus' interests is involved. However, a stillborn fetus does not have such capacity ab initio.*" Em conformidade com esta codificação, a China não declina ou não denega toda a protecção e a dignidade de Pessoa "Natural" ao Nascituro. Não lhe reconhece a amplitude de posse-exercício da "capacidade jurídica", mas enquanto "feto", não pode ser coisificado, por isso lhe assiste uma protecção e dignificação humanas especiais.

O tetragrama exemplificativo jus-normativo (Angola, Portugal, Brasil e China) – conforme atrás corrido – não mostra nem colhe consenso entre si. Esta é a primeira demonstração factual, de que, mesmo presumindo, que, em geral, as leis vigentes, hoje, no mundo, serão limitativas da protecção do Nascituto, vai se verificando o contrário: elas tendem a ser concepcionistas.

Conclusão

Podemos tudo misturar ou distinguir constituintes jurídicos de três bases: a base jurídica racional-teogenética, a base jurídica racional antropogenética[10] e a base jurídica racional sociogénica.

Sabemos que a ética não é monoparadigmática; é tão pluriparadigmática como a do leque multicultural, irredutível em sua comunidade-localidade por uma tecno-globalidade. Por outras palavras, o areamento da fonte do Direito desde a sua mitologia à racionalidade, com a mediação da ética, não nos parece defensável. Em tudo, primou sempre a Racionalidade Humana. A ela se articula a Identidade Cultural da Comunidade. É inquietante que o Direito / Justiça pareça estar refém de interesses, utilitaristas, autoproteccionistas e, algures,

10. Leite de Campos, a propósito, propõe o seguinte: "a pessoa humana é *jusgénica*".

obscuros e perversos. A Desprotecção do Nascituro configura, em nosso entender, um concertado projecto de genocídio ou de esterilização jurídica da humanidade.

O diálogo inter-humano só será possível em canal de Racionalidade (pura) ou em canal de Racionalidade Intercultural. Só neste canal se asseguram vasos comunicantes, de uma lógica (universal, talvez socrática). Dito isto, o Direito, enquanto instrumento (individualizador e socializador ou contratualista), captador e regulador da Racionalidade e da Cultural-identidade não pode tergiversar perante a Dignidade e a Protecção do Nascituro: É irracional e indefensável não ver Pessoa Humana no feto ou Nascituro, como não existe nenhuma Cultura terráquea em que mulher grávida ou Nascituro sejam sujeitos da maior candura e protecção da sua comunidade.

O RESPEITO DA PESSOA QUE VAI NASCER

Diogo Leite de Campos[1]

A pessoa e a sua dignidade. Ontologia

1. O ponto de partida

Ao iniciarmos a ontologia do nascituro, deparamos com um ponto de partida: a dignidade da pessoa e o seu direito à vida. Sucede-se o reconhecimento dessa dignidade presente na Constituição da República Portuguesa de 1976 e na Constituição da República Federativa do Brasil.

A primeira reconhece, no seu art. 1º, que a República portuguesa se funda na dignidade da pessoa. É esta, portanto que fundamenta e gere as instituições políticas e o Direito. A pessoa digna é anterior e superior ao Direito e ao Estado.

Na Constituição brasileira de 1988, o princípio da dignidade da pessoa humana está inscrito no inciso III do art. 1º. A Constituição reconhece, portanto, que o Estado existe em

1. Professor catedrático jubilado da Faculdade de Direito de Coimbra. Professor catedrático da Universidade Autónoma de Lisboa. Agregado em Direito (Un. de Coimbra). Doutor em Direito (Un. de Coimbra). Docteur d'État en Droit (Un. Paris 2). Docteur en Politiques économiques et sociales (Un. Paris9).

função da pessoa humana e não o contrário. O ser humano é o fim, e não o instrumento da atividade estadual.[2]

Em ambos os casos, trata-se de um reconhecimento, da declaração de uma realidade e não da invenção ou instituição da pessoa digna. Esta última existe antes do Estado e do Direito. É a sua dignidade que, em si mesma a através dos direitos que gera, constrói o Direito e o Estado, e não o Direito que a constrói.[3]

Mesmo os direitos da personalidade, tão invocados a justo título nas normas constitucionais, vêm de antes, não são criados ou consagrados pelo Direito: são gerados pela dignidade da pessoa e fazem Direito, em si mesmos e através da sua influência orientadora no Direito ordinário. O Estado e o Direito devem assentar nesses direitos e prossegui-los.

Vamos, pois, tratar da dignidade da pessoa para precisarmos a dignidade da pessoa que vai nascer (nascituro).

2. O nascituro como pessoa que vai nascer

Mas... será o nascituro uma pessoa? Será, na realidade, uma pessoa que vai nascer? Revestida da sua dignidade, geradora dos seus direitos, jurisgénica?[4]

Não nos parece possível negá-lo. Basta verificar, e esta verificação também é intuitiva, que o nascituro é um ser humano. Contra esta realidade, a contradição tem vindo a esbater-se e a mudar de orientação.

---

2. Cfr. Bruno Cunha Weyne, O princípio da dignidade humana, Reflexões a partir da filosofia de Kant, Editora Saraiva, p. 90. Também Ingo Wolfgang Scarlet, *Dignidade da pessoa humana e direitos fundamentais na Constituição Federal de 1988*, Livraria do Advogado, 2007, p. 67/68, tb. citado por Weyne.

3. Vd. Diogo Leite de Campos, *A felicidade somos nós*, Fundação Lusíada, Lisboa, 2019, p.152 segs. e 206 segs. e Lumen Juris, Rio de Janeiro, 2019, p.195 segs. e 275 segs.

4. Aut. ob. ult. cits. p.152 e segs.

A realidade impõe-se: basta deixar nascer a criança para se ver que o nascituro, no ventre da mãe, já era uma pessoa; não podendo uma não pessoa no ventre da mãe tornar-se, com o nascimento, uma pessoa.[5]

Aliás, a ciência permite acompanhar muito de perto a vida do nascituro, cuidar dele, medicá-lo, proceder a intervenções cirúrgicas. E a vida humana do nascituro, no momento em que começam as contrações do parto, mesmo a quando do aborto quando este é permitido,[6] impõe-se à consciência : que se trata de uma pessoa que está para nascer.

Se negarmos direitos a esta, estamos a negar os nossos direitos simétricos e necessáriamente os dos mais necessitados de proteção.

Esta pessoa é herdeira legitimária,[7] pode receber indemnizações[8] etc.

O nascituro é uma pessoa...que vai nascer. E é-o desde a concepção.[9]

O debate sobre o respeito que lhe é devido, nomeadamente sobre o seu direito à vida, tem sido situado em eventuais choques de direitos entre si e a mãe. Trataremos deste aspecto no fim.

---

5. Cfr. R. Spaemann, Les personnes – Essai sur la différence entre, quelque chose, et, quelqu, un, trad. Francesa, Paris, 2009.

6. Como sucede na lei portuguesa, apesar do seu caráter inconstitucional por violar o direito à vida.

7. Artigo 2033º do Código Civil

8. Vd. Acordão do Supremo Tribunal de Justiça de 3 de Abril de 2014, rel. Álvaro Rodrigues. A estes outros se seguiram no mesmo sentido. Anotado por Diogo Leite de Campos e Mónica Martinez de Campos, nos Estudos em homenagem a Rui Machete, Almedina, Coimbra, 2015, p. 239 e segs.

9. Vd. para desenvolvimento, Diogo Leite de Campos e Fátima Nancy Andrighi, Pessoa, direitos e Direito, S. Paulo, Ed. RT, 2020, p. 78 e segs.

Mas lembremos, já agora, que o nascituro, como filho, tem direito às responsabilidades parentais, seja qual for o momento da sua vida.

Para nos apercebermos dos direitos da pessoa nascitura, centremo-nos na dignidade da pessoa.

Vamos aprofundar o conceito e o âmbito de dignidade humana numa perspetiva ontológica. Na perspetiva de que a dignidade humana é um atributo situado na essência do ser humano, caracterizando este como tal, devendo limitar-se a ser reconhecida e respeitada e, de um modo complementar, promovida e protegida, já que é inerente ao ser humano.[10]

3. A dignidade na tradição europeia

Ao ser inquirido o fundamento do valor da pessoa, ser dirigente do Direito, encontra-se amiúde a seguinte resposta: a pessoa é superiormente valiosa por ser única, livre e racional.

Resposta muito incompleta e com capacidade de distorcer a realidade. Desde há dois mil anos, foi reconhecida por Cristo a pessoa, criada à imagem e semelhança de Deus e reconhecida pelo mandamento: amai os outros como a vós mesmos. Pessoa livre, racional, em movimento, igual e com amor. Nos antípodas das doutrinas da dominação e da utilidade preponderantes na Grécia e em Roma antigas.

A pessoa está em condições de sentir e praticar o amor pelo outro: reconhecendo-se em todos os outros seres iguais a si mesma, dignos como todos são dignos, fazendo parte constitutiva do eu, suscitando o imperativo do cuidado/amor: "o amor é mais forte do que a morte". O amor tudo vence, dir-se-á mais corretamente.

Como o Pai é Amor, a principal qualidade da pessoa é o amor.

---

10. Cfr Sarlet, ob. cit. p. 43.

Será que o amor está num plano semelhante ao utilitarismo e à dominação?

São estes três comandos (utilidade, poder e amor) que parecem dominar as ações humanas. Sendo os dois primeiros largamente coincidentes no egoísmo, no não reconhecimento dos outros e na exação destes. E o amor, no extremo oposto, na empatia e no cuidado.

Não nos vamos ocupar, nestas páginas, do choque entre estas três linguagens.

4. A pessoa

A pessoa é digna: pessoa é nome de dignidade. Cada pessoa é o ser único da sua espécie (a espécie humana). A espécie humana tem milhares de milhões de seres únicos, insubstituíveis, merecedores de todo o respeito e de todo o cuidado. Cada pessoa é o primeiro e o "último" da sua espécie, e é em si mesma toda a humanidade. O seu nome é "humanidade".[11]

A pessoa vive naturalmente em comunidade, é pluralidade. Cada pessoa é uma história única feita também das histórias daqueles com quem contatará e que reconhece como outros eu. O outro é constitutivo do eu.[12]

O reconhecimento do outro-eu reenvia para o cuidado. Cuidamos do outro como cuidamos de nós próprios – por vezes mais, se reconhecermos Cristo no outro, embora também reconheçamos Cristo dentro de nós.

O reconhecimento é devido. Quem não reconhece no outro uma pessoa, está a negar-se a si próprio enquanto pessoa. Embora devamos continuar a reconhecer este último enquanto tal.

---

11. Vd. Diogo Leite de Campos, A felicidade somos Nós, Pessoa, contrato e casamento, Fundação Lusíada, Lisboa, 2019, p. 37 e segs.. Também editada por "Lumen Juris", Rio de Janeiro.

12. Ob. cit., p. 47 e segs. da ed. port.

A pessoa é em pluralidade ética, de cuidado, de solidariedade, de identidade, de igualdade, de amor. Dar é melhor do que receber e quanto mais se dá mais se tem, mais se é.

Assim, dominação e utilidade são desvios ao imperativo natural do amor.

Vamos abordar aqui a construção muito interessante de Paul Ricoeur.

Paul Ricoeur escreveu o seguinte, na sua obra:" Si-mesmo como outro".

Sugere que a identidade própria de um mesmo implica estraneidade, a um tal grau íntimo, que um não pode ser pensado sem o outro. Em vez disso um passando para o outro, como poderíamos dizer em termos hegelianos.[13] Cada um existe em relação com outro no mundo que partilham.

A dialética da identidade própria e da identidade com o outro é finalmente a dialética da identidade própria e da externeidade. A autonomia do próprio aparece estritamente ligada com a solicitude para o nosso vizinho e com a justiça para cada um dos indivíduos.[14]

Nós possuímos duas séries de predicados: físicos e mentais[15] Ricoeur vê a pessoa como entrando no mundo com o corpo e acompanhando este corpo; é uma consciência e o estar em relação com os outros. O próprio é fechado num corpo singular. Contudo, cada um vive em relação com os outros, seres conscientes ativos.

O corpo é, ao mesmo tempo, um facto pertencendo ao mundo e o órgão de um sujeito que não pertence aos objetos de que fala.[16]

---

13. Paul Ricoeur, Soi-même comme un autre, 1992. Editions du Seuil, em Amazon, com. por Amy Pierovitch.

14. Ob. cit. pos. 27.

15. Ob. cit.pos. 49.

16. Id. pos. 74.

Nós pertencemos simultaneamente à nossa identidade e ao outro.

Ricoeur estuda a natureza da identidade; lembremos os termos da confrontação: de um lado, a identidade como a mesma coisa; do outro, a identidade como identidade própria. Para viver a "vida boa", a nossa identidade necessariamente tem de conter a estima própria e a humildade. Temos de nos reconhecer no outro.[17]

Ricoeur entende que a estima própria é crítica no fim de viver a vida boa. A estima própria é a base a partir da qual se tem força para seguir a ação ética.[18] Estima própria é mais fundamental que o respeito próprio.[19]

Ricoeur considera que a compreensão da nossa humanidade é mais completa e mais rica quando nós reconhecemos nós próprios em outro.[20] A regra dourada para Ricoeur é: trata os outros como gostarias que te tratassem a ti.[21]

Nós vemos nós próprios no outro, ou seja, e de facto, nós próprios como outro. Ricoeur escreve que, através da identidade, nós caminhamos em direção à nossa própria humanidade. A identidade própria não pode ser definida sem o outro, porque vivemos num mundo partilhado. Além disso, há uma dialética entre o próprio e o idêntico. O próprio e a mesma coisa não representam uma fratura ou sismo de identidade. Com efeito, identidade própria e identidade (do outro) são dois modos de ser que são unificados em um. Nós atingimos a nossa humanidade completa quando nos vemos nós próprios como outro.

---

17. Id. pos. 140.

18. Id. pos. 244.

19. Id. Ibid.

20. Id. pos. 254-255.

21. Id. pos. 300.

5. Pessoa, direito e amor

A pessoa digna em pluralidade é o cerne, a dirigente do Direito. A pessoa é jurisgénica, cria Direito ou é Direito.

Na base do Direito e da sua criação, estão os direitos da pessoa de primeira geração (direito à vida, ao casamento, à procriação, à associação, etc.) e os de segunda geração: direito aos cuidados de saúde, à habitação etc. E também os de terceira geração como reconhecimento explícito da comunidade.

Direitos reconhecidos e construídos pelo cristianismo ao longo dos séculos.

Na Idade Média, reconheceu-se o direito à caridade como síntese dos direitos de segunda geração. E prezava-se tanto o direito à vida que se justificava, se impunha mesmo, que o condenado à morte fugisse à pena.

Mas não é da construção milenar destes direitos que vamos tratar, por muito que assentem no amor, através da dignidade da pessoa.

6. Os "primeiros tempos"

Para os cristãos, a dignidade da pessoa humana assentava na imagem e semelhança que o homem tinha de Deus, seu criador. Santo Agostinho escreve que Deus não pronunciou "faça-se o homem segundo a sua espécie", mas sim "façamos o homem à nossa imagem e semelhança".[22]

Daqui deriva a superioridade do ser humano sobre toda a natureza, nomeadamente sobre os animais (embora estes tenham a sua dignidade decorrente de ocuparem a sua posição na natureza).

Também São Tomás de Aquino escreve que o ser humano, por ter sido criado à imagem e semelhança de Deus, encontra-se no ponto mais alto da hierarquia dos seres.[23]

22. Weyne, ob. cit., p 45

23. Aut. ob. cits., p.46

São Tomás parece não fundar a dignidade da pessoa humana diretamente na sua criação à imagem e semelhança de Deus. São Tomás considera a pessoa "a substância individual de natureza racional".[24]

Com base nesta definição, a substância individual significará o particular e o indivíduo o género da substância. Considera que a pessoa significa o que há de mais perfeito na natureza, ou seja, o que subsiste na natureza racional.[25] Subsistir numa natureza significa o que existe em si mesmo, não em outra realidade.[26] A pessoa configura-se através da sua existência em si mesma, por uma existência singular e independente. A dignidade humana consiste em a pessoa ser naturalmente livre e existir para si mesma.[27]

Assim, o ser humano, criado à imagem e semelhança de Deus participa na dignidade própria de Deus.[28] Através das qualidades que Deus lhe atribuiu.

Com a idade moderna, com a sua orientação mais antropocêntrica, houve alguma evolução nestes conceitos. O ser humano, enquanto subjetividade, enquanto individualidade, parece a fonte e sentido de tudo. O ser humano tende a ser equiparado ao universo, primeira fonte de sentido de toda a realidade. É o centro do mundo, distinguindo-se dos demais animais através sobretudo da sua racionalidade e do seu livre-arbítrio. Para além da sua capacidade de se transformar e de progredir.

Para Pico della Mirandola, o ser humano, embora imperfeito, é capaz de se aperfeiçoar segundo a sua vontade e a sua autodeterminação, qualidade que o torna digno da mais alta

---

24. S. Tomás de Aquino, Suma Teológica, I, 96, a. 1 – também referido por Wayne, ob. cit., p.46.

25. Id. I, q. 29, a. 3.

26. Id. I, q. 29, a.2

27. Id. II, II, q. 64, a.2

28. Weyne, ob. cit., p.48.

admiração. Muito superior aos animais que são incapazes de tal progresso. Dignidade que não podia prescindir da proximidade com Deus, da criação do ser humano à imagem e semelhança de Deus. Assim a dignidade do ser humano continua a ser de origem divina.

7. As conceções antropocêntricas

No século XVI e no século XVII, estes assentes nas conceções antropocêntricas, era sublinhada a capacidade racional, o poder teórico e prático da razão que permitia encontrar um ser supremo e uma certeza suprema que era transmitida dedutivamente a todo o ser e a todo o saber. Com base neste percurso, Descartes assentou que a certeza suprema que buscava seria a consciência de si mesmo como ser pensante.

Pascal também considerava o pensamento como elemento-chave da dignidade humana.

Note-se, porém, que uma parte destes pensadores, nomeadamente Locke, recorria a Deus para fundamentar a moralidade e a política.

As normas que regulam a ação dos homens, nomeadamente as normas editadas sobre a forma de lei, devem estar de acordo com as leis da natureza, com a vontade de Deus, das quais elas são declaração.[29] O homem vai um pouco acima da sua criação à imagem e semelhança de Deus: transforma-se no centro do universo, iluminado por uma razão una e idêntica para todas as pessoas, sendo capazes de se autoaperfeiçoar e de criar livremente os seus valores e normas.

Será com Rousseau, que a afirmação da dignidade humana vem substituir explicitamente um certo relevo da honra ou da dignidade sociopolítica.[30] A dignidade deixa de ser uma hierarquia política e social para passar a ser dignidade igual e inerente a todos os seres humanos.

---

29. Weyne, ob. cit., p.72

30. Weyne, p. 78.

Aqui, e do lado de Rousseau, esta nova concepção de dignidade está estreitamente associada à ideia da bondade do ser humano não estragado pela civilização.

Para Kant, como já antes largamente para Rousseau, a dignidade do ser humano assenta-na razão prática, na capacidade moral de se autodeterminar livremente submetendo-se apenas às leis que a sua própria razão estabelece, já que esta é legisladora universal. E é por ser sujeito da razão que o ser humano tem dignidade, um valor íntimo superior a todas as outras coisas, na medida que estas têm um preço e, portanto, um valor relativo. Enquanto a dignidade não tem preço e portanto tem um valor absoluto.

Passemos às declarações de direitos americanas, tais como a Declaração de direitos do bom povo da Virgínia e a Declaração de Independência dos Estados Unidos da América, ambas de 1776, e a Declaração de direitos do homem e do cidadão (1789).

Tais convenções não se ocuparam diretamente da dignidade da pessoa como geradora do estatuto desta e dos seus direitos, mas dirigiram-se imediatamente aos direitos gerados. Assim, no texto da declaração da Virgínia: Todos os homens são, por natureza, igualmente livres e independentes, e têm certos direitos inerentes, dos quais, quando entram em estado de sociedade, não podem, por nenhum acordo, privar ou despojar sua prosperidade, a saber: o gozo da vida e da liberdade com os meios de adquirir, possuir a propriedade, e de buscar e obter a felicidade e a segurança (art. 1º). A declaração da Independência dos Estados Unidos da América estatui que "todos os homens foram criados iguais, foram dotados pelo criador de certos direitos inalienáveis, entre os quais estão a vida, a liberdade e a busca da felicidade". Entendendo que os governos instituídos para assegurar estes direitos retiram "os seus justos poderes dos consentimentos dos governados."

A declaração francesa de 1789 estabelece que os homens nascem e são livres, iguais em direitos. As distinções só podem fundamentar-se na utilidade comum (art. 1º). A finalidade de toda associação política é a conservação dos direitos naturais do homem. Esses direitos são a liberdade, a propriedade, a segurança e a resistência à opressão (art. 2º).

Por sua vez, a Declaração Universal dos Direitos Humanos, adotada pelas Nações Unidas em 1948, declara que o reconhecimento da dignidade inerente a todos os membros da família humana e de seus direitos iguais e inalienáveis é o fundamento da liberdade, da justiça e da paz no mundo (preâmbulo). Reconhecendo que todos os seres humanos nascem livres e iguais em dignidade e direitos, são dotados de razão e consciência e devem agir em relação uns aos outros com espírito de fraternidade (art. 1º).

Os direitos da pessoa encontram o seu fundamento no princípio da dignidade humana, princípio que pode gerar direitos autónomos. Embora a soma das partes não seja igual à totalidade. Desempenhando a dignidade o papel que já se pretendeu atribuir a um direito geral da personalidade.

As convenções internacionais para além da Declaração Universal dos Direitos Humanos de 1948, continuando na Convenção Internacional sobre a eliminação de todas as formas de discriminação racial de 1965, na Convenção sobre a Eliminação de todas as formas de Discriminação contra as Mulheres de 1979, Convenção sobre os Direitos da Criança de 1989, aprovadas pelas Nações Unidas e muitas outras, reconhecem e proclamam a dignidade de todos os membros da família humana e os direitos iguais e inalienáveis de todos estes membros.

O ser humano é digno porque é. A dignidade nasce com a pessoa, é inerente à sua essência. "A formulação sobre o ser é de conjugação única e tautológica. O ser é. Ser é ser, basta a sua formulação Sou".[31]

---

31. Luiz Antônio Rizzato Nunes. *O principio constitucional da dignidade da pessoa humana*: doutrina e jurisprudência. S. Paulo: Saraiva, 2002, p. 49, tb. cit. por Weyne, p. 157.

A dignidade humana pressupõe que o ser humano seja reconhecido como pessoa. Não necessita de definições. É um absoluto e uma totalidade transcendentes ao reconhecimento e à vontade, à fundamentação, parte mais sagrada da pessoa, indizível, acima do mundo dos fenómenos e, portanto, intangível. A dignidade humana é um princípio evidente por si mesmo, bastando ser intuído e afirmado. De reconhecimento necessário e automático.

Há a exigência geral de que estejamos abertos, atentos e desejosos de prosseguir o bem humano, na medida em que este possa depender das nossas decisões e disposições. A maioria dos fracassos morais não consistem numa violação dos preceitos negativos, não são decisões diretas contra valores básicos, mas sim formas de insuficiente atenção a esses bens ou às estruturas criadas para apoiar esses bens.[32]

A fecundação parece ser um ponto não arbitrário que marca o começo de um objeto concreto, um corpo humano.[33]

8. Responsabilidades parentais

Sendo o nascituro pessoa que vai nascer, é filho dos seus progenitores. Assim, ambos e cada um têm responsabilidades parentais[34] para com este filho, na sua condição, semelhantes às que têm para qualquer outro filho já nascido.

Os encargos recaem sobretudo sobre a mãe, que constitui o sistema de apoio à vida do filho. Portanto, esta deve merecer particulares cuidados, por ela e pelo filho. Sublinhando-se a necessária cooperação do pai para com a mãe e o próprio filho.

---

32. Finnis, Pros y contras del aborto, in *Debate sobre el aborto*, AAVV, p.119.

33. Debate sobre o aborto, p. 51

34. Vd. Código Civil português artigos 1867º e segs.

9. Deveres do Estado

A pessoa que vai nascer tem direito ao exercício dos direitos da personalidade tanto de primeira geração como de segunda geração, de acordo com as suas necessidades. Nomeadamente, proteção da vida, alimentação, cuidados de saúde etc.

Estes direitos devem ser satisfeitos pelos pais, mas também pelo Estado.

Dada a circunstância, muitos destes direitos do filho são satisfeitos através da mãe. Mas também deverão ser satisfeitos diretamente ao filho quando for caso disso.

Também o agregado familiar do nascituro deve exercer os seus direitos, nomeadamente a habitação.

10. Choque entre direitos das duas pessoas

Em épocas passadas, não muito distantes, eram frequentes os óbitos das mulheres no parto, em termos de se ter podido afirmar que era mais arriscado ser mulher casada do que guerreiro.

Na atualidade, os progressos das ciências médicas reduziram o número destas tragédias. Em termos de o conflito entre a vida da mãe e do filho se colocar em raríssimos casos. Quando tal conflito surja, o Direito não intervém, não tendo de propor e nãopodendo sancionar.

Fora destes casos extremos, a mãe deve também exercer as suas responsabilidades para com ela própria, como pessoa digna.[35]

35. Vd. John Finnis, Pros y contras del aborto, in *Debate sobre el aborto*, AAVV, nom. ps. 27 e segs.,

11. A personalidade da pessoa que vai nascer no Código Civil português.

O artigo 66º do Código Civil português dispõe que a personalidade (jurídica) se adquire só com o nascimento completo e com vida.

Esta norma tem sido entendida de diversos modos por autores e tribunais, rejeitando muitas vezes o sentido literal.

Este sentido literal também não parece caber na vontade real do legislador do Código Civil, muito longe de prever a autorização do aborto.

Pedro Pais de Vasconcelos[36] entende que o legislador confundiu personalidade e capacidade jurídicas, o que era frequente na época. Estando em causa só a capacidade.

Diogo Leite de Campos e Mónica Martinez de Campos,[37] também afastando o sentido literal, propendem para que se trate de uma norma ultrapassada pelo evoluir da ciência, que permite saber com precisão e em todas as fases o que está no ventre da mãe.

Seja como for, a pessoa que vai nascer já é pessoa com a relevância jurídica de toda a pessoa. Embora com capacidade jurídica reduzida pela sua circunstância.

---

36. *Teoria geral do direito civil*, Coimbra Almedina, 3ª ed., Almedina, Coimbra, p. 69 segs.

37. *Lições de direito das sucessões*, 4ª ed., por Mónica Martinez de Campos, Almedina, Coimbra, 2021p. 98 e segs.

O DEVER DE RESPEITO ENTRE OS CÔNJUGES

The duty of respect among the spouses

Ana Sofia Matos Fernandes[1]

Resumo: Família é amor, empatia, simpatia, cuidado. Tal é positivado na própria ideia de comunhão de vida e nos deveres dos cônjuges que são deveres de cuidado, de colaboração.

Será que o dever de respeito marca afastamento? Parece-me que não. Bem analisado, é viver com o outro para o outro tal como este é.

Palavras-chave: Família; Espaço de Relações, Dever de Respeito; Casamento; Comunhão de Vida; Amor; Reciprocidade.

Abstract: Family is love, empathy, sympathy, care. This is confirmed by the very idea of communion of life and by the duties of the spouses, which are duties of care and collaboration.

Does the duty of respect stands for withdrawal? I don't think so. Well analyzed, it is living with the other for the other as it is.

Keywords: Family; Relationship Space, Duty of Respect; Wedding; Communion of Life; Love; Reciprocity.

Sumário: Introdução – I. A família como espaço de relações – II. O dever de respeito – III. O dever de respeito na família – IV. Conclusão – Referências.

---

1. Licenciatura em Direito, Universidade Autónoma de Lisboa, Palácio Dos Condes Do Redondo, R. de Santa Marta 56, 1169-023 Lisboa, Portugal, 30002808@students.ual.pt. Um artigo sobre o dever de respeito entre os cônjuges foi publicado na Revista Jurídica Portucalense, nº 29 (2021), em 31-07-2021.

"Família é um grupo de pessoas, cheios de defeitos, que Deus reúne para que convivam com as diferenças e desenvolvam a tolerância, a benevolência, a caridade, o perdão, o respeito, a gratidão, a paciência, direito e dever, limites, enfim, que aprendam a AMAR: fazendo ao outro o que quer que o outro lhe faça. Sem exigir deles a perfeição que ainda não temos. Nós não nascemos onde merecemos, mas onde necessitamos evoluir."

PAPA FRANCISCO

INTRODUÇÃO

O artigo 1577.º, do Código Civil define casamento como um contrato entre duas pessoas que pretendem constituir família, mediante uma plena comunhão de vida, nos termos das disposições do Código.

O casamento é uma comunhão plena de vida, o é um constante viver de cada cônjuge, não só **com o outro**, mas **para o outro**; enriquecendo e afirmando cada uma das pessoas.

I – A família como espaço de relações

O relacionar-se e comunicar com os outros é uma fundamental afirmação da pessoa, a abertura para a vida e para a reciprocidade.

O ser para os outros é o verdadeiro ser do indivíduo como pessoa. Existem vários quadros privilegiados em que o ser para os outros é tão central como é o quadro da família e do casamento.

O casamento sendo uma comunhão plena de vida, enquanto estado, é um constante viver de cada cônjuge, não só com o outro, mas para o outro, enriquecendo e afirmando cada uma das pessoas.[2] Nesta comunhão plena, a essência é

2. CAMPOS, Diogo Leite de; CAMPOS, Mónica Martinez de. *Lições de direito da família*. 4.ª ed. Coimbra: Edições Almedina, S.A. 2020, p. 229.

empatia, amor e cuidado com o outro. O amor é a partilha, é dar e receber, é sentir pelo outro e ser sentido, é cuidar e ser cuidado, procurando ser um só que alimenta cada um no seu ser, não deixando de serem dois.

> *"O amor é paciente, o amor é prestável, não é invejoso, não é arrogante nem orgulhoso, nada faz de inconveniente, não procura o seu próprio interesse, não se irrita nem guarda ressentimento. Não se alegra com a injustiça, mas rejubila com a verdade. Tudo desculpa, tudo crê, tudo espera, tudo suporta."*[3]

O casamento realiza-se entre pessoas que são substância, num estado profundo de relação de reconhecimento do outro. O cuidado é intensificado pela proximidade entre os cônjuges e pelo constante *olhos nos olhos* em que cada um conhece as necessidades, os sentimentos do outro para que no mínimo tente que seja satisfeito como se fosse o eu. A essência do casamento é encontrar a plenitude do nosso eu no outro, como se fosse eu mesmo.

A relação matrimonial é criada todos os dias e construída com alguém. Estar ao lado de alguém que queira crescer junto com o outro aumenta a autoestima e admiração pelo outro mesmo sabendo de todos os seus defeitos, passando por uma evolução conjunta e aceitação mútua de defeitos. Deve estar sempre presente o respeito, cuidado, atenção, esforço, carinho e afeto pelo outro.

A finalidade é encher de alegria, mesmo que às vezes esta escasseie, dar carinho sem que se precise, animar no desânimo, dar esperança e, acima de tudo, dar amor. O amor nasce e morre nos detalhes. Amar é ter orgulho em ser fiel e não um sacrífico. O amor é reciprocidade natural, tratar de quem o faria na mesma medida, sem ninguém pedir.

---

3. *Bíblia Sagrada*, Novo Testamento, 1ª Coríntios, capítulo 13, versículos 4 - 7, acedido em: https://bit.ly/3NXDXr2 [10 maio 2020].

Assim sendo, esta ideia de comunhão de vida é consubstanciada através de diversos deveres conjugais, o dever de coabitação, o dever de fidelidade, a cooperação, o dever de assistência e o dever de respeito.

Estes cinco deveres conjugais encontram-se consagrados no nosso Código Civil, no seu artigo 1672º, estando os cônjuges reciprocamente vinculados a eles. Decorrendo do princípio da igualdade dos cônjuges, não existem deveres próprios da mulher ou do marido.

Atendendo ao objeto do meu artigo, será efetuada uma breve referência aos outros deveres, autonomizando na próxima secção, a reflexão sobre o dever de respeito.

O dever de coabitação é previsto no artigo 1673° do Código Civil: os cônjuges devem escolher, de comum acordo, a residência da família. Nesta escolha, devem ser atendíveis os interesses de todos os membros da família, de cada um dos cônjuges e dos filhos, não sendo possível relevar o interesse próprio da família enquanto conjunto.[4] O dever de coabitação abrange três dimensões: comunhão de mesa, comunhão de habitação e comunhão de leito ("*tori, mensae et habitationis*").[5]

O dever de fidelidade é a obrigação de os cônjuges guardarem mutuamente fidelidade conjugal.[6]

O dever de cooperação assenta na comunhão de vida, pressupondo que cada um dos cônjuges esteja permanentemente disponível para dialogar com o outro, auxiliando-o em todos os aspetos morais e materiais da existência, bem como colaborar na educação dos filhos, etc. Sendo talvez este o dever que esteja mais no centro da comunhão de vida.[7]

---

4. CAMPOS, Diogo Leite de; CAMPOS, Mónica Martinez de. *Lições de direito da família*. 4.ª ed. Coimbra: Edições Almedina, S.A. 2020, p. 230.

5. Pereira COELHO e Guilherme OLIVEIRA. *Curso de direito da família*, p. 413.

6. CAMPOS, Diogo Leite de; CAMPOS, Mónica Martinez de – ob. cit, p. 231.

7. *Ibidem*, p. 231 e 232.

O dever de assistência ao contrário do dever de cooperação, apresenta carácter económico, compreendendo a prestação de alimentos e a contribuição para os encargos da vida familiar (Artigo 1675°, n.º 1, do Código Civil).[8]

II – O dever de respeito entre os cônjuges

O dever de respeito entre os cônjuges tem de ser integrado e lido na totalidade que é o casal, feito de duas pessoas dignas, livres, racionais, capazes de amor e de reconhecimento do outro cônjuge como outro eu. E entendido junto com os outros deveres.

Estes últimos são deveres de amor (empatia/simpatia, cuidado, solidariedade, etc.). Pedem a aproximação e junção de duas histórias, as dos dois cônjuges, até coincidirem no futuro num projeto de vida comum. Aproximação dos espaços individuais de pessoas dignas, dos cônjuges.[9] Até (quase) coincidirem na ânsia do impossível de serem um.[10]

Tentar especificar o que é uma comunhão de vida é tarefa impossível, já que a união de duas totalidades, os cônjuges, pessoas dignas, não pode ser fracionada, dado que as frações, os comportamentos isolados, somados nunca dão o total.

Mas esta totalidade, a comunhão de vida entre duas pessoas dignas, únicas, irredutíveis a qualquer outro, mas reconhecendo no outro um eu-mesmo[11] e, no eu mesmo um outro, não é posta em causa pelo respeito. Este não é radicalmente desagregador, mas antes agregador.

---

8. CAMPOS, Diogo Leite de; CAMPOS, Mónica Martinez de -, ob. cit, p. 234.

9. Diogo Leite de Campos. *A felicidade somos nós*. Lisboa: Fundação Lusíada, 2019, p. 44 e segs.. e Lumen Juris, Rio de Janeiro, 2019, p.52 e segs.

10. Diogo Leite de Campos e Fátima Nancy Andrighi. *Pessoa, direitos e direito*. São Paulo: Ed. RT2021, p.18 e segs.

11. Em geral, Paul Ricoeur, *Oneself as another*, (trad. Do francês) The University of Chicago Press, 1992.

À primeira vista, parece que o respeito é afastamento, distância. Não intromissão na personalidade do outro, nos seus valores. O outro seria um limite: o diverso de mim pode parecer um obstáculo, uma limitação.

Mas não deve ser assim. A nossa liberdade é primeiro para mim-mesmo; incindivelmente para o outro. Sob pena de se transformar em predação dos outros e de si mesmo.[12] Viver com os outros é viver para os outros (logo também para si mesmo). Esta é a verdadeira liberdade que faz com que nós sejamos a felicidade.[13] De qualquer modo, o respeito envolve uma abstenção de agredir os valores do outro, de tentar transformá-lo ou destruí-lo reduzindo-o a outro eu-mesmo, retirando-lhe a sua diversidade única.

Mas não pode transformar-se em mera abstenção, arriscando-se a ser indiferença, não reconhecimento do outro. Tem de ser sempre reconhecimento que envolve abstenção seguramente, mas também e imediatamente cuidado.[14]

Cada um dos cônjuges deve cuidar para que o outro continue a ser ele-mesmo. E que a transformação das duas histórias numa "só" história se faça pela convivência, pelo cuidado, pelo amor.

É sabido que os valores dificilmente se definem, antes existem e revelam-se através da prática. É esta que parece e aparece relevante.

Passo a tentar descrever uma prática de respeito, como abstenção e cuidado. Estes intensamente ligados. Embora sabendo que pessoas diversas apresentariam práticas diversas.

O dever de respeito, embora tenha sido o último dos deveres conjugais a ser consagrado no nosso Código Civil, sendo

---

12. Diogo Leite de Campos e Fátima Nanci Andrighi. *Pessoa, direitos e direito*, cit., p.160 e segs.

13. Id. ibid.

14. Vd. em geral, AAVV, *Le respect*, Éditions autrement, Paris,1993, esp. p. 88 e segs. e 146 segs.

introduzido no Código Civil pela "Reforma de 77", é o primeiro de todos os elencados no artigo 1672º e tem importância equivalente ao lugar que lhe foi oferecido. Trata-se de um "dever residual",[15] em que só os comportamentos que não constituam violações dos demais deveres conjugais mencionados no artigo é que são consideradas violações do dever de respeito.

O dever de respeito comporta uma componente positiva e outra negativa. Enquanto dever negativo, impõe aos cônjuges de não ofenderem a integridade moral e física do outro e absterem-se de comportamentos desonrosos e desrespeitadores do outro cônjuge. Na vertente positiva, este dever obriga que os cônjuges demonstrem interesse na vida em comum e na família.[16]

O dever de respeito comporta uma tripla dimensão: respeito pelas liberdades individuais e direitos de personalidade do outro cônjuge; respeito pela integridade física e moral do outro cônjuge e respeito pela dignidade e bom nome do casal.

A título exemplificativo, podemos elencar situações que violam o dever de respeito:

- A abstenção de intervir: podemos constatar no Acordão do Tribunal da Relação de Lisboa, de 10 de maio de 2007: "o dever de respeito envolve a obrigação de os cônjuges não praticarem actos ofensivos da integridade física ou moral, incluindo o bom nome e a reputação." "Trata-se, com efeito, de um dever geral de abstenção, que recai sobre cada um dos cônjuges, de não atentar contra a integridade física ou moral do outro."[17] Estes comportamentos de atentar contra a integridade física ou moral do outro, são naturalmente comportamentos opositores de entreajuda ao outro.

---

15. Pereira COELHO e Guilherme de OLIVEIRA. *Curso de direito da família*, p. 409.

16. *Ibidem*, p. 410 e 411.

17. Ac. do TRL de 10 de maio de 2007, Relator Olindo Geraldes, processo n.º 3413/2007-6, disponível em: https://bit.ly/38tBnsl [violação dos deveres conjugais].

- A injúria e a humilhação pública, que se encontram referidas no Acordão do Tribunal da Relação de Lisboa, de 13 de julho de 2017: "Correspondem a factos ofensivos da integridade moral, bem como violadores do dever de respeito, quaisquer palavras ou actos de um cônjuge que ofendam a honra do outro, a sua reputação e consideração social de que goza, ou mesmo o seu amor-próprio e brio, a sua sensibilidade e susceptibilidade pessoais."[18]

- O consumo habitual de álcool e de substâncias psicotrópicas, onde o consumo habitual de álcool se encontra referido no Acordão do Tribunal da Relação de Lisboa, de 17 de dezembro de 1985: "Entre os factos que podem importar a violação do dever de respeito inclui-se a embriaguez habitual de um dos cônjuges, mesmo que não se revista de publicidade." "A embriaguez habitual, persistente e frequente de um dos cônjuges põe em causa a subsistência da sociedade conjugal, afetando a dignidade e estabilidade das relações conjugais."[19]

O dever de respeito é fundamentalmente o dever de aceitar o outro cônjuge como a pessoa que ele/a é. Assim que os dois sujeitos expressam a vontade de contrair o contrato do casamento, devem assumir as suas responsabilidades como unidade, sem deixarem de serem a diversidade que eram antes de contraírem este vínculo.

Assim, estas responsabilidades acrescentam a cada um na sua essência, considerando que terão de aceitar e respeitar a outra pessoa com os seus defeitos e virtudes que são

18. Ac. do TRL de 13 de julho de 2017, Relator Maria José Mouro, processo n.º 2155/15.0T8PDL.L1-2, disponível em: https://bit.ly/3jcrq4S [ofensas à honra e dignidade do outro cônjuge].

19. Ac. do TSTJ de 17 de dezembro de 1985, Relator Aurélio Fernandes, processo n.º 072816, disponível em: https://bit.ly/3jglDve [embriaguez].

inerentes ao ser humano. Esta interação deve ser mútua, no decurso da vida conjugal, para se verificar a reciprocidade.

A presença, a empatia e o cuidado são uma constante. Daí que o estado de casado seja uma comunhão de vida, em que duas pessoas tentam ser uma, sem deixar de continuar a ser duas. Esta procura, sem ser propriamente uma procura, deve permanecer naturalmente na vida de cada um e dos dois.

O dever de respeito deve ser retratado nos quadros do que é o casamento, do que é a família e do que é a pessoa. Só podemos conhecer este dever no seu conjunto, pois em si mesmo pode ter significado distorcido. Respeito é cuidado com a personalidade do outro.

Poder-se-á constatar que o "eu" e o "nós", na comunhão de vida, poderá originar algum tipo de conflito e é necessário que se continue a ser o que era, mas de forma a respeitar o outro na sua personalidade, nas suas ideologias religiosas, políticas e sociais, na sua profissão, nos seus "hobbies" e nos seus hábitos pessoais, de modo a que não motive a desilusão do cônjuge e assim, a deterioração da relação.

A noção de respeito leva-nos correntemente para duas atitudes, abstenção de intervir e consideração pelo outro. Cada um dos cônjuges aceita o outro tal e qual ele é e cuida do seu modo de ser. Esta comunhão de vida naturalmente leva por ela mesma a uma continuidade de renascimento e de modificação de ambos os cônjuges.

Contudo, o dever de respeito deve ainda ir mais longe; deve conter cuidado. Cada cônjuge, sabendo que a vida em comum introduz alterações, deve estar constantemente atento a que essas alterações não sejam unilaterais nem desentrançadas do outro. Devem, porém, representar o resultado de um projeto de vida em comum.

Também poderemos acrescentar a estas duas atitudes, a responsabilidade, como que espécie de um tempero da felicidade. O divórcio, atualmente, está muito próximo do casamento. Poder-se-á perceber a alteração do regime e dos pressupostos do divórcio com a Lei n.º 61/2008, de 31 de outubro. E através deste regime, perceber-se-á a ideia que o legislador faz do casamento. Anteriormente a este regime, a violação do dever de respeito era, por exemplo, causa de divórcio ou separação judicial de pessoas e bens (Artigo 1779º do Código Civil, na redação do DL n.º 496/77, de 25 de novembro).

Depois desta reforma do divórcio, as violações dos deveres conjugais deixaram de ser determinantes para a dissolução do casamento: apenas as causas graves relevam. Continuam a merecer a tutela do direito apenas no sentido de ação judicial de responsabilidade civil para reparação dos danos que será processualmente independente da ação de divórcio.[20]

III – Conclusão

O presente artigo esboçou o dever de respeito entre os cônjuges e a sua relevância na construção e estruturação das relações jurídicas familiares, principalmente no que diz respeito à relação jurídica familiar de tipo horizontal, o casamento, visando à estabilidade de uma comunhão plena de vida relacionalmente paritária.

Após a análise da família como espaço de relações, verificamos que a família é uma comunhão de vida com o outro e para o outro, cuja essência é simpatia, empatia, amor e cuidado com o outro. É uma relação de reconhecimento e cuidado do outro que é intensificada pela proximidade entre os cônjuges. A felicidade é uma constante de reciprocidade.

Esta comunhão de vida reflete-se em deveres conjugais que decorrem do amor, só possível através da igualdade dos cônjuges. Foram referenciados o dever de coabitação, o dever de fidelidade, o dever de cooperação, o dever de assistência e em particular e mais pormenorizadamente o dever de respeito.

---

20. CAMPOS, Diogo Leite de; CAMPOS, Mónica Martinez de. *Lições de direito da família*. 4.ª ed. Coimbra: Edições Almedina, S.A. 2020, p. 236, 237 e 238.

Respeito é cuidado com a personalidade do outro. Percebe-se a presença, a empatia, o cuidado sendo constantes na formação de um projeto de vida em comum. Esta comunhão de vida em que duas pessoas tentam ser uma, sem deixar de continuar a ser duas, é o estado de casado assente no dever de respeito.

O dever de respeito deve ser retratado nos quadros do que é o casamento, do que é a família e do que é a pessoa, e ser alicerçado em duas atitudes, a abstenção de intervir por amor do outro sem descuidar da responsabilidade

Os deveres conjugais continuam a merecer a tutela do direito, mas apenas na medida da ação judicial de responsabilidade civil para reparação dos danos, que será processualmente independente da ação de divórcio.

Referências

AAVV. *Le respect. Éditions autrement.* Paris,1993, esp.p. 88 e segs. e 146 segs.

Bíblia Sagrada, Novo Testamento, 1ª Coríntios, capítulo 13, versículos 4 - 7, Acedido em: https://bit.ly/3NXDXr2 [10 maio 2020]

CAMPOS, Diogo Leite de; CAMPOS, Mónica Martinez de. *Lições de direito da família.* 4.ª ed. Coimbra: Edições Almedina, S.A. 2020, p. 229 a 238.

Pereira COELHO e Guilherme OLIVEIRA, *Curso de direito da família*, 5ª ed. Imprensa da Universidade de Coimbra, 2016, p. 409 e 413.

CAMPOS, Diogo Leite de. *A felicidade somos nós.* Lisboa: Fundação Lusíada, 2019, p. 44 e segs. e Lumen Juris, Rio de Janeiro, 2019, p.52 e segs.

_____; ANDRIGHI, Fátima Nancy Andrighi. *Pessoa, direitos e direito.* São Paulo: Ed. RT, 2021, p.18 e segs, e 160 e segs.

CAMPOS, Diogo Leite de; CAMPOS, Mónica Martinez de – A comunidade familiar, Publicado por: Imprensa da Universidade de Coimbra, p. 9. Acedido em: https://bit.ly/3uiwR8w [10 maio 2020].

RICOEUR, Paul. *Oneself as another*. (trad. do francês)The University of Chicago Press, 1992.

Ac. do TRL de 10 de maio de 2007, Relator Olindo Geraldes, processo n.º 3413/2007-6. Acedido em: https://bit.ly/38tBnsl [10.05.2020].

Ac. do TRL de 13 de julho de 2017, Relator Maria José Mouro, processo n.º 2155/15.0T8PDL.L1-2, acedido em: https://bit.ly/3jcrq4S [ofensas à honra e dignidade do outro cônjuge]. [10.05.2020].

Ac. do TSTJ de 17 de dezembro de 1985, Relator Aurélio Fernandes, processo n.º 072816, acedido em: https://bit.ly/3jglDve [10.05.2020].

A IMPORTÂNCIA DOS DEVERES RECÍPROCOS DO CASAMENTO NA FAMÍLIA BRASILEIRA

The importance of the matrimonial mutual duties in the brazilian family

Regina Beatriz Tavares da Silva[1]

Áreas do Direito: Direito Civil, Direito de Família e Direito das Sucessões.

Resumo: Este artigo é dedicado à análise dos deveres recíprocos do casamento e de sua importância na entidade familiar. A partir do exame do desenvolvimento do matrimônio, de suas finalidades e de como foi o processo pela igualdade entre os cônjuges, o artigo apresenta uma análise dos deveres de fidelidade,

---

1. Pós-Doutora em Direito da Bioética pela Faculdade de Direito da Universidade de Lisboa – FDUL. Doutora em Direito e Mestre em Direito Civil pela Faculdade de Direito da Universidade de São Paulo – USP. Graduada em Direito pela Universidade Presbiteriana Mackenzie. Presidente e Fundadora da Associação de Direito de Família e das Sucessões – ADFAS. Diretora de Relações Institucionais da União dos Juristas Católicos de São Paulo – UJUCASP. Coordenadora e Palestrante em vários Cursos, Congressos e Jornadas realizados no Brasil e em outros países. Titular da Cadeira n. 39 da Academia Paulista de Letras Jurídicas – APLJ. Membro da Associação dos Advogados de São Paulo – AASP, do Conselho Superior de Direito da FECOMERCIO SP e do Centro Brasileiro de Estudos e Pesquisas Judiciais – CEBEPEJ. Foi membro da Comissão Especial de Assessoria à Relatoria Geral do Projeto do atual Código Civil, na Câmara dos Deputados. Participou de outros projetos legislativos, como o Projeto de Lei do Código de Processo Civil. Sócia fundadora e titular de Regina Beatriz Tavares da Silva Sociedade de Advogados.

coabitação, mútua assistência material e imaterial, e respeito. É examinado o sentido do amor ou afeto, que não é um dever, mas, sim, um sentimento, que se presume e se espera existir nas relações conjugais. A cogitação de um falso direito à felicidade, com base na liberdade desenfreada no casamento, induz à insuportabilidade dos deveres que decorrem da escolha de casar e das consequentes limitações ou restrições inerentes ao comportamento conjugal. Como veremos neste artigo, muito ao contrário da banalização que falas despregadas da realidade pretendem implementar no casamento, os deveres conjugais estão em perfeita sintonia com a busca do bem comum, sendo por meio de seu cumprimento que se pode alcançar a tão almejada felicidade. A partir do ordenamento jurídico brasileiro, é demonstrada, neste artigo, a perfeita adequação dos deveres conjugais aos valores e princípios do Direito de Família e, mais do que isto, que seu adimplemento é o fio condutor da preservação do casamento.

Palavras-chave: Casamento. Deveres conjugais. Fidelidade. Coabitação. Mútua Assistência. Respeito.

Abstract: This article is dedicated to the analysis of the reciprocal duties of marriage and its importance in the family entity. Since an examination of the historical development of the marriage institution, its finality and how was the process for equality among the consorts the article presents an analysis of the duties of fidelity, cohabitation, material and immaterial assistance, and respect. It is examined love and affection, which is not a duty, but a felling which is presumed and hope to exist in the marital relations. The cogitation of a false right to happiness, based on unrestrained freedom in marriage, induces the unbearability of the duties that result from the choice to marry and the consequent limitations or restrictions inherent in conjugal behavior. As we will see in this article, very contrary to the trivialization that statements detached from reality intend to implement in marriage, the conjugal duties are perfectly in tune with the search for the common good, and through its fulfillment, it is possible to achieve the longed-for happiness. Based on the Brazilian legal system, this article demonstrates the perfect adequacy of conjugal duties to the values and principles of Family Law and, more than that, that its performance is the guiding thread for the preservation of marriage.

Key-words: Marriage. Matrimonial Duties. Fidelity. Cohabitation. Mutual Assistance. Respect.

1. Breves linhas sobre o casamento no direito romano

O casamento romano é conceituado por dois conhecidos textos, encontrados no *Corpus Juris Civilis*, cujas autorias são atribuídas a Modestino e Ulpiano.

Segundo o conceito de Modestino: *Nuptiae sunt conjunctio maris et foeminae, et consortium omnis vitae: divini et humani juris communicatio.* [2]

No conceito de Ulpiano: *Nuptiae autem, sive matrimonium, est viri et mulieris conjunctio individuam vitae consuetudinem continens.*[3]

Embora existam suspeitas de interpolações nesses dois textos, ambos mostram a principal característica do matrimônio em Roma: a plena união de duas vidas, ou seja, nos estudos inesquecíveis do romanista João Carlos Moreira Alves, "a reunião de duas almas em um só corpo ou de duas vontades em um mesmo recipiente".[4]

A natureza jurídica do casamento foi objeto de vários debates,[5] até que prevaleceu a tese apresentada por Pietro Bonfante, segundo o qual o casamento romano era "uma situação de fato geradora de consequências jurídicas", sendo conceituado como "a convivência de um homem e uma mulher com a intenção de ser marido e esposa, isto é, de procriar e educar filhos e constituir uma sociedade perpétua e íntima sob todos os aspectos".[6]

---

2. DIGESTO, XXIII, 2, 1: "*Corpo del Diritto*", versão de Giovanni Vignali, v. IV, "Digesto", v. III, Napoli, Achille Morelli, 1857, p. 671 e 672.

3. INSTITUTAS, I, 9, 1: "*Corpo del Diritto*", versão de Giovanni Vignali, v. I, "Cronologia e Istituzioni", Napoli, Vicenzo Pezzuti, 1856, p. 30.

4. ALVES, José CARLOS MOREIRA. *Direito romano*, 3. ed., Rio de Janeiro: Forense, 1980, v. II, p. 333. AFFONSO, Claudio. Estudos de direito romano. Rio de Janeiro: Typ. do Jornal do Commercio, 1916, v. I, p. 268.

5. Como aponta José Carlos Moreira Alves, em Direito romano, cit., p. 334 a 336, o casamento foi considerado pelos glosadores um contrato de natureza pessoal, sendo que os últimos glosadores, influenciados pelos canonistas, passaram a atribuir-lhe a natureza de ato jurídico; os pós-glosadores retomaram a primeira tese e, posteriormente, os representantes da Escola Culta qualificaram o matrimônio como uma espécie de sociedade; e até o final do século XIX, prevaleceu a teoria tradicional sobre a natureza contratual do casamento, até que foi apresentada tese revolucionária, por Pietro Bonfante, a qual é seguida pela maior parte dos romanistas.

6. BONFANTE, Pietro. *Istituzioni di diritto romano*. 10. ed., Torino, Giapichelli, 1946, p. 180.

Verifica-se, assim, a existência de dois principais elementos constitutivos do casamento: *affectio maritalis* e *honor matrimonii*, que significavam, respectivamente, a vontade dos cônjuges de permanecerem em comunhão de vidas, representada pela afeição marital, e a realização de digna ou honrosa convivência conjugal.

Dessa forma, como examinaremos a seguir, há identificação dos principais elementos do casamento em nossos dias com os mais relevantes elementos do matrimônio no Direito Romano, que transcenderam a marca temporal e tornaram-se a base para os deveres conjugais da atualidade.

2. Finalidades do casamento e igualdade entre cônjuges

A análise das finalidades do casamento, que não são reguladas em lei, é relevante, tendo em vista que a disciplina dos efeitos jurídicos do casamento deve estar em sintonia com os objetivos que motivam duas pessoas à celebração desse ato e as orientam na vida em comum.

No direito pátrio, verificamos que os doutrinadores que se dedicam ao estudo dessa matéria citam como finalidade básica do casamento a mútua assistência.

Assim, Washington de Barros Monteiro e a presente articulista, como a sua coautora, afirmam que "Unindo-se pelo matrimônio visam... os cônjuges à obtenção da mútua assistência para superação dos encargos da vida".[7]

Maria Helena Diniz também salienta a "prestação de auxílio mútuo" como "corolário do convívio entre os cônjuges" e finalidade do matrimônio.[8]

---

7. MONTEIRO, Washington de Barros; TAVARES DA SILVA, Regina Beatriz. *Curso de direito civil*, vol. 2: direito de família. 43ª ed. São Paulo: Saraiva, 2016, p. 59.

8. DINIZ, Maria Helena. *Curso de direito civil brasileiro*, vol. 5: direito de família. 34ª ed. São Paulo: Saraiva Educação, 2020, p. 35.

Consideramos, no entanto, que a mútua assistência, não é propriamente a finalidade do casamento, mas, sim, o instrumento principal para que os cônjuges alcancem o bem comum, com a realização do amor romântico, vivendo juntos para sempre.[9]

Dado que as pessoas, primordialmente limitadas, buscam no casamento o compartilhamento de duas vidas, com a superação de suas lacunas, para que se realizem e alcancem a felicidade, esta meta depende de uma conduta de mútuo auxílio e respeito, a qual é imposta, juridicamente, pelo dever recíproco de assistência imaterial entre os cônjuges.

Como destacam Jorge Adolfo Mazzinghi, doutrinador argentino, e Puig Peña, autor espanhol, o matrimônio complementa a limitação da pessoa humana, que procura a própria perfeição e a perfeição do cônjuge, na busca da mútua realização, razão pela qual os consortes devem observar uma conduta de satisfação recíproca, própria de duas pessoas que se amam.[10]

Daí a relevância do dever de mútua assistência, dentre os efeitos jurídicos do casamento, a seguir analisados.

Antes de adentrarmos no estudo dos deveres conjugais, analisaremos a evolução ocorrida no tratamento dispensado aos cônjuges pela legislação brasileira, tendo em vista que é somente em regime de igualdade, no qual deve preponderar o respeito recíproco, sem prevalência de vontade e sem subordinação, que é possível cumprir e respeitar os deveres matrimoniais em sua integridade.

---

9. Esse nosso pensamento encontrava-se já expresso na dissertação de mestrado apresentada à Faculdade de Direito da USP, intitulada *Dever de assistência imaterial entre cônjuges*. Rio de Janeiro: Forense Universitária, 1990, p. 71 a 75.

10. ADOLPHO MAZZINGHI, Jorge. *Derecho de familia*, Buenos Aires, Abeledo Perrot, 1972, t. II, p. 89 e s.; e Federico Puig Peña. *Tratado de derecho civil español*. Madrid: Revista de Derecho Privado, 1953, t. II.

Embora nossas Constituições sempre tenham reconhecido o princípio de que a lei deve ser igual para todos,[11] a legislação ordinária, por longos anos, estabeleceu regras marcadas pela desigualdade entre os cônjuges, na matéria do casamento.

A título de exemplo, sob a égide da Constituição de 1824, vigorava a Lei de 20 de outubro de 1823, que determinava a aplicação das ordenações portuguesas, as quais estatuíam o direito do marido de castigar sua mulher, ao ponto de poder matá-la se a encontrasse em adultério (Ordenações Filipinas, Livro V, Títulos XXXVI, § 1º, e XXXVIII).

Com a promulgação do Código Civil brasileiro, Lei n. 3.071, de 1º de julho de 1916, na sua redação original, as mulheres casadas foram consideradas "pessoas relativamente incapazes", ao lado dos menores púberes, dos pródigos e dos silvícolas (art. 6º); ao marido foi atribuída, com exclusividade, a chefia da sociedade conjugal (art. 233), e o pátrio poder sobre os filhos, conforme a própria denominação então utilizada, também cabia ao varão (art. 379 e ss.).

O movimento legislativo de equiparação entre homem e a mulher no casamento iniciou-se com a Lei n. 4.121, de 27 de agosto de 1962, chamada Estatuto da Mulher Casada, aliviando as desigualdades, sem, no entanto, tê-las suprimido completamente. Desse modo, as mulheres casadas foram excluídas do elenco das pessoas relativamente incapazes (art. 6º do Código Civil), mas ao marido continuou a caber a chefia da sociedade conjugal, embora devesse exercê-la com a colaboração da mulher (art. 233, *caput*) e a mulher adquiriu, aparentemente, mas não realmente, a cotitularidade do pátrio

11. A Constituição de 1824, art. 179, XIII, estabelecia que "a lei será igual para todos, quer proteja e quer castigue..."; a Constituição de 1891, art. 72, § 2º, também dispôs que "Todos são iguais perante a lei..."; a Constituição de 1934, art. 113, § 1º, estatuiu que "Não haverá privilégios, nem distinções, por motivo de sexo..."; as Constituições de 1937 e 1946, arts. 122, § 1º, e 141, § 1º, respectivamente, dispuseram que "Todos são iguais perante a lei..."; a Constituição de 1967, art. 150, § 1º, ditou que "Todos são iguais perante a lei, sem distinção de sexo...", princípio que foi confirmado pela Emenda n. 1, de 1969 (art. 153, § 1º).

poder, que antes era exclusivamente do marido, porque seu exercício, em verdade, continuou a caber ao pai, sendo a mãe apenas colaboradora nesse mister (art. 380, *caput*, e parágrafo único).

Verifica-se, assim, a relevância da Constituição da República de 1988, a qual, além dos princípios gerais de que "Todos são iguais perante a lei, sem distinção de qualquer natureza ...", e que "homens e mulheres são iguais em direitos e obrigações...", estatuídos no art. 5º, *caput* e inciso I, estabeleceu expressamente que "Os direitos e deveres referentes à sociedade conjugal são exercidos igualmente pelo homem e pela mulher", no art. 226, § 5º.

Analisamos a eficácia da norma constitucional do art. 226, § 5º, isto é, sua aptidão à produção de seus efeitos essenciais e imediatos, em obra anterior, diante da inércia legislativa posterior a 1988.[12]

Ao estabelecer que "Os direitos e deveres referentes à sociedade conjugal são exercidos igualmente pelo homem e pela mulher", o art. 226, § 5º, da Constituição da República, contém completa definição da hipótese: direitos e deveres oriundos do casamento, e da disposição: igualdade entre os sexos. Assim, concluímos, naquela época, que essa norma constitucional deveria ser havida como autoaplicável ou autoexecutável,

---

12. Em tese de doutoramento apresentada à Faculdade de Direito da USP, tivemos a oportunidade de analisar detidamente a eficácia da norma constitucional: TAVARES DA SILVA, Regina Beatriz. *Reparação civil na separação e no divórcio*. São Paulo: Saraiva, 1999, p. 64. O problema da classificação das normas constitucionais surgiu principalmente em razão da inserção de preceitos de Direito Civil, Administrativo, Processual etc., nas Constituições, como é o caso da regra constante do art. 226, § 5º, da Lei Maior em vigor, conforme ensina TEIXEIRA, J. H. Meirelles. *Curso de direito constitucional*. Rio de Janeiro: Forense Universitária, 1991. p. 298. V., a propósito, também, DA SILVA, José Afonso. Aplicabilidade das normas constitucionais, 2. ed. São Paulo: Ed. RT, 1982, p. 79 a 89; e FERREIRA FIHO, Manoel Gonçalves. *Curso de direito constitucional*, 19. ed. São Paulo, Saraiva, 1992. p. 11 e Ferreira Filho, Manoel Gonçalves. A aplicabilidade das normas constitucionais, *in Antologia luso-brasileira de direito constitucional*, coord. Paulo Lopo Saraiva, Brasília: Ed. Brasília Jurídica, 1992, p. 213 a 224.

ou, seja, de aplicação imediata, independentemente das modificações da legislação ordinária.

Com o Código Civil brasileiro de 2002 – Lei n. 10.406, de 10 de janeiro de 2002 -, finalmente, foi estabelecida igualdade entre homens e mulheres, no plano expresso da legislação infraconstitucional civil, por meio dessa relevante codificação. Desde o primeiro dispositivo, que inaugura o Livro do Direito de Família, nas Disposições Gerais do Casamento, estabelece o art. 1.511: "O casamento estabelece comunhão plena de vida, com base na igualdade de direitos e deveres dos cônjuges."

A igualdade é imprescindível para que as normas de conduta entre os cônjuges sejam eficazes e conduzam ao alcance da finalidade do casamento que é o bem comum. Assim, preserva-se a dignidade dos consortes e assegura-se a manutenção do núcleo familiar, que é a base da sociedade e, por conseguinte, da nação.

Dentre essas regras indispensáveis estão aquelas que estabelecem efeitos jurídicos do casamento, sempre com base no princípio da igualdade de direitos e deveres dos cônjuges (CF, art. 226, § 5º, e CC de 2002, art. 1.511). A lei limita-se a prever os mais importantes, isto é, aqueles reclamados pela ordem pública e pelo interesse social. Como o dever de fidelidade (CC de 2002, art. 1.566, I), o dever de vida em comum no domicílio conjugal ou coabitação (CC de 2002, art. 1.566, II), o dever de mútua assistência (CC de 2002, art. 1.566, III), o dever de sustento, guarda e educação dos filhos (CC de 2002, art. 1.566, IV); e o dever de respeito (CC de 2002, art. 1.566, V). Os deveres de fidelidade, de coabitação, de assistência e de respeito, que independem da existência de prole e são aqueles em que existe reciprocidade, serão objeto de nossa análise.

Seria instalado o caos, caso não fossem definidos certos efeitos jurídicos no casamento e se não fossem estabelecidas as consequências de seu descumprimento. Os membros das relações matrimoniais não estariam compelidos a manter o especial respeito, no plano moral e físico; nossa sociedade, formada sobre a base familiar monogâmica, perderia essa característica possibilitando formações familiares poligâmicas, que são marcadas pela subordinação feminina e pelo menosprezo à mulher; outras consequências danosas existiriam, como já ocorreram no Brasil, quando não era estabelecida a absoluta igualdade entre os cônjuges, com a imposição da lei ditada pelo mais forte, sempre em prejuízo do mais fraco.

Após essa breve análise sobre o desenvolvimento histórico, a finalidade e a igualdade entre as partes do casamento, podemos mais facilmente analisar os deveres conjugais recíprocos e como, quando cumpridos em sua totalidade, podem assegurar a preservação do núcleo familiar e, assim, de nossa sociedade.

3. Dever de fidelidade

O dever de fidelidade, determinado pelo art. 1.566, inciso I, do Código Civil, sempre conceituamos como a "lealdade, sob o aspecto físico e moral, de um dos cônjuges para com o outro, quanto à manutenção de relações que visem à satisfação do instinto sexual dentro da sociedade conjugal".[13]

Como já dizia Clóvis Beviláqua,[14] a fidelidade representa a natural expressão da monogamia. Essa afirmação continua atual, já que nossa constituição familiar é monogâmica. Pode-se imaginar o que significaria liberar a poligamia, ou seja, permitir que uma mulher conviva com vários homens ou o contrário, a convivência entre um homem e várias mulheres: a destruição dos padrões morais e da sociedade como um todo.

Note-se que a poligamia, chamada astutamente de 'poliamor' por quem quer a banalização das relações de família, ou seja, a relação que envolve três ou mais pessoas ('trisal') não produz efeitos jurídicos resultantes do direito de família e das

---

13. TAVARES DA SILVA, Regina Beatriz. *Reparação civil na separação e no divórcio*, cit., p. 71.

14. BEVILÁQUA, Clóvis. *Código Civil dos Estados Unidos do Brasil comentado*. 2. ed., Rio de Janeiro, Francisco Alves, v. II, p 110.

áreas correlatas do direito. Assim julgou o Conselho Nacional de Justiça (CNJ), no Pedido de providências n. 0001459-08.2016.2.00.0000, realizado pela Associação de Direito de Família e das Sucessões (ADFAS), com a prolação de acórdão em 13.04.2016, de relatoria do Min. João Otávio de Noronha.[15] Está vedada a lavratura de escrituras de relações poligâmicas em Tabelionatos de Notas, matéria que foi julgada pelo CNJ.

A fidelidade não constitui, tão somente, dever moral, sendo dever jurídico imposto pela lei em nome dos superiores interesses da família e da sociedade.

O Supremo Tribunal Federal, em Teses de Repercussão Geral recentemente firmadas, reafirmou a monogamia como pilar do casamento. Os temas 526 e 529 foram assim julgados:

> É incompatível com a Constituição Federal o reconhecimento de direitos previdenciários (pensão por morte) à pessoa que manteve, durante longo período e com aparência familiar, união com outra casada, porquanto o concubinato não se equipara, para fins de proteção estatal, às uniões afetivas resultantes do casamento e da união estável. (STF, RE 883168/SC, Rel. Min. DIAS TOFFOLI, j. 03/08/2021).
>
> A preexistência de casamento ou de união estável de um dos conviventes, ressalvada a exceção do artigo 1723, §1° do Código Civil, impede o reconhecimento de novo vínculo referente ao mesmo período, inclusive para fins previdenciários, em virtude da consagração do dever de fidelidade e da monogamia pelo ordenamento jurídico-constitucional brasileiro. (STF, RE 1045273/SE, Rel. Min. ALEXANDRE DE MORAES, j. 21/12/2020).

Se tivesse sido permitida a flexibilização do dever da fidelidade, estaria legitimada a prática da poligamia e o Brasil daria um grande passo para trás na evolução ocorrida em prol do tratamento igualitário do homem e da mulher, já que os

---

15. V. TAVARES DA SILVA, Regina Beatriz. A frouxidão dos requisitos da união estável e a equiparação de seus efeitos aos do casamento no direito brasileiro. In Tratado da União de Fato, TAVARES DA SILVA, Regina Beatriz, CORREIA, Atalá e SOLAVAGIONE, Alícia Garcia de (coordenadores), São Paulo, Almedina, 2021, p. 431 e 432.

partícipes numa relação poligâmica, via de regra, são chefiados pela pessoa do gênero masculino, sendo a mulher a maior prejudicada nesse tipo de arranjo supostamente familiar que gera graves abusos e altos índices de violência doméstica.[16]

Destarte, a infidelidade não se limita à relação sexual fora do leito nupcial, alcançando todos os atos de intimidades excessivas, que denotam a busca do prazer sexual com terceiro, fora do casamento, como já reconhecem, há muito tempo, nossa doutrina e jurisprudência.[17]

Esse dever tem duplo aspecto: material ou físico e imaterial ou moral, de forma que seu descumprimento se dá pela prática de ato sexual do cônjuge com terceira pessoa – adultério,[18] e, também, de outros atos que, embora não cheguem à cópula carnal, demonstram o propósito de satisfação do instinto sexual fora da sociedade conjugal – quase adultério, na expressão de Yussef Said Cahali.[19]

O quase adultério consubstancia-se nas intimidades excessivas do cônjuge com terceira pessoa, que extrapolam os limites da pura amizade, assim considerada a infidelidade virtual, como têm decidido nossos tribunais.[20]

---

16. TAVARES DA SILVA, Regina Beatriz: Monogamia: princípio estruturante do casamento e da união estável. TAVARES DA SILVA, Regina Beatriz e BASSET, Ursula (coordenadoras). *Família e pessoa*: uma questão de princípios. São Paulo: YK, 2018, p. 593 e 594.

17. MONTEIRO, Washington de Barros; TAVARES DA SILVA, Regina Beatriz. *Curso de direito civil,* vol. 2: direito de família. 43ª ed. São Paulo: Saraiva, 2016, p. 25.

18. O adultério, embora tenha deixado de ser tipificado pela lei penal, permanece como ilícito civil, com as consequências sancionatórias respectivas.

19. CAHALI, Yussef Said. Divórcio e separação, 7. ed., São Paulo: ED. RT, 1994, p. 360. TAVARES DA SILVA, Regina Beatriz, cit., p. 226.

20. A título de exemplo do pensamento dos Tribunais brasileiros, citamos o seguinte acórdão: "*Indignidade. Cônjuge. Infidelidade virtual. Comprovação. Cessação da Obrigação alimentar. Procedência do pedido... Indignidade. Cônjuge. Reconhecimento. Infidelidade virtual comprovada nos autos. A ré manteve relacionamento afetivo com outro homem durante o casamento. Troca de mensagens eletrônicas de cunho amoroso e sentimental. Caracterização de infidelidade, ainda que virtual. Ofensa à dignidade do autor. A infidelidade ofende a dignidade do outro cônjuge porquanto o comportamento do infiel provoca a ruptura do elo firmado entre o casal ao tempo do início do compromisso,*

A compensação de culpas não é admitida em nosso Direito, de forma que o cônjuge não pode ilidir a acusação que lhe é feita de adultério, ao contrapor ao consorte idêntica imputação, pois, como esclarece Yussef Said Cahali, "se um cônjuge infringe os deveres matrimoniais, nem por isso o outro se investe impunemente do direito de conspurcar o tálamo conjugal; nem ficará inibido da faculdade de requerer a separação judicial motivada pela infidelidade deste".[21]

Quanto ao perdão tácito da infidelidade, pela continuidade da coabitação entre os cônjuges, sua existência depende da avaliação da suportabilidade da vida em comum, que nem sempre ocorre pela mera convivência dos cônjuges sob o mesmo teto, como já afirmava Orlando Gomes.[22]

O dever de fidelidade perdura enquanto subsistir a sociedade conjugal. Terminada esta pela morte, anulação do casamento, separação e divórcio, readquire o cônjuge, juridicamente, liberdade sexual, conforme estabelece o art. 1.576 do Código Civil.

No entanto, observe-se que, contrariamente às nossas sugestões legislativas à época em que integramos a Comissão de Juristas no Projeto de Código Civil de 2002, na fase

---

rompendo o vínculo de confiança e de segurança estabelecido pela relação afetiva. A infidelidade ofende diretamente a honra subjetiva do cônjuge e as consequências se perpetuam no tempo, porquanto os sentimentos negativos que povoam a mente do inocente não desaparecem com o término da relação conjugal. Tampouco se pode olvidar que a infidelidade conjugal causa ofensa à honra objetiva do inocente, que passa a ter sua vida social marcada pela mácula que lhe foi imposta pelo outro consorte... Indignidade reconhecida. Cessação da obrigação alimentar declarada. Procedência do pedido. Recurso provido" (TJSP, Apelação 0036600-97.2012.8.26.0002, Rel. Desembargador Carlos Alberto Garbi, 10ª Câmara de Direito Privado, j. 15-03-2016).

21. CAHALI, Yussef Said. *Divórcio e separação*, cit., p. 355.

22. GOMES, Orlando. *Direito de família*, 5. ed., Rio de Janeiro: Forense, 1983, p. 152; e acórdãos: *RT*, 535/86, 568/166, 609/71, 652/68 e 653/98. Anote-se que, com a revogação do art. 319 do Código Civil de 1916, o qual estabelecia expressamente que "O adultério deixará de ser motivo para o desquite: (...) II — se o cônjuge inocente lhe houver perdoado. Parágrafo único. Presume-se perdoado o adultério, quando o cônjuge inocente, conhecendo-o, coabitar com o culpado", não há mais a presunção do perdão pela coabitação.

em que tramitou na Câmara dos Deputados, sob a relatoria do Congressista Ricardo Fiuza, este Diploma legal, embora contenha a regra acima citada, no art. 1.723, § 1º, possibilita à pessoa casada e apenas separada de fato a constituição de união estável. Se o cônjuge separado de fato pode constituir uma entidade familiar com outra pessoa, é descabida a manutenção do dever de fidelidade no seu casamento, quando não há comunhão de vidas, segundo o Código Civil.

4. Dever de coabitação

O dever de vida em comum no domicílio conjugal ou dever de coabitação é estabelecido no art. 1.566, II, Código Civil. Sem a coabitação entre cônjuges, salvo em casos excepcionais, dispostos no art. 1.569 do Código Civil, não existe lar apto a abrigar a família.

Álvaro Villaça Azevedo o define como "a imposição legal, de ordem pública, aos cônjuges de seu relacionamento fisiológico, sexual, recíproco, enquanto durar a convivência no lar conjugal."[23] Discordamos dessa conceituação, já que não há como impor o relacionamento sexual, que advém do amor conjugal, de modo que o descumprimento desse dever se reduz à ausência de um dos cônjuges do domicílio conjugal.

Tal dever advém da necessidade de integração e desenvolvimento da sociedade conjugal no domicílio familiar, não havendo, no casamento. o *jus ad copulam,*[24] ou direito à prestação sexual, que, quando repensamos sobre o tema, equivaleria a um *jus in corpore*, pois implicaria o direito sobre o corpo do outro cônjuge.

No entanto, a recusa reiterada ao relacionamento sexual pode implicar a violação ao dever de respeito à integridade

23. AZEVEDO, Álvaro Villaça. *Dever de coabitação*. São Paulo, Bushatsky, 1976, p. 196 e 197.

24. CAHALI, Yussef Said. *Divórcio e separação*, cit., p. 414 e 415.

psíquica e física e à autoestima (honra subjetiva) do outro cônjuge, caracterizando-se, portanto, como descumprimento de outro dever, que será analisado mais adiante. Afinal, a satisfação do instinto sexual é uma necessidade fisiológica e, no casamento, as relações são monogâmicas, impondo-se aos consortes a fidelidade. Dessa forma, a negativa reiterada, injustificada e injuriosa quanto à manutenção de relacionamento sexual acarreta o descumprimento do dever de respeito à integridade psicofísica e à autoestima do consorte, nos termos do art. 1.566, V, do Código Civil.[25]

O abandono de lar, para caracterizar o descumprimento desse dever, precisa revestir-se de voluntariedade e ausência de justa causa. Deste modo, caso o cônjuge seja obrigado a afastar-se do lar por razões justas, como por motivos profissionais ou familiares, não haverá violação ao dever de coabitação. Ainda, quem deixa a casa porque sofre agressão física ou psíquica do outro cônjuge também não descumpre o dever de coabitação.

5. Dever de mútua assistência imaterial e material

A mútua assistência é dever jurídico, consistente em recíproca proteção imaterial e material.

Desta maneira, quis o Código Civil de 2002, no art. 1.566, III, a exemplo do que já estabelecia o art. 231, III, do Código Civil de 1916, dizer que os cônjuges reciprocamente se obrigam à prestação de socorro material e imaterial, ou seja, ao *mutuum adjutorium* nos momentos felizes e nos infortúnios.

Por mais grave que seja a moléstia de um dos cônjuges, por mais prolongado que se mostre seu mal, cabe ao outro, em razão desse dever, prestar lhe toda a assistência de que for capaz.

---

25. TAVARES DA SILVA, Regina Beatriz. *Curso de direito civil,* 2: direito de família, cit,, p. 235.

Esse aspecto imaterial da mútua assistência, para que não se transforme num dever vago e de difícil conceituação, precisa ser enquadrado no ordenamento jurídico. Para isso é necessário identificar seu objeto. Esse dever se consubstancia na proteção aos direitos da personalidade do cônjuge, dentre os quais se destacam a vida, a integridade física e psíquica, a honra e a liberdade.[26]

Assim, além da falta de proteção ao cônjuge doente, a ausência de cuidados ao consorte idoso, a recusa de consolo quando do falecimento de ente querido do cônjuge ou de defesa em suas adversidades com terceiro, entre outros atos ou comportamentos omissivos, configuram descumprimento do dever de mútua assistência. Também é suporte legal desse dever, a consideração prevista no inciso V do art. 1.566 do Código Civil.

Além desse conforto imaterial ou moral, cabe ainda aos cônjuges mútua colaboração material, destacando-se nesse tema a obrigação alimentar, que compreende não só prestação de alimentos propriamente ditos (*alimenta naturalia*), como também de moradia, saúde, vestuário, transporte e até mesmo lazer (*alimenta civilia*).

Esse dever é recíproco entre os cônjuges, em regime igualitário, de modo que superada está, no plano jurídico, a ideia de que seria maior a responsabilidade do marido.

6. Dever de respeito

A relevância do dever de respeito mútuo é reconhecida pelo ordenamento brasileiro no art. 1.566, V, do Código Civil. A consideração é corolário do respeito, estando, ali contida.

O dever de respeito é imposto no casamento, de maneira especial, pois, embora todas as pessoas devam respeitar-se mutuamente, sejam ou não casadas, esse dever entre os

---

26. TAVARES DA SILVA, Regina Beatriz. *Dever de mútua assistência imaterial entre cônjuges*, cit., p. 76.

cônjuges tem peculiar significado, em razão da própria comunhão de vidas, dos íntimos contatos físicos e espirituais existentes entre esposos.[27]

Seu objeto reside nos direitos da personalidade do cônjuge: vida, integridade física e psíquica, honra, liberdade e segredo, entre outros.

Configura violação a esse dever a sevícia, que é ato de violência contra a integridade física do cônjuge, assim como a tentativa de morte.

A injúria grave e a conduta desonrosa importam em desrespeito à honra do cônjuge. A injúria grave, ofensa direta à honra, tanto pode atingir esse direito da personalidade em seu sentido objetivo (reputação social) como subjetivo (autoestima), podendo ser praticada por meio de atos ou palavras; assim, são injúrias graves as palavras injuriosas, mesmo que proferidas somente no recesso do lar. A conduta desonrosa – com a prática de crime, o uso de drogas ilícitas, a embriaguez habitual e o vício do jogo, como meros exemplos entre outros comportamentos – ofende também a honra do cônjuge, embora pela via indireta, em razão da solidariedade de honras presente no casamento.[28]

Além disso, a liberdade, definida como o poder de fazer ou não fazer tudo aquilo que se quer no âmbito resultante das limitações do ordenamento jurídico, em suas variadas formas de expressão, de pensamento e expressão, de crença e prática religiosa, de escolha e exercício profissional, de relacionamento social e familiar, de escolha da prática sexual, dentre outras, merece o devido respeito nas relações conjugais.

27. VARELA, Antunes. *Direito de família*, Lisboa: Livraria Petrony, 1987,p. 345 a 351; BELEZA, Maria Leonor Pizarro. Os efeitos do casamento, in *Reforma do Código Civil*, Lisboa, Livraria Petrony, 1981, p. 112; Fernando Brandão Ferreira Pinto, *Causas do divórcio*, cit., 2. ed., Porto, Elcla, 1992, p. 60; e Mário Júlio de Almeida Costa, *Noções de direito civil*, cit., p. 494; e F. M. Pereira Coelho, Curso de direito de família, cit., p. 396.

28. TAVARES DA SILVA, Regina Beatriz. *Curso de direito civil*, 2: direito de família, p. 239.

Restringe-se a liberdade sexual, fora do casamento, pela imposição do dever de fidelidade, mas essa liberdade, no tálamo, sob o aspecto de escolha e prática de atividades sexuais, também deve ser respeitada entre os cônjuges, de modo que não há o *jus ad copulam*, não podendo, o cônjuge, exigir práticas não aceitas por seu consorte; igualmente, a recusa reiterada e injustificada ao relacionamento sexual também importa na violação a esse dever de respeito, como exposto em tópico anterior sobre o dever de coabitação.

O direito ao segredo, que impede que certas manifestações de uma pessoa sejam conhecidas e divulgadas por outra, também é preservado no casamento, por maior que seja a intimidade que se instala entre os cônjuges, descabendo, por exemplo, a violação de correspondências ou de comunicações virtuais e telefônicas. No entanto, temos de convir que a intimidade que se instala no casamento leva a trocas de confidências, sendo nada incomum que hoje em dia um dos cônjuges tenha as senhas de celular e de computador do outro cônjuge, o que, obviamente, não implica a violação do dever de respeito.

7. Amar não é dever

Ao analisarmos os deveres matrimoniais, vemos que não há em nenhum ordenamento jurídico o dever de amar, já que amar não é dever e receber afeto não é um direito. No entanto, mesmo não caracterizando um direito, é nítido que o amor é a base sentimental para o matrimônio e seu desenvolvimento.

Ney de Mello Almada já afirmava que "essa expressão do amor é implícita no matrimônio como elemento lógico de sua motivação e finalidades maiores, pois casamento é integração harmônica de predicados, suprimento recíproco de falhas, comunhão de esforços diferenciados, para o atingimento de um fim comum: a felicidade".[29]

29. ALMADA, Ney de Mello. *Manual de direito de família*. São Paulo: Tribuna da Justiça, 1978, p. 206 e 207.

Silvio Rodrigues, também há tempos, já enfatizava que os fins do casamento estão intimamente ligados à natureza humana, e dizia que "a aproximação dos sexos e o natural convívio entre marido e mulher, ordinariamente, suscitam o desenvolvimento de sentimentos afetivos recíprocos".[30]

Numa concepção individualista, o casamento foi definido por Kant[31] como "a união de duas pessoas de sexo diferente para a posse mútua, durante toda a vida, de suas faculdades sexuais". O amor físico constituiria, assim, o objetivo do casamento.

Segundo a concepção supraindividualista, o casamento visa ao estabelecimento de relações entre os cônjuges, firmadas não só no amor carnal, mas especialmente no amor espiritual, extensivo aos filhos, quando estes existem.

Se indagarmos sobre os fins que impelem duas pessoas ao casamento e as norteiam na vida conjugal, verificamos que homem e mulher buscam encontrar o bem comum. Para que essa finalidade seja alcançada é preciso superar as limitações e deficiências que todos os seres humanos possuem, em maior ou menor grau. Sendo as pessoas originalmente limitadas e querendo superar suas deficiências, encontram, em seu par amoroso, o campo fértil para tanto, por meio de conduta de aperfeiçoamento constante, com apoio e auxílio mútuos.

Dessa maneira, a felicidade resulta do amor ou afeto, que não é sentimento exigível juridicamente, razão pela qual a teoria do afeto, como valor supremo do direito de família, é aqui desmistificada.

---

30. RODRIGUES, Silvio. *Direito civil,* 20. ed., São Paulo: Saraiva, 1994, v. 6, p. 21.

31. KANT, I. Metafísica dos Costumes, Parte I, *Princípios metafísicos da doutrina do direito*. Trad. Artur Morão. Lisboa: Edições 70, 2004, p. 88.
Trad. Artur Morão. Lisboa: Edições 70, 2004c. *Apud* MONTEIRO, Washington de Barros; TAVARES DA SILVA, Regina Beatriz. *Curso de direito civil,* 2: direito de família, cit., p. 63.

8. Considerações finais

Muito se fala, na atualidade, em direitos individuais, como a liberdade, chegando-se a cogitar de um direito à felicidade, inclusive no casamento, como se as pessoas não pudessem mais suportar os deveres que decorrem da escolha de casar e as consequentes limitações ou restrições inerentes ao comportamento conjugal.

Como vimos neste artigo, muito ao contrário dessas falas rasas, os deveres conjugais estão em perfeita sintonia com a busca do bem comum, sendo por meio do cumprimento dos deveres do casamento que as pessoas podem alcançar a tão almejada felicidade.

A partir do ordenamento jurídico brasileiro, foi demonstrada a perfeita adequação dos deveres conjugais aos valores e princípios do Direito de Família e, mais do que isto, que seu adimplemento é o fio condutor da preservação do casamento.

Todos buscam, no matrimônio, a superação de suas deficiências, como, figurativamente, fossem, as pessoas sozinhas, um recipiente que está incompleto e que pode completar-se da seiva necessária, por meio do outro cônjuge, satisfazendo a sede de felicidade. Para tanto, o cumprimento dos deveres conjugais é essencial, em regime de igualdade.

E deveres jurídicos sempre importam na possibilidade de aplicação de sanções por seu descumprimento, sob pena de serem havidos como meras recomendações ou simples conselhos.[32] Por isto, o descumprimento dos deveres conjugais recebe da lei a justa reação, com as sanções de perda do direito aos alimentos plenos e ao uso do sobrenome conjugal (Código Civil, artigos 1.704, *caput* e parágrafo único e 1.578, I, II e III), além da aplicabilidade da regra geral da reparação de danos (Código Civil, art. 186). Para que estas sanções permaneçam no ordenamento jurídico, esperamos que o Supremo Tribunal

32. Fátima Nancy Andrighi, doutrina prefacial *in* Regina Beatriz Tavares da Silva. *Divórcio e Separação após a EC 66/2010*. 2ª ed., São Paulo: Saraiva, 2012.

Federal mantenha a interpretação de que essas normas previstas na separação judicial culposa foram recepcionadas pela Emenda Constitucional 66/2010, o que, na data da última revisão deste artigo, está em pauta na Suprema Corte (Recurso Extraordinário 1.167.478/RJ, Rel. Min. Luis Fux, tema de repercussão geral 1.053).

É importante salientar, por último, que os deveres matrimoniais previstos no ordenamento brasileiro foram estruturados na monogamia,[33] sistema que protege os membros da família e é utilizado em todas as culturas ocidentais e também nas orientais mais desenvolvidas.[34]

O modernismo às avessas do tal sistema aberto, em que cada um poderia agir como bem entendesse, inclusive com outros parceiros no plano sexual, como se qualquer tipo de relação pudesse ser familiar, tem em vista despregar a família do Direito. Ao desconsiderar os deveres conjugais, em especial a fidelidade, essa falaciosa vanguarda desprotege os seus partícipes.

Dentro dessa perspectiva, sabe-se que a atual crise no sistema, devida aos falsos modernismos, encontra justificação para tudo no individualismo exacerbado, sem que tenha baliza nos modelos e comportamentos criados pelas normas. O indivíduo seria o único "ator social", com seu "Eu" exacerbado, com vontade ilimitada e não limitável por uma norma geral e abstrata, negando-se o interesse público nas relações de família, que ficaria abandonada à vontade de cada um de seus membros. A vontade individual e absoluta estaria positivada no Direito mediante simples situação concreta, com a

---

33. A Corte Suprema brasileira firmou tese de repercussão geral de suma importância em janeiro de 2021: STF, Tema 529, RE 1.045.273/SE, Min. Alexandre de Moraes, Tese: A preexistência de casamento ou de união estável de um dos conviventes, ressalvada a exceção do artigo 1.723, § 1º, do Código Civil, impede o reconhecimento de novo vínculo referente ao mesmo período, inclusive para fins previdenciários, em virtude da consagração do dever de fidelidade e da monogamia pelo ordenamento jurídico-constitucional brasileiro. ", j. 21/12/2020.

34. TAVARES DA SILVA, Regina Beatriz: *Monogamia:* princípio estruturante do casamento e da união estável, *in* TAVARES DA SILVA, Regina Beatriz e BASSET, Ursula (coordenadores). *Família e pessoa*: uma questão de princípios, cit., p. 573 a 617.

"omnipotente vontade do sujeito." Assim, estaria instalada a crise de valores, em especial dos valores da certeza e da segurança do Direito, como exemplarmente examina o doutrinador Diogo Leite de Campos, na obra "Nós: Estudos sobre os direitos das pessoas."[35]

Afinal, tudo que nos traz felicidade, ainda que seja efêmera, é aceitável? O Direito deve adotar conduta de mera ratificação de tudo quando tem sido feito, inclusive por meio de práticas irrefletidas e egoístas? Poderiam ser aceitos direitos do homem contra o próprio homem, contra a vida, a dignidade da pessoa humana e a configuração da família como elemento natural e sustentáculo da sociedade?

Cada conduta ou cada fato da vida, nessa crise sistemática, encontraria justificação cada vez mais em si mesmo, sem que se tivesse baliza nos modelos de comportamento criados pelas normas, isto, equivocadamente, tem sido chamado de direito à felicidade.

Se todos pudessem fazer o que bem entendessem, diante de um único parâmetro: a felicidade de natureza egoísta, estaria instalado um modelo aberto, com relações mutáveis, em que imperaria a subjetividade.

Afinal, o direito à felicidade estaria no "Eu" ou no "Nós"?

Essas ideias individualistas, de notório egoísmo, são patológicas, o que foi observado inclusive na justificação de Proposta de Emenda Constitucional do início da década de 2010, a PEC 19, em que se fazia referência à busca da felicidade, com a seguinte afirmação: "Evidentemente, as alterações não buscam autorizar um indivíduo a requerer do Estado ou de um particular uma providência egoística a pretexto de atender à sua felicidade. Este tipo de patologia não é alcançado

---

35. CAMPOS, Diogo Leite de. *Nós*: estudos sobre o direito das pessoas. Coimbra: Almedina, 2004.

pelo que aqui se propõe, o que seja, repita-se, a inclusão da felicidade como objetivo do Estado e direito de todos."[36]

Efetivamente é o "Nós" que deve prevalecer, sem aquelas patologias, no que os deveres conjugais têm relevância de uma evidência solar para o alcance da duradoura felicidade, em seu real sentido.

E é exatamente no melhor sentido que se destaca e homenageia, em razão de todo o exposto, o papel do Estado brasileiro, em nível constitucional e infraconstitucional, na proteção da família, sendo a sua principal base legal o disposto no art. 226, *caput*, da Constituição da República Federativa do Brasil,[37] como acentua Ives Gandra da Silva Martins.[38]

Em suma, o ordenamento jurídico brasileiro, baseado na monogamia, ao estabelecer os deveres conjugais tem em vista o bem comum do casal, encontrado no desenvolvimento e na preservação do casamento e, por conseguinte, da família, célula básica da sociedade.

Referências

AFFONSO, Claudio. *Estudos de direito romano.* Rio de Janeiro, Typ. do Jornal do Commercio, 1916, v. I, p. 268.

ALMADA, Ney de Mello. *Manual de direito de família.* São Paulo: Tribuna da Justiça, 1978.

BELEZA, Maria Leonor Pizarro. Os efeitos do casamento, in *Reforma do Código Civil*, Lisboa, Livr. Petrony, 1981.

36. Disponível em: https://bit.ly/3jgzlyb Acesso em: 18 abr. 2021.

37. CF, art. 226. A família, base da sociedade, tem especial proteção do Estado.

38. MARTINS, Ives Gandra da Silva. Alguns aspectos constitucionais sobre a família, *in* Revista de Direito de Família e das Sucessões - RDFAS, NERY JUNIOR, Nelson, TAVARES DA SILVA, Regina Beatriz e CAMARGO NETO, Theodureto de Almeida (coordenadores), São Paulo, Revista dos Tribunais, out./dez. 2014, v. 2, p. 71/80.

BITTAR, Carlos Alberto. Novos rumos do direito de família, in *O direito de família e a Constituição de 1988*. São Paulo: Saraiva, 1989.

BONFANTE, Pietro. *Istituzioni di diritto romano*. 10. ed., Torino, Giapichelli, 1946, p. 180.

CAMPOS, Diogo Leite de. *Nós*: estudos sobre o direito das pessoas. Coimbra: Almedina, 2004.

COELHO, F. M. Pereira. *Curso de direito de família*. Coimbra, 1986.

COSTA, Mário Júlio de Almeida. *Noções de direito civil*. 3. ed., Coimbra, Almedina, 1991.

DIGESTO, XXIII, 2, 1: "Corpo del Diritto", versão de Giovanni Vignali, v. IV, "Digesto", v. III, Napoli, Achille Morelli, 1857.

DINIZ, Maria Helena. *Curso de direito civil brasileiro*, vol. 5: direito de família. 34ª ed. São Paulo: Saraiva Educação, 2020.

FERREIRA FILHO, Manoel Gonçalves. *Curso de direito constitucional*. 19. ed., São Paulo, Saraiva, 1992.

GOMES, Orlando. *Direito de família*, 5. ed., Rio de Janeiro, Forense, 1983.

INSTITUTAS, I, 9, 1: "*Corpo del Diritto*", versão de Giovanni Vignali, v. I, "Cronologia e Istituzioni", Napoli, Vicenzo Pezzuti, 1856.

KANT, I. Metafísica dos costumes, Parte I, *Princípios metafísicos da doutrina do direito*. Trad. Artur Morão. Lisboa: Edições 70, 2004.

MARTINS, Ives Gandra da Silva. Alguns aspectos constitucionais sobre a família, *in Revista de Direito de Família e das Sucessões* - RDFAS, NERY JUNIOR, Nelson, TAVARES DA SILVA, Regina Beatriz e CAMARGO NETO, Theodureto de Almeida (coordenadores), São Paulo, Revista dos Tribunais, out./dez. 2014, v. 2, p. 71/80.

MAZZINGHI, Jorge Adolpho. *Derecho de familia*. Buenos Aires:Abeledo Perrot, 1972, t. II.

MONTEIRO, Washington de Barros; TAVARES DA SILVA, Regina Beatriz. *Curso de direito civil,* vol. 2: direito de família. 43ª ed. São Paulo: Saraiva, 2016.

MOREIRA ALVES, José Carlos. *Direito romano*. 3. ed., Rio de Janeiro: Forense, 1980, v. II.

PINTO, Fernando Brandão Ferreira. *Causas do divórcio*. 2. ed., Porto: Elcla, 1992.

PUIG PEÑA, Federico. *Tratado de derecho civil español*. Madrid: Revista de Derecho Privado, 1953, t. II.

RODRIGUES, Silvio. *Direito civil*, 20. ed., São Paulo: Saraiva, 1994, v. 6.

TAVARES DA SILVA, Regina Beatriz. CORREIA, Atalá e SOLAVAGIONE, Alícia Garcia de (coordenadores). *Tratado da união de fato*. São Paulo: Almedina, 2021.

TAVARES DA SILVA, Regina Beatriz e BASSET, Ursula Cristina (coordenadores). *Família e Pessoa*: uma questão de princípios. São Paulo: YK, 2018.

TAVARES DA SILVA, Regina Beatriz. *Divórcio e separação após a EC 66/2010*.2ª ed., São Paulo: Saraiva, 2012.

_____. *Reparação civil na separação e no divórcio*. São Paulo: Saraiva, 1999.

_____. *Dever de mútua assistência imaterial*. Rio de Janeiro: Forense Universitária, 1990.

TEIXEIRA, J. H. Meirelles. *Curso de direito constitucional*. Rio de Janeiro: Forense Universitária, 1991.

VARELA, Antunes. *Direito de família*. Coimbra: Almedina, 1985.

VILLAÇA AZEVEDO, Álvaro. *Dever de coabitação*. São Paulo: Bushatsky, 1976.

O IMPACTO DOS CYBERCRIMES NA FAMÍLIA

Angela Vidal Gandra Martins[1]

Daniel Celestino de Freitas Pereira[2]

Resumo: Este breve ensaio visa a compartilhar experiência contemporânea referente à prevenção dos crimes cibernéticos no âmbito familiar, destacando a necessidade de maior informação sobre a abrangência e transcendência do tema, e a importância da denúncia para o combate. Para tal, apresentaremos o problema e as políticas públicas familiares aplicadas.

Palavras-Chave: Cybercrimes – Família – Políticas Públicas Familiares – Prevenção – Projeto Reconecte – Novas tecnologias – Mídias sociais.

Abstract: This brief article aims to share contemporaneous experience regarding the prevention of cybercrimes in the family environment, highlighting the necessity of more information on the coverage and transcendence of the topic, and the importance of denunciation to fight it. For this target, we will present the problem and the public policies for the family applied.

Keywords: Cybercrimes – Family – Public Policies for the Family – Prevention – Project Reconecte - New Technologies - Social Media.

Sumário: 1. Introdução – 2. Famílias no mundo digital – 3. Família e as mídias sociais – 4. Os crimes cibernéticos e seus impactos na família – 5. Políticas públicas familiares como prevenção de crimes cibernéticos – 6. Conclusão – Referências.

---

1. Secretaria Nacional da Família do Ministério da Mulher da Família e dos Direitos Humanos. Doutora em Filosofia do Direito (UFRGS).

2. Diretor do Departamento de Desafios Sociais no Âmbito Familiar na Secretaria Nacional da Família do Ministério da Mulher da Família e dos Direitos Humanos. Especialista em Governança de Tecnologia da Informação.

1. Introdução

O tema dos crimes cibernéticos é muito abrangente e não fica limitado tecnicamente ao cerco do Direito Penal com seus corolários, requerendo um olhar mais profundo, tendo em conta as consequências que engloba, tanto para as famílias como para o projeto pessoal de cada ser humano.

Tendemos a focá-los a partir de perspectivas de alcance material, desde a clonagem, passando pelo roubo de dados, propriedade intelectual etc., até a segurança nacional.

Porém, as famílias têm sido especialmente atingidas por uma vertente que pode ser chamada de um gravíssimo crime moral – muito além de seu enquadramento legal, formal e material –, que se refere ao conteúdo nocivo veiculado através da internet, instigando a atos como suicídio, automutilação, pedofilia, trabalho infantil, etc., com drásticos efeitos, muitas vezes irreversíveis, que vão muito além de prejuízos econômicos e quantificáveis, ainda que possam, em um primeiro momento, serem motivados pelo utilitarismo.

Passamos a transcrever alguns dados alarmantes: em 2020, foram registradas 21,7 milhões de denúncias em 2020, incluíram 65,4 milhões de fotos e vídeos *on-line* de crianças vítimas de abuso sexual. Esse número representa um aumento de 28% nas denúncias de abuso sexual infantil em comparação ao ano de 2019 (NCMEC, 2021). Em nosso país, em 2020, a Ouvidoria Nacional recebeu e processou 17 mil denúncias de abuso sexual infantil (BRASIL, 2019b). De qualquer forma, as denúncias representam uma ponta de iceberg da realidade, pois falta tanto informação, como pró- atividade no combate a essa espécie de criminalidade. Apresentamos ainda, paralelamente, a título exemplificativo, o suicídio e a automutilação, com índices elevados de instigação virtual (ABREU, 2020).

Gostaríamos de chamar a atenção, através desse brevíssimo ensaio, para o clamor das famílias com relação a danos muito mais graves e moralmente gravosos, envolvendo vidas e a coisificação do ser humano (HONNETH, 2007).

Dessa forma, poderemos também refletir sobre soluções que possam tornar esses crimes melhor identificados e perseguidos, para serem erradicados tanto na esfera nacional como internacional, já que, em uma abordagem mais profunda, tangem radicalmente um ponto que Aristóteles considerava como uma preocupação do governante e daqueles que compõem a *polis*: a felicidade do coração humano (ARISTÓTELES, 2009).

Nesse sentido, buscando evitar marcas profundas, de muito difícil cicatrização, compartilhamos nosso trabalho, com desejos de juntos encontrarmos caminhos para um combate mais eficaz nesse âmbito, tão fortemente atingido pelos crimes cibernéticos.

2. Famílias no mundo digital

A tecnologia está tão presente em nosso dia a dia, que se torna quase impossível pensar nossa sociedade sem ela. Segundo o relatório DATA REPORTAL (2021), somos cerca de 7,83 bilhões de pessoas no mundo, e desses, cerca de 4,66 bilhões de pessoas acessam a internet, o que equivale a 59,5% da população mundial. No Brasil, o número de habitantes é de 213,3 milhões de pessoas, sendo que 160 milhões têm acesso à internet, o que significa 75% dos brasileiros.

Se por um lado, a tecnologia trouxe diversas facilidades à humanidade em contextos como a saúde, educação, cultura e comunicação, por outro, seu uso imoderado tem trazido diversos prejuízos relacionados a esses mesmos cenários. Essa dicotomia traz à baila uma discussão importante no cenário atual: qual o impacto que os recursos tecnológicos modernos têm acarretado a todas as famílias, e, por conseguinte, a toda sociedade?

A frase "nós moldamos nossas ferramentas e, posteriormente, nossas ferramentas nos moldam", escrita pelo filósofo e educador canadense Herbert Marshall McLuhan, da década de 1960, sintetiza diversos acontecimentos da história humana, onde o advento de novos recursos tecnológicos causaram grandes mudanças na sociedade (MCLUHAN, 2013). Nesse contexto, como não citar a primeira Revolução Industrial, iniciada no século XVIII na Inglaterra, momento em que a força dos animais fora substituída pelo ferro e carvão, isto é, os moinhos movidos por tração animal deram lugar às máquinas a vapor. Esse avanço fez com que fosse possível o aumento da produção, acarretando modificações significativas na economia e na sociedade como um todo, inclusive no que tange ao número de pessoas e espaço geográfico, pois as cidades começaram a crescer, aumentou-se a quantidade de profissões, foram criadas ferrovias – o que incrementou a capacidade de trânsito de mercadorias e pessoas, o campo implementou a mecanização, novas fábricas foram sendo criadas, dentre outros avanços (SCHWAB, 2019). Por certo, tratou-se de um contexto de produção de riqueza que fatalmente interferiu na vida das pessoas.

Interessante citar que em 1820, o francês Joseph-Marie Jacquard inventou um tear mecânico totalmente automatizado, capaz de ler cartões perfurados e repetir operações numa sequência programada. Sua velocidade de produção e qualidade dos artefatos produzidos deixou funcionários receosos por causa de seus empregos. Diante disso, eles resolveram sabotar o sistema para desencorajar Jacquard a utilizar a nova tecnologia. Esse teria sido o primeiro crime tecnológico registrado (TURING, 2019).

Na segunda metade do século XIX, outros países entraram nesse processo de Revolução Industrial, inaugurando-se um período marcado pela descoberta da energia elétrica e do uso de petróleo como combustível, o que marcaria a denominada Segunda Revolução Industrial, cujas descobertas são utilizadas até os dias atuais como grande fonte de energia, destacando-se como exemplo a indústria automobilística que faz uso dessas fontes (TURING, 2019). Foi então que após a Segunda Guerra Mundial, em meados do século XX, iniciou-se um período de grandes mudanças relacionadas ao uso de tecnologia na produção, situação que, por conseguinte, fora também estendida aos contextos familiares. Esse período, denominado como a Terceira Revolução Industrial, foi marcado pelo surgimento dos computadores pessoais, dos telefones celulares, da biotecnologia, da robótica, dentre outros, sendo importante mencionar a maior das invenções modernas: a internet (SCHWAB, 2019), que surgiu ainda no século XX, desenvolvida por militares americanos, com o propósito de facilitar troca de mensagens pelo Departamento de Defesa dos Estados Unidos, de forma que não fosse interceptada pela Rússia. Com essa necessidade de compartilhar informações militares entre bases geograficamente distantes, formou-se a ARPANET (*Advanced Research Projects Agency Network*). Assim, o primeiro *e-mail* foi enviado em 29 de outubro de 1969, em uma comunicação estabelecida entre a Universidade da Califórnia e o Instituto de Pesquisa de Stanford, pelo professor Leonard Kleinrock. Na década de 1990, o físico e professor britânico Tim Berners-Lee criou o primeiro navegador de internet, nomeado *World Wide Web* ou *www*, fato que *a posteriori* desencadeou um acelerado avanço da denominada Rede Mundial de Computadores, ou seja, a Internet (ABBATE, 2000).

Nos dias atuais, vivemos o que os especialistas denominam de Quarta Revolução Industrial, época em que realidades como nuvem de dados, *big data*, inteligência artificial, internet das coisas, robótica, nanotecnologia, dentre muitas outras expressões modernas passam a fazer parte da rotina de muitas pessoas. Vale destacar aqui as novas mídias sociais que revolucionaram as comunicações. Uma ideia que, em tempos não tão longínquos, era escrita em um livro e gradualmente acarretava impactos na sociedade, agora pode transformar uma sociedade por meio de algumas mensagens enviadas através de um celular, espalhando-se rapidamente de forma incontrolável. Um avanço que poderia ser comparado à invenção da prensa móvel de Johannes Gutenberg, do século XV, levando em consideração que esta proporcionou grande facilidade na impressão e distribuição de livros à época. Porém, os avanços no campo das comunicações – proporcionados pelas novas tecnologias – ocorrem em dimensões e velocidades jamais vistos (SCHWAB, 2019).

Destacamos outro pensamento de McLuhan: diante das conquistas da comunicação proporcionadas pelos televisores, disse ele que o mundo se transformaria numa "aldeia global", significando que as distâncias geográficas não seriam dificuldades para a distribuição de informações. O referido filósofo canadense não conheceu a internet, pois faleceu em 1980, portanto, não pôde comprovar que seria ela a responsável, em plenitude, por dar vida ao seu pensamento. McLuhan cunhou ainda o conceito de meio e mensagem, no qual o meio é o caminho pelo qual se transmite uma mensagem e o mecanismo capaz de mudar a forma na qual nos relacionamos (MCLUHAN, 2013). De fato, percebemos a revolução que as mídias sociais atuais causaram em nossa forma de comunicação. Segundo a pesquisa realizada pelo Comitê Gestor da Internet no Brasil (CGI.br), por meio do Centro Regional de Estudos para o Desenvolvimento da Sociedade da Informação (Cetic.br) do Núcleo de Informação e Coordenação do Ponto BR (NIC.br), 58% dos brasileiros acessam a internet exclusivamente pelo telefone (CETIC, 2019b). Ao se falar de crianças e adolescentes de 9 a 17 anos, esse índice de acesso à internet exclusivamente pelo celular chega a 95% dos brasileiros nessa faixa etária (CETIC, 2019a).

Fazendo um paralelo histórico dos fatos anteriormente narrados, em uma abordagem sob o prisma econômico, pode-se perceber que a sociedade atual saiu de uma visão na qual a informação era o maior bem que uma organização poderia ter, para um contexto onde a conectividade passa a ter o maior valor. Quanto mais conexões estruturadas uma instituição proporciona, maior será seu poder e riqueza. Nessa conjuntura, surge a já citada internet das coisas (ou do inglês *Internet of Things – IOT*), o que significa que qualquer objeto pode estar conectado, isto é, desde o portão das residências, até uma torradeira podem ser acessados pela internet. Trata-se da possibilidade de casas totalmente conectadas, conceitos que se expandem para as denominadas cidades inteligentes (SCHWAB, 2019). Assim, a atenção que antes era voltada para a grande quantidade de informações disponíveis na internet, agora passou a ser direcionada para o como fazer dessas informações algo que possibilite maior conectividade, inclusive com integração dos dados.

Tal integração de dados não se aplica apenas à preocupação com os computadores pessoais existentes em cada residência, mas seu foco se direciona para o individuo conectado com seu *smarthphone*. Dessa forma, a denominada "sociedade da informação" abre espaço para a "sociedade do conhecimento" (BORGES, 2020). Não basta ter uma grande quantidade de dados, é preciso integrá-los de forma que seja possível um maior conhecimento, sendo que o foco deixa de ser a informação global, e passa para os dados com maior granularidade possível (SCHWAB, 2019). Toda essa gama de informações nos insere numa estrutura social em que as palavras velocidade, mobilidade e acessibilidade são condições *sine qua non* para o sucesso de qualquer organização moderna, sendo tais características automaticamente estendidas a todas as pessoas em seus contextos familiares e de amizade (BOFF; FORTES; FREITAS, 2018).

Temos aqui uma primeira chave de leitura importante na qual as casas que antes possuíam seus computadores pessoais compartilhados entre a família, agora passam a ter cada membro com seu próprio meio de acesso à internet de forma individualizada. Para crianças e adolescentes, tal acesso sem a devida supervisão paterna pode acarretar diversos perigos. Segundo dados da pesquisa TIC Kids On-line Brasil, 22% das crianças e dos adolescentes tiveram acesso a cenas de violência ou com muito sangue; 12% a formas de como se autolesionar; 15% a métodos para cometimento de suicídio; 15% visualizam imagens ou vídeos de conteúdo sexual; 18% receberam mensagens de conteúdo sexual; e 11% receberam solicitação para envio de foto ou vídeo em que aparecessem sem roupas (CETIC, 2019a).

Em outra pesquisa com enfoque domiciliar, ainda segundo a CETIC (2019b), foi apurado que 22% das crianças e adolescentes acessaram a internet sem qualquer segurança, sendo que 39% dos pais e responsáveis que habitam em áreas urbanas e 45% dos que residem em áreas rurais, declararam não ter orientado suas crianças e/ou adolescentes quanto ao uso seguro da internet. Esses dados nos alertam para um importante problema: a importância do acompanhamento parental para proteção das crianças e adolescentes na internet (BRASIL, 2021).

Um outro aspecto de muita relevância relacionado à proteção de crianças na internet, são as relações familiares disfuncionais, que podem significar problemas de condutas na formação dos novos cidadãos digitais, inclusive manifestações de comportamentos de risco. A família exerce um forte impacto no comportamento dos indivíduos, já que transmite crenças e valores, influenciando sua forma de enxergar e construir as relações sociais (DESSEN; POLONIA, 2007).

Denomina-se comportamento de risco aquelas ações ou atividades que, quando praticadas, atentam contra a saúde ou integridade física do indivíduo ou de outros à sua volta. No contexto da internet, tais atitudes podem ser denominadas também como uso imoderado das novas tecnologias. As decisões de um indivíduo ligadas à forma de entender, se posicionar e agir diante da realidade é diretamente influenciada pelo contexto familiar e social, incluindo-se a escola, a comunidade, os amigos e a mídia (FEIJÓ; OLIVEIRA, 2001).

Convém aqui parafrasear um pensamento do filósofo italiano do século XIII, Tomas de Aquino: a educação deve levar em consideração as pessoas virtuosas e as de menos virtudes. Ao primeiro grupo, basta-lhes regatar os ideais de que neles já existam relacionados ao bom convívio humano. Em outras palavras, basta dar-lhes "paternos conselhos", e teremos bons cidadãos no futuro. Para o segundo grupo, são necessárias a linguagem imperativa e punitiva, isto é, o peso das leis (AQUINO, 2002). Em outros termos, a família é o maior local para a produção do capital social humano, ou seja, é a partir da família que as pessoas aprendem valores que irão norteá-las em todas as relações no futuro (DONATI, 2008) e este é um aspecto fundamental e decisivo em um mundo tecnológico.

3. Famílias e as mídias sociais

A experiência vem comprovando que o uso imoderado das novas tecnologias tem contribuído para fragilização dos vínculos familiares. Segundo o sociólogo Baumann (2003), na época em que vivemos (a denominada "era digital"), está cada vez mais presente entre as pessoas um sentimento fragilizado, de laço frouxo, fruto de relacionamento empobrecido e inconstante, que tem ainda se potencializado em sua superficialidade pelas redes sociais da internet e pelos mecanismos instantâneos de comunicação, cuja busca constante ocorre geralmente, para reparar um vácuo existente.

Convém, nesse contexto, relembrar Aristóteles, que afirmava que a natureza tem horror ao vácuo (ARISTOTELES, 1995). Nesse diapasão, pode-se dizer que o vácuo no coração de muitas crianças e adolescentes deixados pelos pais será fatalmente preenchido por algo ou alguém, podendo estes trazerem valores deturpados ou mesmo criminosos. São cada vez mais frequentes os casos em que tal preenchimento ocorre pelas mídias sociais. Como escreve Sherry Turkle: "a tecnologia entra na vida de uma pessoa de uma forma negativa, quando as relações pessoais não ocupam seu devido lugar" (TURKLE, 2017).

As redes sociais fazem parte do cotidiano da maioria das pessoas no mundo. Segundo dados estatísticos, as mídias sociais são utilizadas por 53,6% da população mundial, enquanto no Brasil, esse índice sobe para 70,3% (DATA REPORTAL, 2021). Segundo Kuss e Griffiths (2017), as pessoas têm três principais motivadores para o uso das redes sociais: buscar informações específicas, construir identidade em circunstâncias mais seguras e vivenciar diversão e prazer. Para eles, as redes sociais condizem com específicas necessidades emocionais e humanas relacionadas à segurança, tendo em vista a sensação de privacidade; o senso de pertencimento, cuja realização se busca por meio da possibilidade de seguir e ser seguido por amigos virtuais; à necessidade de autoestima, cujo contentamento é buscado ao comparar-se e receber *likes*, e por fim, a necessidade de autorrealização, cuja satisfação se dá com a oportunidade de apresentar-se como melhor lhe convém (KUSS; GRIFFITHS, 2017).

As redes sociais, segundo Regina Maria Marteleto (2001), representam "um conjunto de participantes autônomos, unindo ideias e recursos em torno de valores e interesses compartilhados". O fato é que, em geral, as pessoas se cercam de outras com os mesmos interesses e opiniões, formando assim as chamadas "bolhas virtuais" (DW, 2018). Tal situação produz um senso de pertencimento e reações cada vez mais enérgicas e intolerantes com opiniões contrárias, devido à tendência em achar que "todos no mundo" pensam de determinada forma e quando surgem pensamentos contrários, há a tendência em achar que este não vive na realidade.

As redes sociais são um fenômeno nunca visto na história das comunicações. A cada minuto, aproximadamente 1,6 milhão de logins são realizados no Facebook, 695 mil novas fotos publicadas no Instagram, 4,7 milhões de vídeos assistidos pelo Youtube, 200 mil tweets publicados no Twitter, 1,5 milhão de *swipes* realizados no Tinder, sem contar as 4,1 milhões de pesquisas realizadas no Google e os US$ 1,1 milhão de dólares em transações de comércio eletrônico, conforme informações do periódico digital português SAPO TEK (2020). Em termos de consumo, especialistas denominam que estamos na época do consumidor 3.0, isto é, compras que em tempos anteriores eram feitas por meio de viagens marítimas, aéreas ou rodoviárias, agora são realizadas pela internet por meio de alguns cliques (ABBATE, 2000).

Diante dessa elevada quantidade de dados, uma questão vem à tona: será que estamos preparados para lidar com isso? Especialistas alertam que nosso cérebro e nossa mente, ao serem exercitados em excesso e sem uma estruturação dessas informações, sofrem um desgaste devido à necessidade, muitas vezes autoimposta, de acompanhar a velocidade desses dados. Esse cenário acarreta profundas alterações em nossas percepções da realidade (ABREU; GÓES; LEMOS, 2020).

Estudos apontam que o uso imoderado das redes sociais apresenta riscos à saúde mental, principalmente de crianças, adolescentes e jovens. Entre tais riscos pode-se citar a obesidade, má qualidade do sono, diminuição do desempenho escolar e laboral, instabilidade de humor e sintomas de desatenção (HOGAN; STRASBURGER, 2018; HUSSAIN; GRIFFITHS, 2018). Há ainda evidências de que esse uso excessivo de redes sociais pode acarretar uma dificuldade para lidar com emoções adversas, o que pode resultar em psicopatologia (KUSS; GRIFFITHS, 2017; HUSSAIN; GRIFFITHS, 2018; HOGAN; STRASBURGER, 2018).

Segundo Gonçalves (2018), o mau uso de tecnologias pode levar a transtornos como: alienação humana, ansiedade, compulsão, depressão, déficit de atenção, demência digital, nomofobia, amnésia digital, visão comprometida, sono sem qualidade, obesidade, entre outros. Há ainda um novo termo que foi cunhado recentemente para definir um comportamento relacionado às mídias sociais: o FOMO. Esse termo, do inglês *fear of missing out,* foi cunhado para descrever o comportamento relacionado ao medo de perder algo, ou seja, a pessoa acometida busca sempre estar conectada para manter-se informada, com alta ansiedade, ativando inseguranças pessoais que podem causar diminuição de humor, de bem-estar e de satisfação com a vida (KUSS; GRIFFITHS, 2017; GÓES, 2020).

Nesse contexto de saúde mental, existem estudos que evidenciam que a saúde familiar reduz a probabilidade de transtornos comportamentais, fator que independe do ambiente cultural em que estejam inseridas. Em outras palavras, se o ambiente familiar permanece integrado e coeso, e, as crianças que o integram se desenvolvem com menores riscos de sofrimento psicológico (MATSUKURA; FERNANDES; CID, 2012). Destaca-se, ainda, que a Sociedade Brasileira de Pediatria informou que a internet vem modificando hábitos de crianças e adolescentes, além de estar relacionada a diversas doenças, destacando pensamentos ou gestos de autoagressão e suicídio (SOCIEDADE BRASILEIRA DE PEDIATRIA, 2019).

É importante entender que essa grande quantidade de informações, acessada de forma rotineira pela maior parte da população e que tem afetado a saúde de muitos, transcorre na camada da internet denominada *surface web,* (superfície da *web*), que se refere à parte acessada pelos navegadores mais populares. Há ainda o que se denomina de *deep web* (internet profunda), parte não indexada da internet, que fortalece a possibilidade de navegação anônima. Há ainda uma terceira classificação denominada *dark web* (internet obscura), que seria a parte da *deep web* conhecida como mercado negro. Especialistas relatam que há maior quantidade de dados na *deep web* em detrimento da *surface web*. Isso faz com que a informação, uma vez publicada na internet, fique sempre na internet, pois se perde o controle do local de circulação deste dado. (BARRETO; SANTOS, 2019).

4. Os crimes cibernéticos e seus impactos na família

Esse ambiente cibernético, propiciador de grande conectividade, avanços nos recursos tecnológicos e ampla possibilidade de anonimato, torna-se um solo fértil para o lado obscuro da internet: o dos crimes cibernéticos. Em termos de conceituação, existe uma classificação dessa espécie de crimes quanto ao bem jurídico atingido e à prescindibilidade ou não do meio eletrônico utilizado, que são a criminalidade informática própria e a imprópria. A criminalidade informática própria é aquela onde o agente se volta à ofensa de bens jurídicos diretamente relacionados à tecnologia de informação e comunicação, enquanto a criminalidade informática imprópria é aquela na qual os recursos de tecnologia da informação e comunicação são utilizados apenas como meio para lesar bem jurídico tradicional e comumente tutelado (BARRETO; KUFA; SILVA, 2020, p. 56).

A título de exemplificação, são condutas relacionadas à criminalidade informática própria o *phishing scam* (busca estimular as vítimas a fornecerem informações pessoais), *pharming* (redirecionamento para sites falsos), *identity theft* (o agente assume uma identidade falsa para obter benefícios próprios), *Distributed Denial of Service* – DDoS (busca a retirada de serviços do ar), *sniffing* (interceptação de tráfego para captura de informações pela rede), *scan* (varredura em redes para identificação de falhas de segurança para futuros ataques), dentre outros. (BARRETO; KUFA; SILVA, 2020).

Quanto às condutas alusivas à criminalidade informática imprópria, são incontáveis os delitos que a compõem. Aqui se aplicariam todas as infrações penais que podem ser realizados por meio do uso de recursos tecnológicos, a exemplo dos crimes contra a honra (calúnia, difamação e injúria), contra a liberdade individual (ameaça, constrangimento ilegal), contra o patrimônio (estelionato, furto), do racismo e outros tantos (BARRETO; KUFA; SILVA, 2020).

Os dados da Central Nacional de Denúncias de Crimes Cibernéticos, mantidos pela ONG Safernet Brasil, revelam que nos últimos 15 anos foram registrados 4.291.500 denunciais anônimas envolvendo 864.401 páginas eletrônicas distintas, em 105 países de 6 continentes. Dentre as denúncias, registram-se condutas relativas a racismo, violência e discriminação contra mulheres, homofobia, tráfico de pessoas, apologia e incitação a crimes contra a vida, pornografia infantil, neonazismo, xenofobia e intolerância religiosa, todas elas tendo brasileiros como vítimas ou agentes (SAFERNET, 2021).

O *Norton Cyber Security Insights Report* apontou que, em 2017, quase 978 milhões de pessoas, no mundo inteiro, foram vítimas da criminalidade informática. Com relação a estatísticas do Brasil, foram registrados 62,2 milhões de vítimas de crimes cibernéticos, sendo que os prejuízos financeiros chegam a cifras na ordem de US$ 22,5 bilhões de dólares (NORTON, 2017). A McAfee também publicou um estudo estimando os impactos econômicos dos crimes cibernéticos no mundo.

Segundo o relatório, as perdas decorrentes do *cibercrime* representaram, em 2018, cerca de 0,59 a 0,80% do PIB mundial, o que significa um valor de US$ 445 a US$ 608 bilhões de dólares anuais de prejuízo (MCAFEE, 2018).

Estudos destacam que os crimes cibernéticos, em geral, apresentam características como transnacionalidade (não possuem fronteiras territoriais, pois podem atingir pessoas em diferentes países); permanência, automatismo e repetição (muitos crimes se valem de um *software* instalado no computador da vítima, que se executa de forma automática em intervalos programados); anonimato ou identidade falsa (os criminosos possuem a sensação de impunidade devido à dificuldade de serem localizados); alta tecnicidade (muitas vezes são utilizados programas desenvolvidos de forma que o rastreamento das operações usadas é dificultado) e a disseminação e potencialização dos danos (o espaço cibernético permite que os crimes digitais alcancem uma grande quantidade de vítimas em um curto espaço de tempo) (BARRETO; KUFA; SILVA, 2020).

A identificação dos criminosos cibernéticos é dificultada pela própria estrutura da internet. Toda informação percorre diversos caminhos antes de chegar ao usuário final. Essas fronteiras muitas vezes estão fora do território nacional, motivo pelo qual são necessárias parcerias com instituições provedoras deste caminho, como os provedores de acesso à internet ou os provedores de telefonia (BARRETO; SANTOS, 2019), além de acordos internacionais, como é o caso da Convenção do Conselho da Europa contra a Criminalidade Cibernética – ou Convenção de Budapeste – do qual o Brasil passou a ser signatário recentemente (BRASIL, 2020). Vale ressaltar que as legislações mundiais não conseguem acompanhar a velocidade dos avanços tecnológicos, sendo que muitos crimes são julgados, aplicando-se dispositivos das legislações penais comuns. No Brasil, esse quadro não é diferente, embora tenhamos a Lei nº 13.718 (criminaliza exposição pornográfica não consentida), a Lei nº 12.965/14 (o Marco Civil da Internet) e a Lei 12.737/2012 ("Lei Carolina Dieckmann"), nossa legislação não está preparada para as peculiaridades dos crimes cometidos por meio da internet (BARRETO; SANTOS, 2019).

Uma pesquisa descreveu o perfil mais comum dos criminosos digitais. Estes normalmente são jovens do sexo masculino, com idade entre 15 e 32 anos, com inteligência acima da média, comportamento aparentemente educado, audacioso e aventureiro, costumando alegar com muita frequência o desconhecimento da ilegalidade cometida, movidos, ainda, pelo anonimato oferecido pela internet (MIRANDA, 2001).

O comportamento parental tem influência direta na conduta dos filhos. Na família, se há permissividade excessiva, falta de relações afetivas funcionais, práticas disciplinares inconsistentes, falta de limites bem definidos, superproteção, autoritarismo, cobranças excessivas e conflitos familiares em excesso, há maior probabilidade de que as crianças e adolescentes apresentem comportamentos de risco, encontrando-se entre eles, a adicção à internet e o envolvimento com práticas criminosas (ALATI et al., 2010). É de grande importância que os pais saibam estabelecer regras claras – que facilitarão a convivência familiar, comunitária e na sociedade, promovendo a responsabilidade, que aumenta o senso de pertencimento, forma a personalidade, fortalece a autoestima, eleva o ambiente de afeto, melhora o desempenho escolar, o engajamento profissional futuro e a capacidade de manter relacionamentos duradouros (MATSUKURA; FERNANDES; CID, 2012).

Por outro lado, em uma análise voltada para as vítimas dos crimes cibernéticos, estudos apontam que essa ausência de vínculo familiar funcional interfere diretamente na identidade pessoal e social, dado que é na família que a segurança, autonomia, autoestima e sentimento de pertencimento são desenvolvidos. Especialistas apontam que o uso abusivo das novas tecnologias está diretamente ligado à baixa funcionalidade familiar, principalmente entre os adolescentes e jovens adultos. Adolescentes que vivem em famílias disfuncionais têm maior chance de se sentirem mais sozinhos, e apresentarem intenso sofrimento psíquico e usam as atividades *on-line* como uma forma de enfrentamento (SCHNEIDER; KING; DELFABBRO, 2017; COYNE et al., 2017).

Segundo Silva (2017), "estilos parentais negligentes, autoritários e permissivos podem favorecer a ocorrência da gravidez na adolescência ao promoverem ambientes coercitivos ou falta de limites, ou, ainda, dificuldades de autocontrole e baixa autoestima". Esse contexto de lacunas afetivas ou disciplinares faz dessas pessoas potenciais vítimas de crimes de ordem sexual na internet. Dentre tais crimes, pode-se citar o *sexting*, que consiste no uso de redes sociais, aplicativos e dispositivos móveis para produzir e compartilhar imagens de nudez e sexo, o *cyberbullying*, que é o *bullying* potencializado pela internet, e o *grooming*, que consiste em chantagens e assédios sexuais por meio da internet. (MIRANDA, 2001).

Um dado interessante é que estudos evidenciam uma correlação entre o consumo de pornografia e a prática de crimes violentos. Uma análise de 1995 de 33 diferentes pesquisas demonstrou que recorrer à pornografia faz aumentar comportamentos agressivos, desde fantasias violentas até o efetivo cometimento de ataques do gênero. O estudo deixa claro que a análise não busca provar que todos os que consomem esse tipo de conteúdo caminharão para prática de delitos, mas sim, mostrar que grande parcela dos criminosos tem seu comportamento intensificado devido ao consumo destes conteúdos (FIGHT THE NEW DRUG, 2019).

A prevenção eficaz a tais comportamentos pode estar na família. Para Sinay (2012), ser pai e mãe é um trabalho que não pode ser delegado às novas tecnologias, tendo em vista que embora possibilitem conexões, tais recursos tornam, frequentemente, as pessoas incomunicáveis. Adolescentes que crescem em instituições ou são negligenciados pelos próprios pais, podem muitas vezes, estarem expostos a situações que favorecem comportamentos antissociais, incluindo o envolvimento com drogas (BAUS; KUPEK; PIRES, 2002).

John Bowlby, psicólogo inglês da década de 1940, desenvolveu a teoria de que o essencial à saúde mental das pessoas é que, enquanto bebê ou criança pequena, possam gozar de uma vivência calorosa, íntima e contínua com a mãe e pai, ou pessoa substituta permanente que desempenhe, regular e constantemente, o papel de cuidadora, na qual ambos possam encontrar satisfação e prazer. Segundo ele, tal relação está na base do desenvolvimento da personalidade e da saúde mental. (BOWLBY, 2020).

O fato é que as vítimas de crimes cibernéticos, especialmente os ligados à violação de privacidade, podem apresentar sérias consequências à sua saúde mental, tendo em conta a grande propagação e perenidade do conteúdo que a internet possibilita. A humilhação gerada no ambiente virtual pode deixar marcas superficiais ou profundas na vítima, acarretando, em geral, depressão, isolamento social e em casos mais graves, até mesmo o suicídio. (BREITENBACH; DABULL, 2018). Vale ressaltar que segundo BOTEGA (2015), casos de suicídio na família são fatores de riscos para possíveis novas vítimas.

Os crimes cibernéticos têm evoluído a passos largos, assim como o avanço das novas tecnologias. As famílias têm um papel fundamental na proteção de seus membros em todos os aspectos, o que inclui também o uso das novas tecnologias. Dessa forma, dada a dificuldade de muitas famílias com tais temas, cabe aos gestores públicos a tarefa de auxiliá-las, de forma subsidiária, nessa tarefa de orientação e proteção (BRASIL, 2021).

5. Políticas públicas familiares como prevenção de crimes cibernéticos

Tendo em vista todo o cenário relacionado ao fortalecimento de vínculos familiares e o uso adequado das novas tecnologias, torna-se premente uma atenção ao tema por parte dos órgãos governamentais. Como dispõe a Declaração Universal dos Direitos Humanos, “a família é o elemento natural e fundamental da sociedade e tem direito à proteção desta e do Estado" (art. 16, 3). Nesse mesmo sentido, a Constituição Federal Brasileira afirma que "a família, base da sociedade, tem especial proteção do Estado" (art. 226).

No que concerne à segurança digital, além das legislações já citadas quanto a crimes cibernéticos, é importante mencionar o Decreto 10.222. de 05 de fevereiro de 2020, que institui a Estratégia Nacional de Segurança Cibernética, mostrando a preocupação com o tema por parte do poder público federal.

Os governos naturalmente voltarão sua atenção para os avanços tecnológicos, buscando cada vem mais a digitalização dos seus serviços de forma gradativa e segura. Ter a maioria dos serviços digitalizados e acessíveis à população, seguindo o exemplo da Estônia, é o alvo de grande parte dos gestores governamentais (BIGARELLI, 2018). No entanto, é preciso ter equilíbrio quanto à promoção do bom uso desses recursos tecnológicos, com o fim de manter a saúde da população, buscando-se evitar fenômenos como os ocorridos na China, que possui mais 250 clínicas voltadas para dependência de internet (CAPUTO, 2016).

Nesse contexto, buscando-se a formulação de ações efetivas para prevenir os problemas citados, há pesquisas apontando que intervenções para prevenir comportamentos de risco envolvendo pais e/ou outros membros da família, chegam a apresentar impactos nove vezes maiores em comparação com as direcionadas apenas a crianças e adolescentes (SANCHEZ et al., 2018). Outro estudo apontou que intervenções voltadas à prevenção e promoção da saúde, quando utiliza uma metodologia que envolva a família, tem mais que o dobro de impacto comparada àquelas exclusivas para crianças e/ou adolescentes (FOXCROFT et al., 2004).

Dessa forma, no que tange à temática desse artigo em termos de ações dos poderes públicos, dois campos de atuações interligados podem ser mencionados, a saber: o fortalecimento dos vínculos familiares e o uso adequado das novas tecnologias.

Quanto ao aspecto do vínculo familiar, tal atuação poderia dividir-se em três aspectos: implementação de ações de fortalecimento de vínculos familiares visando à articulação com outros órgãos e unidades da federação; produzir e disseminar estudos sobre o valor da família para o desenvolvimento da sociedade; e por fim, promover e avaliar a perspectiva da família nas políticas públicas tradicionais. Nesse sentido, por meio da Lei 13.844, de 18 de junho de 2019, o Governo Federal instituiu a Secretaria Nacional da Família, vinculada ao Ministério da Mulher, da Família e dos Direitos Humanos, justamente com o papel de trazer o tema da família para as discussões de políticas públicas.

Quanto ao aspecto tecnológico, a Declaração de Princípios do Uso Inteligente de Tecnologia (2019), documento que reuniu opiniões de especialistas brasileiros de diversos seguimentos, para discutir políticas públicas voltadas para o uso adequado das novas tecnologias, exarou as seguintes recomendações: atualizar a classificação indicativa de jogos e filmes; realizar pesquisas científicas relativas aos impactos do uso de dispositivos eletrônicos na educação básica; rever o programa nacional de inclusão digital nas escolas; incluir, na grade curricular escolar ou nos temas transversais, o conteúdo "cidadania digital"; implementar ações de consciência; redigir uma cartilha digital nacional com conteúdo relativos à educação digital, ergonomia digital, orientação para os pais, responsáveis e professores; exigir que as empresas promotoras de grandes eventos de jogos eletrônicos tenham espaços informativos sobre vícios em tecnologia; criar políticas de compensação às empresas poluidoras ou geradoras de mecanismos de adicção tecnológica; incluir metas e indicadores relativos à questão nos respectivos planos decenais dos direitos da criança e do adolescente; realizar debate e diálogo com conselhos dos direitos e conselhos setoriais sobre o tema; prever a destinação de recursos orçamentários – PPA,

LDO, LOA para ações alusivas às temáticas citadas neste documento; estimular a participação de crianças no processo de identificação, debate e práticas de protagonismo; propiciar o fortalecimento da rede de proteção e o diálogo e estabelecer estratégias de regulação e cuidado (BRASIL, 2019a).

Finalizando essa reflexão, tem-se que uma grande premissa norteadora das políticas públicas voltadas para família, está na teoria de que os acontecimentos e as experiências familiares podem propiciar a formação de repertórios comportamentais, de ações e de resoluções de problemas para seus membros, especialmente na primeira infância (DESSEN & POLONIA, 2007). Nesse contexto, cabe aqui destacar a frase do escritor francês George Bernanos (2018), "o perigo não está na multiplicação das máquinas, mas no número crescente de homens habituados desde a infância a desejar apenas o que as máquinas podem dar". A tecnologia é um fator neutro, e se bem usada pode proporcionar grandes benesses para toda sociedade. O fato é que a família deve saber orientar-se a equilibrar o mundo real e o virtual, e nesse sentido devem ser formuladas as políticas públicas em questão, servindo de suporte e proteção para as famílias e comunidades.

6. Conclusão

Este breve ensaio, que se apresenta praticamente como uma apreciação mais técnica do que jurídica, encerra o desejo de despertar uma atitude comprometida para combater uma prática cibernética delituosa, mas, talvez ainda não conhecida e divulgada em toda sua extensão e consequências, que provavelmente são ainda maiores do que podemos constatar.

Por outro lado, como também o combate começa sempre através do pequeno, propomos envolver as famílias nessa conscientização, o que denominamos a prevenção da prevenção.

Nesse sentido, a Secretária Nacional da Família do Ministério da Mulher, da Família e dos Direitos Humanos criou um Programa denominado *Reconecte,* para promover o uso inteligente das tecnologias e fomentar o diálogo real nas famílias, o qual foi profundamente fragmentado pela vida virtual, lançando, paralelamente, uma campanha, cujo o nome é "Navegar numa boa", para auxiliar os pais a acompanhar o conteúdo cibernético acessado pelos filhos, pois ocorre muitas vezes, tanto omissão quanto alienação.

Por fim, o Ministério oferece ainda um canal de denúncia através da Ouvidoria Nacional de Direitos Humanos, o Disque 100, que pode servir como primeiro passo no combate às violações cometidas através da tecnologia.

O mundo cibernético é uma riqueza e visamos a potencializá-lo como instrumento de real desenvolvimento econômico, social e relacional. Nesse sentido, as políticas públicas familiares, sempre de cunho positivo, podem ser um atalho para afogar o mal em abundância de bem, direcionando sua utilização para o fortalecimento de vínculos, para a solidariedade intergeracional, para a educação, cultura, para unir o mundo, enfim.

E a partir de cada família melhor informada, teremos um potencial ou real criminoso cibernético reintegrado na rede do bem.

Referências

ABBATE, Janet, *Inventing the Internet*. Cambridge, MA, MIT Press, 2000.

ABREU, Cristiano Nabuco. *Psicologia do cotidiano* 2: Como Vivemos, Pensamos e nos Relacionamos Hoje. Porto Alegre: Editora Artmed, 2020.

ABREU, CN, GÓES, DS, LEMOS, IL. *Como lidar com a dependência tecnológica*: Guia prático para pacientes, familiares e educadores. São Paulo: Hogrefe, 2020.

ALATI, R., MALONEY, E., HUTCHINSON, D.M., NAJMAN, J.M., MATTICK, R.P., BOR, W. & WILLIAMS, G.M. *Do maternal parenting practices predict problematic patterns of adolescent alcohol consumption?*. Pubmed: 2010. Disponível em: https://bit.ly/3uresXk Acesso em: 04 abr. 2021.

AQUINO, Tomas de Santo. *Suma Teológica* Vol. 2. 2. ed, São Paulo: Loyola, 2002.

ARISTÓTELES. *A Política*. São Paulo: Martin Claret, 2009, p. 21 et seq.

ARISTÓTELES. *Física*. Trad. Guillermo R. de Echandía. Madrid: Gredos, 1995.

BAUMANN, Z. *Amor líquido*: Sobre a fragilidade dos laços humanos. Zahar: Rio de Janeiro, 2003.

BARRETO, Alesandro Gonçalves; SANTOS, Hericson. Deep Web: *Investigação no submundo da internet*. Rio de Janeiro: Brasport. 2019.

BARRETO, Alesandro Gonçalves; KUFA, Karina; SILVA, Marcelo Mesquita. *Cibercrimes e seus reflexos no direito brasileiro*. Salvador: Editora JusPodivm, 2020.

BAUS, J.; KUPEK, E.; PIRES, M. Prevalência e fatores de risco relacionados ao uso de drogas entre escolares. *Rev. Saúde Pública,* São Paulo, v. 36, n. 1, p. 40-46, fev. 2002 . Disponível em: https://bit.ly/3juiXKi Acesso em: 02 abr. 2021.

BERNANOS, Georges. *A França contra os robôs*. São Paulo: É Realizações Editora, 2018.

BORGES, Maria Alice Guimarães. A compreensão da sociedade da informação. Ciência da Informação, Brasília. 2020. Disponível em: https://bit.ly/3KvaOkB Acesso em: 02 abr. 2021.

BOFF, Salete Oro; FORTES, Vinícius Borges; FREITAS, Cinthia Obladen de Almendra. *Proteção de dados e privacidade*: do direito às novas tecnologias na sociedade da informação. Rio de Janeiro: Lumen Juris, 2018.

BIGARELLI, Barbara. Como a Estônia construiu uma sociedade digital. 2018. Disponível em: http://glo.bo/3LV5Air Acesso em: 02 abr. 2021.

BOTEGA, José Botega. *Crise suicida*. Avaliação e Manejo. Porto Alegre: Artmed; 2015.

BOWLBY, John. *Cuidados maternos e saúde mental*. São Paulo: WMF Martins Fontes. 2020.

BRASIL. Ministério da Mulher, da Família e dos Direitos Humanos. Declaração de Princípios do Uso Inteligente das Novas Tecnologias. Maio, 2019a. Disponível em: https://bit.ly/37GrR4Z Acesso em: 03 abr. 2021.

BRASIL. Ministério da Mulher, da Família e dos Direitos Humanos. Caderno ONF: Família & tecnologia. Fevereiro, 2021. Disponível em: https://bit.ly/3utQ4Ek Acesso em: 03 abr. 2021.

BRASIL. Ministério Da Mulher, da Família, da Mulher e dos Direitos Humanos. Ouvidoria Nacional, 2019b. Disponível em: https://bit.ly/3DYX6UV Acesso em: 03 abr. 2021.

BRASIL, Presidência da República. Brasil é convidado a aderir à Convenção do Conselho da Europa contra a Criminalidade Cibernética. 2020. Disponível em: https://bit.ly/3xl2hNK Acesso em: 03 abr. 2021.

BREITENBACH, Leticia Radiske, DABULL, Matheus Silva. Cyberbullying: uma agressão que vai além do mundo virtual. 2018. Disponível em: https://bit.ly/3LTxtYi Acesso em: 04 abr. 2021.

CAPUTO, Victor. Conheça a clínica para jovens chineses viciados em internet 2016. Disponível em: https://bit.ly/3LVKdO9 Acesso em: 04 abr. 2021.

CETIC - Comitê Gestor de Internet no Brasil. Pesquisa sobre o uso da Internet por crianças e adolescentes no Brasil - TIC Kids Online Brasil. São Paulo. 2019a. Disponível em: https://bit.ly/3Juyzbp Acesso em: 03 abr. 2021.

CETIC - Comitê Gestor de Internet no Brasil. Pesquisa Sobre o Uso das Tecnologias de Informação e Comunicação nos Domicílios Brasileiros: TIC Domicílios. São Paulo. 2019b. Disponível em: https://bit.ly/3JtlXBh Acesso em: 03 abr. 2021.

COYNE, SM; RADESKY, J.; COLLIER, KM et al. *Parenting and digital media. Pediatrics*, v. 140, 2017.

DATA REPORTAL. Digital 2021: Brazil. Singapura. 2021. Disponível em: https://bit.ly/360D3bZ Acesso em: 03 abr. 2021.

DESSEN, M. A.; POLONIA, A. da C. A família e a escola como contextos de desenvolvimento humano. Paidéia (Ribeirão Preto), Ribeirão Preto, v. 17, n. 36, p. 21-32, abr. 2007. Disponível em: https://bit.ly/3E3BcQn Acesso em: 27 jan. 2021.

DW. Bolha virtual: Como as redes sociais nos influenciam? 2018. Disponível em: https://bit.ly/3utXYO0 Acesso em: 03 abr. 2021.

DONATI, Pierpaolo. Família no Século XXI. São Paulo: Paulinas. 2008.

FEIJÓ, R. B.; OLIVEIRA, É. A. de. Comportamento de risco na adolescência. Jornal de Pediatria (Rio J), Rio de Janeiro, v. 77, p. 125-134, 2001. Supl. 2. Disponível em: http://www.lume.ufrgs.br/bitstream/handle/10183/54698/000386001.pdf. Acesso em: 25 jan. 2021.

FIGHT THE NEW DRUG. *Is There A Connection Between Violent Crime And Watching Porn?* 2019. Disponível em: https://bit.ly/3v7LTxa Acessado em: 03 abr. 2021.

GÓES, DS. Dependência de Celular. In: Abreu, CN; Góes, DS ; Lemos, IL (Orgs.). O que é dependência de internet? Como lidar com a dependência tecnológica: guia prático para pacientes, familiares e educadores. SP: Hogrefe, 2020.

GONÇALVES, Lúcio Lage. Dependência Digital – Tecnologias transformando pessoas, relacionamentos e organizações. Rio de Janeiro: Barra Livros, 2018.

HOGAN, M; STRASBURGER, VC. *Social media and new technology: a primer*. Clin Pediatr (Phila), v. 57, 2018.

HONNETH, Axel. *Reification: A new Look to an Idea. The Berkeley Tanner Lectures*. Oxford: Oxford University Press, 2007.

HUSSAIN, Z.; GRIFFITHS, M.D. *Problematic Social Networking Site Use and Comorbid Psychiatric Disorders: A Systematic Review of Recent Large-Scale Studies.* Front. Psychiatry, v. 9, 2018.

KUSS, D. J.; GRIFFITHS, M. D. *Social networking sites and addiction: Ten lessons learned. International Journal of Environmental Research and Public Health*, v. 14, 2017.

MARTELETO, Regina Maria. Análise de redes sociais: aplicação nos estudos de transferência da informação. Ciência da Informação, Brasília, v. 30, n. 1, p. 71-81, jan./abr. 2001.

MATSUKURA, T. S.; FERNANDES, A. D. S. A.; CID, M. F. B. Fatores de risco e proteção à saúde mental infantil: o contexto familiar. *Revista de Terapia Ocupacional da Universidade de São Paulo*, v. 23, n. 2, p. 122-129, maio/ago. 2012. Disponível em: https://bit.ly/3DZHQak Acesso em: 25 jan. 2021.

MCAFEE. The Economic Impact of Cybercrime— No Slowing Down, 2018. Disponível em: https://bit.ly/3O0Avf7 Acesso em: 03 abr. 2021.

MCLUHAN, Marshall. *Understanding Media: The Extensions of Man.* California: Gingko Press, 2013.

MIRANDA, Marcelo Baeta Neves. Abordagem dinâmica aos crimes via internet. 2001. Disponível em: https://bit.ly/3JqadiR Acesso em: 03 abr. 2021.

NCMEC – Nacional Center for Missing & Exploited Childreen. 2021 Disponível em: https://bit.ly/3vbsWd6 Acesso em: 03 abr. 2021.

NORTON. Norton Cyber Security Insights Report 2017 Global Results. 2017. Disponível em: https://bit.ly/3O2Ns8f Acesso em: 03 abr. 2021.

SAFERNET. Indicadores da Central Nacional de Denúncias de Crimes Cibernéticos. 2021. Disponível em: https://bit.ly/3xfSBE4 Acesso em: 04 abr. 2021.

SANCHEZ, Z.; SCHNEIDER, D.; TURCI, R. (Orgs.). Prevenção ao Uso de Drogas: Implantação e Avaliação de Programas no Brasil. Brasília: Ministério da Saúde, 2018. Disponível em: https://bit.ly/3xgVd4D Acesso em: 04 abr. 2021.

SAPO TEK. O que acontece num minuto na Internet em 2020? 694.000 scrolls no Instagram (e muita mais). Disponível em: https://bit.ly/3urpvQi Acesso em: 03 abr. 2021.

SCHNEIDER, LA; KING, DL; DELFABBRO, PH. *Family factors in adolescent problematic Internet gaming: A systematic review*. J Behav. Addict, 2017.

SCHWAB, Klaus. A Quarta Revolução Industrial. São Paulo: Edipro, 2019.

SILVA, Maria Estela Martins. Estilo parental e variáveis psicossociais como fatores de risco ou proteção para a gravidez na adolescência. 2017. Disponível em: https://bit.ly/3uuHTaT Acesso em: 04 abr. 2021.

SINAY, Sérgio. A sociedade dos filhos órfãos. Rio de Janeiro: Best Seller. 2012.

SOCIEDADE BRASILEIRA DE PEDIATRIA. #MENOS TELAS #MAIS SAÚDE. Rio de Janeiro, 2019. Disponível em: https://bit.ly/3LVKEYN Acesso em: 03 abr. 2021.

TURING, Dermot. A história da Computação – do Ábaco à Inteligência Artificial. São Paulo: M. Books do Brasil, 2019.

TURKLE, Sherry. *Alone Together: Why We Expect More from Technology and Less from Each Other (English Edition).* New York: Basic Books, 2017.

GUARDA COMPARTILHADA: OS OBSTÁCULOS E O ESTADO DA ARTE NA JURISPRUDÊNCIA DO SUPERIOR TRIBUNAL DE JUSTIÇA

Fátima Nancy Andrighi[1]

1. Ministra do Superior Tribunal de Justiça (1999). Doutoranda em Direito Civil pela Universidade de Buenos Aires. Mestre em Mediação (Master Latinoamericano Europeo em Mediación) pelo Instituto Universitaire Kurt Bosch (Suíça - 2008), com tese defendida. Pós-graduada em Direito Civil pela Universidade Católica do Distrito Federal (1999). Pós-graduada pela Universidade de Ensino Unificado de Brasília (1996). Pós-graduada pela Universidade Vale dos Sinos – Unisinos (1976). Corregedora do Conselho Nacional de Justiça (2014/2016). Coordenadora Nacional Honorária do Fórum Nacional dos Juizados Cíveis e Criminais – FONAJE. Coordenadora dos Trabalhos de Reforma do Código de Processo Civil e do Sistema Judicial de Moçambique, África (1997). Relatora do capítulo da Mulher no Judiciário para a Conferência de Beijing +5, indicada pelo STF (2000). Membro fundador da Escola de Direito Comunitário do Mercosul. Membro do Instituto de Direito Processual Ibero-Americano com sede em Montevidéu – Uruguai. Fundadora da Revista da Escola da Magistratura do Distrito Federal (1995). Membro do Conselho Editorial da Revista "Arquivos do Ministério da Justiça do Brasil". Professora universitária e das Escolas de Magistratura e Advocacia do Distrito Federal. Livros: "Pessoa, Direitos e Direito: a pessoa, os seus direitos e a sua criação do direito" (2020), em coautoria com Diogo Leite de Campos; "O juiz na audiência" (2020), 2. ed., em coautoria com Sidnei Beneti; "Corregedoria Nacional de Justiça – Organização e Procedimentos", coordenadora da obra, Forense, 2016. "Responsabilidade civil e inadimplemento no Direito Brasileiro: Aspectos polêmicos", coordenadora da obra e coautora no capítulo "A responsabilidade civil das redes sociais virtuais pelo conteúdo das informações veiculadas", Atlas, 2014. "Comentários à Lei de Falências – arts. 75 a 80", em coautoria com diversos autores, sob a coordenação do Professor Doutor Osmar Brina Corrêa Lima, Editora Forense. Comentários ao Novo Código Civil, Editora Forense (2007), obra compartilhada; Juizados Especiais Cíveis e Criminais

Área do Direito: Direito Civil, Direito de Família, Guarda Compartilhada.

Sumário: 1. Introdução – 2. Guarda Compartilhada: conceito e natureza jurídica – 3. Evolução histórico-legislativa – 4. Obrigatoriedade da fixação da guarda compartilhada. 5. Desnecessidade de relação harmônica entre os genitores – 6. Guarda compartilhada em favor de genitores domiciliados em cidades distintas – 7. Conclusão – Referências.

1. Introdução

Enuncia um velho provérbio chinês "Oxalá te toque uma época interessante para viver!". O adágio não poderia ser mais verdadeiro. Próximo aos meus quarenta e cinco anos dedicados à magistratura, não hesito em reconhecer, com grande satisfação, que se está a viver a época mais interessante e profícua no âmbito do Direito de Família.

João de Matos Antunes Varela, ilustre Catedrático da Universidade de Coimbra, inicia seu curso de Direito de Família ressaltando que as relações jurídicas[2] que compõe essa

– Guia Prático (1997); Os Juizados Especiais Cíveis e Criminais, obra em coautoria. E-mail: gab.nancy.andrighi@stj.jus.br.

2. Ao procurar descrever o que se deve entender por Direito de Família, deve-se ressaltar o relevante e apropriado destaque dado pelo autor à noção da relação jurídica. Com efeito, trata-se, nas palavras de Pontes de Miranda, de uma das noções fundamentais do direito, categoria eficacial indispensável para a compreensão do sistema jurídico, sobretudo o civilista (Cf. PONTES DE MIRANDA, Francisco Cavalcanti. Tratado de Direito Privado: pessoas físicas e jurídicas. Atual. por Judith Martins-Costa, Gustavo Haical e Jorge Cesar Ferreira da Silva. São Paulo: Ed. RT, 2012. t. 1. p. 19). Deve-se à Imannuel Kant, na seara da filosofia, e à Friedrich Carl Freiherr von Savigny, no campo jurídico, o estudo do direito sob a perspectiva da relação jurídica, erigindo a figura a conceito chave de todo o sistema jurídico (Cf. KANT, Immanuel. Introdução ao estudo do direito: doutrina do direito. Tradução Edson Bini. São Paulo: EDIPRO, 2007, p. 56; SAVIGNY, Friedrich Carl von. Sistema del Diritto Romano Attuale. Tradução V. Scialoja. Torino, 1893, v. 1. p. 336-337). Na doutrina portuguesa, mais do que na maior parte da doutrina brasileira, a noção de relação jurídica recebe a devida importância e atenção dos juristas. Cita-se, exemplificativamente: ANDRADE, Manuel A. Domingues de. Teoria geral da relação jurídica. v. 1. Coimbra: Almedina, 1983; FERNANDES, Luís A. Carvalho. Teoria geral do direito civil. 2. ed. Lisboa: LEX, 1995. v. 1. p. 96-97; MOTA PINTO. Carlos Alberto da. Teoria geral do direito civil. 3. ed. atual. Coimbra: Coimbra, 1996, p. 21; VASCONCELOS, Pedro Pais de. Teoria geral do direito civil. 3. ed. Coimbra: Almedina, 2005, p. 632; MONCADA, Luís S. Cabral de. A relação jurídica administrativa: para

seara do Direito Civil caracterizam-se por duas notas fundamentais: "primeiro, por todas elas se integrarem no grupo social que é a família; segundo, pela natureza intrínseca especial que todas elas revestem".[3]

De fato, o estudo do Direito de Família reveste-se de inúmeras peculiaridades e complexidades, notadamente por envolver esse grupo social fundante e peculiar que é a família.

O intérprete, desse modo, não raras vezes, ao examinar as relações jurídicas de direito de família, depara-se com temas candentes que tangenciam as próprias paixões humanas, de modo que é seguro afirmar que é o Direito de Família o campo do Direito que se apresenta o mais rente possível ao mundo dos fatos.

Entre todas as relações jurídicas que compõe esse específico ramo do Direito Civil, o presente artigo tem por escopo examinar aquela estabelecida pela guarda compartilhada, examinando as alterações legislativas promovidas no Brasil acerca da matéria, as supostas dificuldades apontadas para sua implementação prática e a jurisprudência do Superior Tribunal de Justiça, que se esmera – fazendo jus à sua condição de Tribunal da Cidadania – na criação de condições para a fixação dessa modalidade de guarda, que se revela, em regra, aquela que melhor atende aos superiores interesses das crianças e dos adolescentes.

2. Guarda Compartilhada: conceito e natureza jurídica

A guarda[4] representa o exercício do poder familiar e da responsabilidade. É, nas palavras de Pontes de Miranda,

---

um novo paradigma de compreensão da atividade, da organização e do contencioso administrativos. Coimbra: Coimbra Ed., 2009.

3. VARELA, João de Matos Antunes. Direito de Família: direito matrimonial. Lisboa: Livraria Petrony, 1982, p. 13.

4. No que diz respeito ao titular da guarda, a jurisprudência do Superior Tribunal de Justiça fixou-se no sentido de que "o microssistema legal que disciplina a guarda

"acolher em casa, sob vigilância e amparo".[5] Consiste "na atribuição a um dos pais separados ou a ambos dos encargos de cuidado, proteção, zelo e custódia do filho".[6]

Quanto à natureza jurídica, há aqueles, com fundamento nos arts. 1.566, IV e 1.634, II, ambos do Código Civil brasileiro e no art. 22 do Estatuto da Criança e do Adolescente, que vislumbram na guarda um *dever* que integra o conteúdo do poder familiar.[7] A guarda, nesse sentido, seria um dever imposto ao guardião.

Essa perspectiva pressupõe a compreensão do poder familiar como posição jurídica complexa integrada por diversas posições jurídicas elementares ou simples.[8]

---

de menores prevê que, em regra, a guarda será confiada aos pais, seja de modo unilateral ou compartilhado, e somente em caráter excepcional poderá ser concedida a terceiros, preferencialmente aqueles pertencentes à família estendida com quem o menor possua relação de afeto e afinidade, apenas quando se verificar que o filho não deverá permanecer sob a guarda dos genitores" (REsp 1711037/MS, Rel. Ministra NANCY ANDRIGHI, TERCEIRA TURMA, julgado em 11/02/2020, DJe 13/02/2020). De fato, "a ordem hierárquica de presunção de maior bem-estar para a criança e o adolescente, em relação ao ambiente em que deve conviver, é dada pela sequência: família natural, família natural estendida e família substituta", motivo pelo qual "a excepcional alteração dessa ordem exige a comprovação categórica de elementos desabonadores da conduta do genitor preterido, do abandono da prole ou do desinteresse dos integrantes da família natural". (REsp 1523283/RS, TERCEIRA TURMA, julgado em 16/06/2015, DJe 25/06/2015). Em recente precedente, a Terceira Turma do Superior Tribunal de Justiça decidiu manter a guarda de menor com os tios maternos em atenção aos princípios da proteção integral e do melhor interesse da criança e do adolescente (Cf. STJ. REsp 1859228/SP, Rel. Ministra NANCY ANDRIGHI, TERCEIRA TURMA, julgado em 27/04/2021, DJe 04/05/2021).

5. PONTES DE MIRANDA, Francisco Cavalcanti. Tratado de direito privado: dissolução da sociedade conjugal. Casamento. Atual. por Rosa Maria de Andrade Nery. São Paulo: Ed. RT, 2012. t. 8. p. 180.

6. LÔBO, Paulo. Direito civil: famílias. 4. ed. São Paulo: Saraiva, 2011. p. 190.

7. Cita-se, exemplificativamente: LÔBO, Paulo. Direito civil: famílias. 4. ed. São Paulo: Saraiva, 2011. p. 190; PEREIRA JÚNIOR, Antonio Jorge. Fundamentos de fiscalização e orientação do poder familiar. Revista da Faculdade de Direito da Universidade de São Paulo, São Paulo, v. 97, 2002. p. 157; RODRIGUES, Silvio. Direito civil: direito de família. 28. ed. rev. e atual. São Paulo: Saraiva, 2004. p. 361; ELIAS, Roberto João. Pátrio poder: guarda dos filhos e direito de visita. São Paulo: Saraiva, 1999. p. 62.

8. Nesse passo, o poder familiar é tomado como verdadeiro *poder funcional* (*potestà*), isto é, como é posição jurídica subjetiva ativa complexa formada pela conjugação de

Por outro lado, há aqueles que atribuem à guarda a natureza jurídica de verdadeiro *poder funcional*, categoria que corresponde ao que usualmente se denomina "poder-dever" ou "direito-dever".

Atualmente, são raros no Brasil os autores que compreendem e examinam a referida categoria eficacial.[9] Em Portugal, por outro lado, há ainda um número considerável de doutrinadores que vão aos pontos centrais da figura, procurando demonstrar a exata dimensão dos poderes funcionais.[10]

Trata-se, a rigor, de posição jurídica subjetiva ativa complexa que deve – não há aqui mera faculdade – ser exercida não em benefício de seu titular, mas sim para a satisfação de interesses de terceiros, na hipótese da guarda exercida pelos pais, os dos filhos,[11]

---

poderes formativos (=direitos potestativos) e deveres comportamentais. Nesse sentido: CICU, Antonio. *La Filiazione*. 3. ristampa riv. e aggiornata Della 2. ed. Torino: Unione Tipografico Editrice Torinese, 1969, p. 351; CARNELUTTI, Francesco. *Teoria geral do direito*. Rio de Janeiro: Âmbito Cultural, 2006. p. 259; LUMIA, Giuseppe. *Lineamenti di teoria e ideologia del diritto*. 3. ed. Milano: Giuffrè, 1981. p. 102-123. Trad. port. com adaptações e modificações, TOMASETTI JÚNIOR, Alcides. Teoria da relação jurídica. 1999. mimeo, p. 17; MOTA PINTO, Carlos Alberto da. *Teoria geral do direito civil*. 3. ed. atual. Coimbra: Almedina, 1986. p. 179.

9. Na doutrina brasileira: TOMASETTI JÚNIOR, Alcides. Comentários aos arts. 1º a 13 da Lei nº 8.245, de 18 de outubro de 1991. In: OLIVEIRA, Juarez de (coord). *Comentários à lei de locações de imóveis urbanos*. São Paulo: Saraiva, 1992. p. 2-172. p. 27 e 161; SIMÕES, Marcel Edvar. O poder familiar na teoria geral do direito privado. Investigações de direito brasileiro e português. *Revista de Direito de Família e das Sucessões*, v. 1, ano 1, jul.-set. 2014, p. 135-136; PEREIRA JÚNIOR, Antonio Jorge. Fundamentos de fiscalização e orientação do poder familiar. *Revista da Faculdade de Direito da Universidade de São Paulo*, São Paulo, v. 97, 2002.

10. Na doutrina portuguesa: MOTA PINTO. Carlos Alberto da. *Teoria geral do direito civil*. 3. ed. atual. Coimbra: Almedina, 1986, p. 179; ANDRADE, Manuel A. Domingues de. *Teoria geral da relação jurídica*. Coimbra: Almedina, 1983. v. 1. p. 2; MENEZES CORDEIRO. *Tratado de direito civil português*. Parte geral. Introdução, doutrina geral e negócio jurídico. 2. ed. Coimbra: Almedina, 2000. t. I. p. 181-182; VARELA, João de matos Antunes. *Direito de família*: direito matrimonial. Lisboa: Livraria Petrony, 1982, p. 13.

11. Adotam o referido entendimento, ainda que com outra terminologia: MONTEIRO, Washington de Barros; TAVARES DA SILVA, Regina Beatriz. *Curso de direito civil*: direito de família. 42. ed. São Paulo: Saraiva, 2012. p. 387; e PEREIRA, Caio Mario da Silva. *Instituições de direito civil*: direito de família. 24. ed. rev., atual. e

a quem é imposto o correspectivo dever de obediência ou dever de respeito.[12]

De fato, conforme ressalta o mestre italiano Giuseppe Lumia, nos poderes funcionais (*potestà*), "determinadas posições jurídicas são atribuídas a um sujeito para a satisfação de interesses que não são estritamente seus.[13]

Nesse diapasão, seja como dever, seja como poder funcional, o que importa observar é que a função desempenhada pela guarda decorre diretamente de sua natureza jurídica: o seu exercício não representa mera faculdade dos pais ou guardiões, mas sim verdadeiro imperativo no interesse dos menores, garantindo-lhes cuidado e proteção.

Daí porque a interpretação das normas jurídicas atinentes à guarda demanda perquirição que não olvide os princípios da proteção integral e do melhor interesse da criança e do adolescente, ambos informadores do denominado Direito da Infância e da Juventude.

De acordo com o princípio da proteção integral, "além de todos os direitos assegurados aos adultos, afora todas as garantias colocadas à disposição dos maiores de 18 anos, as crianças e os adolescentes disporão de um *plus*, simbolizado pela completa e indisponível tutela estatal para lhes afirmar a vida digna e próspera, ao menos durante a fase de seu amadurecimento".[14]

Por outro lado, o princípio do melhor interesse preceitua que a criança e o adolescente – que são verdadeiros sujeitos

---

ampl. Rio de Janeiro: Forense, 2016, p. 515.

12. SANTORO-PASSARELLI, Francesco. *Teoria geral do direito civil*. Tradução Manuel de Alarcão. Coimbra: Atlântida, 1967, p. 54.

13. LUMIA, Giuseppe. *Lineamenti di teoria e ideologia del diritto*. 3. ed. Milano: Giuffrè, 1981. p. 102-123. Trad. port. com adaptações e modificações, TOMASETTI JR., Alcides. Teoria da relação jurídica, 1999, mimeo, p. 17. No mesmo sentido: CARNELUTTI, Francesco. *Teoria geral do direito*. Rio de Janeiro: Âmbito Cultural, 2006, p. 259.

14. NUCCI, Guilherme de Souza. *Estatuto da Criança e do Adolescente Comentado*: em busca da Constituição Federal das Crianças e dos Adolescentes. 3. ed. rev., atual. e ampl. Rio de Janeiro: Forense, 2017, p. 6.

de direitos – devem ter "seus interesses tratados com prioridade, pelo Estado, pela sociedade e pela família, tanto na elaboração quanto na aplicação dos direitos que lhe digam respeito, notadamente nas relações familiares, como pessoa em desenvolvimento e dotada de dignidade".[15]

Não por outro motivo, conforme acentua Silvio Rodrigues, a regra que deve inspirar o juiz na solução de demandas envolvendo a guarda de menores é uma só: "em todos os litígios em que se disputa a guarda de filhos, o julgador deve ter em vista sempre e primordialmente o interesse dos menores".[16]

Pontes de Miranda, outrossim, ressalta que, nas disputas envolvendo a guarda de menor, "o que importa é o bem dos filhos".[17]

Em âmbito internacional, a Convenção sobre os Direitos da Criança, em diversos dispositivos,[18] deixa clara a importância do princípio do superior interesse na seara do Direito da Infância e da Juventude, merecendo destaque o disposto no art. 3º, 1, segundo o qual "todas as ações relativas às crianças, levadas a efeito por instituições públicas ou privadas de bem-estar social, tribunais, autoridades administrativas ou órgãos legislativos, devem considerar, primordialmente, o interesse maior da criança".

A guarda compartilhada, nesse contexto, consiste em modalidade de guarda na qual há o compartilhamento de responsabilidades sobre a pessoa do filho, estando absolutamente superada a vetusta ideia de que caberia à mulher o papel de criar e educar a prole.

---

15. LÔBO, Paulo. *Direito Civil*: Famílias. 4. ed. São Paulo: Saraiva, 2011, p. 75.

16. RODRIGUES, Silvio. *Direito Civil*: família. 10. ed. São Paulo: Saraiva, 1983, p. VI/254.

17. PONTES DE MIRANDA, Francisco Cavalcanti. *Tratado de Direito Privado*: dissolução da sociedade conjugal, casamento. Atual. Rosa Maria de Andrade Nery. São Paulo: Ed. RT, 2012, t. 8, p. 159.

18. O princípio do superior interesse da criança e do adolescente encontra-se previsto, expressamente, no art. 3º, 1; no art. 9º, 1 e 3; no art. 18, 1 e no art. 21.

Nos precisos termos do § 1º do art. 1.583 do Código Civil, compreende-se por guarda compartilhada "a responsabilização conjunta e o exercício de direitos e deveres do pai e da mãe que não vivam sob o mesmo teto, concernentes ao poder familiar dos filhos comuns".

Nos dizeres de Washington de Barros Monteiro e Regina Beatriz Tavares da Silva, na guarda compartilhada

> ambos os genitores participam igualitariamente da educação e de todos os deveres e direitos perante a prole. É a solução que privilegia os laços entre pais e filhos. Nessa espécie, ambos os pais mantêm a guarda dos filhos após a dissolução da comunhão de vidas no casamento ou na união estável, ou mesmo em caso de filhos havidos de relação que não seja uma entidade familiar, de maneira que ambos mantêm a responsabilidade pela tomada de decisões.[19]

A guarda compartilhada decorre do princípio da corresponsabilidade parental, segundo o qual, ambos os pais participam de forma ativa, equitativa e permanente da criação e educação dos filhos.

Nesse passo, na seara internacional, o art. 18, 1, da Convenção sobre os Direitos da Criança prevê, acertadamente, que ambos os pais têm obrigações comuns com relação à educação e ao desenvolvimento da criança.

O art. 9º, 1, da mesma Convenção, por seu turno, evidencia a importância de se resguardar o convívio das crianças e adolescentes com o pais, o que somente poderá ser obstado em casos excepcionais, sempre tendo em mira o princípio do superior interesse.

De igual modo, o art. 9º, 3, prestigiando a participação ativa dos genitores separados ou divorciados no desenvolvimento dos filhos, dispõe que "os Estados Partes respeitarão o direito da criança que esteja separada de um ou de ambos os pais de

19. MONTEIRO, Washington de Barros; SILVA, Regina Beatriz Tavares da. *Curso de direito civil*: direito de família. 43. ed. São Paulo: Saraiva, 2016.

manter regularmente relações pessoais e contato direto com ambos, a menos que isso seja contrário ao interesse maior da criança".

Mais que isso. O art. 6º, 2, impõe aos próprios Estados Partes o dever de assegurar ao máximo o desenvolvimento da criança, o quem, sem sombras de dúvidas, é ao que se visa com a implementação dessa modalidade e guarda.

Em síntese, o que se busca com a guarda compartilhada é estabelecer relações equitativas entre os genitores a respeito da criação e educação da prole.

Trata-se de instituto inspirado na *joint custody* do Direito Inglês que se difundiu na década de 1960 por toda a Europa. No entanto, deve-se, verdadeiramente, ao Direito Norte-Americano o estudo e o aprofundamento dessa modalidade de guarda em decorrência das transformações das famílias modernas.[20]

Nesse passo, é seguro afirmar que a introdução, no direito positivo brasileiro, do instituto da guarda compartilhada representa verdadeira harmonização do direito interno com uma tendência mundial fortalecida pela Convenção de Nova Iorque sobre Direitos da Criança de 1989 e pela Convenção sobre os Direitos da Criança.

A guarda compartilhada, dessa forma, revela-se, em regra, como a modalidade mais adequada para a preservação dos interesses da criança e do adolescente, sobretudo em hipóteses em que não há uma relação harmoniosa entre os genitores.

3. Evolução histórico-legislativa

A Constituição Federal do Brasil de 1988 estabelece a igualdade entre homens e mulheres (art. 5º, I) e a igualdade no exercício dos direitos e deveres referentes à sociedade

20. STJ. REsp 1654111/DF, Rel. Ministro RICARDO VILLAS BÔAS CUEVA, TERCEIRA TURMA, julgado em 22/08/2017, DJe 29/08/2017.

conjugal (art. 226, § 5º) com a finalidade de se garantir uma paternidade responsável (art. 226, § 7º).

O Estatuto da Criança e do Adolescente, por sua vez, estatui que é dever da família, da comunidade, da sociedade em geral e do poder público assegurar a convivência familiar das crianças e dos adolescentes.

O mesmo Diploma dispõe que é direito dos menores participar da vida familiar (art. 16, V) e ser criado e educado no seio de sua família (art. 19).

A antiga Lei do Divórcio, em seu art. 13, previa, de forma semelhante ao estabelecido no atual art. 1.586 do Código Civil brasileiro, que, se existissem motivos graves, poderia o juiz, em qualquer caso, a bem dos filhos, regular de maneira diferente a situação deles com os pais.

Com fundamento nesse arcabouço legislativo constitucional e infraconstitucional, houve quem sustentasse a possibilidade de fixação da guarda compartilhada no direito brasileiro mesmo sem previsão expressa do instituto no sistema jurídico nacional.

No entanto, em atenção às crescentes exigências doutrinárias e sociais, foi somente com a Lei 11.698, de 13 de junho de 2008, que o instituto da guarda compartilhada passou a ter guarida no Código Civil brasileiro.

Profunda alteração legislativa foi empreendida, outrossim, no § 2º do art. 1.584 do referido Diploma, que passou a dispor que, "quando não houver acordo entre a mãe e o pai quanto à guarda do filho, será aplicada, sempre que possível, a guarda compartilhada".

Observa-se, desse modo, que a referida alteração legislativa tornou prioritária essa modalidade de guarda, o que, no entanto, não foi suficiente para superar a resistência de parte do Poder Judiciário e da doutrina em implementar a medida.

Nesse contexto, foi promulgada a Lei 13.058/2014 – por alguns denominada de Lei da Guarda Compartilhada Obrigatória

– que alterou a redação do referido § 2º, conferindo-lhe a redação atual segundo a qual "quando não houver acordo entre a mãe e o pai quanto à guarda do filho, encontrando-se ambos os genitores aptos a exercer o poder familiar, será aplicada a guarda compartilhada, salvo se um dos genitores declarar ao magistrado que não deseja a guarda do menor".

Não obstante a clareza do texto normativo e do esforço empreendido tanto no âmbito do Poder Judiciário quanto no da doutrina, a efetivação da guarda compartilhada no contexto das famílias brasileiras continuou cercada por antigos dogmas e obstáculos que insistem em impedir o caminhar avante desse importante instrumento de proteção dos interesses das crianças e dos adolescentes.

4. Obrigatoriedade da fixação da guarda compartilhada

Tendo em vista o disposto no § 2º art. 1.584 do Código Civil brasileiro, infere-se que o deferimento da guarda compartilhada está sujeito à demonstração de que ambos os genitores possuem aptidão para o exercício do poder familiar. Tal aptidão, importa ressaltar, não se confunde com a mera disponibilidade de tempo, envolvendo, outrossim, a garantia de afetividade, saúde, segurança, educação etc.

Com efeito, interpretando o referido dispositivo legal, o Superior Tribunal de Justiça, por meio de sua Terceira Turma, fixou o entendimento de que a guarda compartilhada é modalidade de guarda a ser peremptoriamente fixada pelo Poder Judiciário, sempre que os genitores se apresentarem aptos ao exercício do poder familiar e desejarem exercer o *munus*.

De fato, o termo "será" contido no § 2º do art. 1.584 "não deixa margem a debates periféricos, fixando a presunção de que se houver interesse na guarda compartilhada por um dos ascendentes, será esse o sistema eleito, salvo se um dos genitores [ascendentes] declarar ao magistrado que não deseja a guarda do menor".[21]

Desse modo, apenas duas condições podem impedir, em tese, a aplicação obrigatória da guarda compartilhada, a saber: a) a inexistência de interesse de um dos cônjuges; e b) a incapacidade de um dos genitores de exercer o poder familiar.[22]

Daí porque é possível afirmar que os únicos mecanismos admitidos em lei para se afastar a imposição da guarda compartilhada são a suspensão ou a perda do poder familiar, situações que evidenciam a absoluta inaptidão para o exercício da guarda e que exigem, pela relevância da posição jurídica atingida, prévia decretação judicial.

Quem não pode titularizar o poder familiar, *a fortiori*, não pode titularizar a guarda: é dizer, um ascendente só poderá perder, ou ter suspenso o seu poder funcional consubstanciado no Poder Familiar, "por meio de uma decisão judicial e, só a partir dessa decisão, perderá a condição essencial para lutar pela guarda compartilhada da prole, pois deixará de ter aptidão para exercer o poder familiar".[23]

Eventuais dificuldades práticas ponderosas na implementação da guarda compartilhada devem ser resolvidas a partir dos moldes fixados judicialmente para o exercício da guarda, sempre em atenção ao princípio do melhor interesse da criança e do adolescente, ao equilíbrio no tempo de convívio entre os genitores, aos pareceres ou orientações técnico-profissionais etc. Com efeito, "esses elementos, isolados, ou ponderados em conjunto, definirão, não o tipo de guarda, que

21. STJ. REsp 1626495/SP, Rel. Ministra NANCY ANDRIGHI, TERCEIRA TURMA, julgado em 15/09/2016, DJe 30/09/2016.

22. STJ. REsp 1629994/RJ, Rel. Ministra NANCY ANDRIGHI, TERCEIRA TURMA, julgado em 06/12/2016, DJe 15/12/2016.

23. STJ. REsp 1629994/RJ, Rel. Ministra NANCY ANDRIGHI, TERCEIRA TURMA, julgado em 06/12/2016, DJe 15/12/2016.

de regra deverá ser a compartilhada, mas a fórmula como ela ocorrerá, em uma situação específica".[24]

Assim, inexistindo comprovação da inaptidão de um dos genitores para exercer o poder familiar, é obrigatória a fixação da guarda compartilhada, que deverá prevalecer sobre eventuais alegações não fundamentadas em concreta suspensão ou perda do poder familiar.

5. Desnecessidade de relação harmônica entre os genitores

Muito embora a legislação brasileira imponha a guarda compartilhada como modalidade de guarda obrigatória, a sua implementação, na prática, como já mencionado, sempre encontrou importantes obstáculos.

Com efeito, parte do Poder Judiciário e da doutrina, influenciados pela tradição brasileira de deferir a guarda unilateral em favor da mãe com visitas do pai, revelou-se refratária à fixação da guarda compartilhada, apontando diversos óbices à sua implementação, como, por exemplo, a inexistência de amadurecimento sentimental do casal, a necessidade de relação harmoniosa entre os genitores, a existência de dificuldades geográficas etc.[25]

Observa-se, em outras palavras, dificuldade para a superação do sistema que ainda era vigente na dominante jurisprudência nacional, e que espelhava, com evidente descompasso histórico, a ultrapassada sociedade patriarcal e os seus padrões, que foram, no entanto, superados por uma nova postura social, albergada pelo texto constitucional de 1988, o qual definiu novos parâmetros para as relações intrafamiliares, como a paternidade responsável; a igualdade entre os

---

24. STJ. REsp 1626495/SP, Rel. Ministra NANCY ANDRIGHI, TERCEIRA TURMA, julgado em 15/09/2016, DJe 30/09/2016.

25. LÔBO, Paulo. *Direito Civil*: famílias. v. 5. 10. ed. São Paulo: Saraiva, 2020.

gêneros; a preservação, para a criança e o adolescente, dos valores imateriais necessários ao seu desenvolvimento sadio (dignidade, convivência familiar e proteção contra a negligência) etc.

No âmbito do Superior Tribunal de Justiça, de fato, não são raros os julgados que aplicam o enunciado da Súmula 7,[26] ao fundamento de que não seria possível alterar as decisões das instâncias ordinárias que deixaram de implementar a guarda compartilhada pelos motivos mais diversos.[27]

A dificuldade de implementação da guarda compartilhada também transparece quando se observa que ainda persistem julgados que afastam a fixação da medida por inexistir relação harmoniosa entre os pais.[28]

No entanto, breve exame da norma que se extrai do § 2º do art. 1.584 do CC/2002 demonstra, de forma definitiva, que a ausência de acordo entre os genitores, longe de representar obstáculo à fixação da guarda compartilhada, é elemento

---

26. Súmula 7 do STJ: A pretensão de simples reexame de prova não enseja recurso especial.

27. STJ. AgInt no AREsp 1617655/RJ, Rel. Ministro RICARDO VILLAS BÔAS CUEVA, TERCEIRA TURMA, julgado em 11/11/2020, DJe 17/11/2020; STJ. AgInt no REsp 1808964/SP, Rel. Ministro MOURA RIBEIRO, TERCEIRA TURMA, julgado em 09/03/2020, DJe 11/03/2020; STJ. AgInt no AREsp 1355506/SP, Rel. Ministro RAUL ARAÚJO, QUARTA TURMA, julgado em 12/02/2019, REPDJe 26/02/2019, DJe 25/02/2019; STJ. REsp 1707499/DF, Rel. Ministro MARCO AURÉLIO BELLIZZE, Rel. p/ Acórdão Ministro RICARDO VILLAS BÔAS CUEVA, TERCEIRA TURMA, julgado em 09/04/2019, DJe 06/05/2019; STJ. AgInt no AREsp 879.361/DF, Rel. Ministro RICARDO VILLAS BÔAS CUEVA, TERCEIRA TURMA, julgado em 13/03/2018, DJe 22/03/2018; STJ. AgRg no AREsp 193.496/MS, Rel. Ministro RAUL ARAÚJO, QUARTA TURMA, julgado em 16/10/2012, DJe 13/11/2012.

28. STJ. REsp 1707499/DF, Rel. Ministro MARCO AURÉLIO BELLIZZE, Rel. p/ Acórdão Ministro RICARDO VILLAS BÔAS CUEVA, TERCEIRA TURMA, julgado em 09/04/2019, DJe 06/05/2019; STJ. AgInt no AREsp 1355506/SP, Rel. Ministro RAUL ARAÚJO, QUARTA TURMA, julgado em 12/02/2019, REPDJe 26/02/2019, DJe 25/02/2019; STJ. REsp 1654111/DF, Rel. Ministro RICARDO VILLAS BÔAS CUEVA, TERCEIRA TURMA, julgado em 22/08/2017, DJe 29/08/2017; STJ. REsp 1417868/MG, Rel. Ministro JOÃO OTÁVIO DE NORONHA, TERCEIRA TURMA, julgado em 10/05/2016, DJe 10/06/2016.

integrante do próprio suporte fático normativo.[29] Em outras palavras, o Diploma Civil brasileiro, ao contrário de afastar a fixação da guarda compartilhada na hipótese de ausência de acordo entre os genitores, a impõe.

Isso porque há de se observar que, na guarda compartilhada, existe um nítido caráter educativo e pedagógico tanto em relação aos filhos quanto em relação aos pais.

Deve-se destacar que é o melhor interesse da criança ou do adolescente que deve prevalecer ao se dirimir os conflitos atinentes à guarda e não o dos ascendentes.

Em âmbito doutrinário, Regina Beatriz Tavares da Silva[30] destaca que, fosse a existência de bom relacionamento entre os genitores condição *sine qua non* para a fixação da guarda compartilhada, esta raramente seria instituída, *verbis*:

> Muito embora exista avanço jurídico com a promulgação da Lei 11.698, de 13.06.2008, ainda se vê resistência à aplicação da guarda compartilhada. Ainda é dito que a guarda compartilhada só tem cabimento na hipótese de acordo entre pai e mãe no seu estabelecimento, mas essa não é a *mens legis*.
>
> Então, pergunta-se: a guarda compartilhada somente pode ser estabelecida por acordo entre pai e mãe?
>
> Essa é a solução ideal, mas, como se sabe, quando ocorre a separação ou o divórcio de um casal, via de regra, os cônjuges ou ex-cônjuges estão distanciados e o entendimento entre eles não é dos melhores. Então, se fosse sempre exigido o consenso ou acordo para a fixação da guarda compartilhada, esta raramente seria estabelecida.

---

29. "Os elementos do suporte fáctico são pressupostos do fato jurídico; o fato jurídico é o que entra, do suporte fáctico, no mundo jurídico, mediante a incidência da regra jurídica sôbre o suporte. Só de fatos jurídicos provém eficácia jurídica" (PONTES DE MIRANDA, Francisco Cavalcanti. *Tratado de Direito Privado*: pessoas físicas e jurídicas. Atual. por Judith Martins-Costa, Gustavo Haical e Jorge Cesar Ferreira da Silva. São Paulo: Revista dos Tribunais, 2012. t. 1. p. 148).

30. SILVA, Regina Beatriz Tavares da. Guarda compartilhada na legislação vigente e projetada. Revista do Instituto do Direito Brasileiro da Faculdade de Direito da Universidade de Lisboa. n. 4, ano 1, p. 2367. 2012.

> A guarda compartilhada deve ser efetivamente aplicada em nosso país, mesmo sem o consenso dos pais a respeito da estipulação dessa modalidade de guarda, em razão dos benefícios que traz aos filhos cujos genitores não mais coabitam ou mesmo cujos genitores nunca coabitaram, ou seja, àqueles filhos que não têm pai e mãe morando sob o mesmo teto.

Não é outra a conclusão que se extrai da justificativa apresentada pelo Relator do Anteprojeto que resultou na Lei 13.058/2014, que alterou o § 2º do arts. 1.584 do CC/2002, *verbis*:

> Obviamente, para os casais que, sabiamente, conseguem separar as relações de parentesco "marido/esposa" da relação "Pai/Mãe", tal Lei é totalmente desnecessária, portanto, jamais poderiam ter sido tais casais (ou ex-casais) o alvo da elaboração da lei vez que, por iniciativa própria, estes já compreendem a importância das figuras de Pai e Mãe na vida dos filhos, procurando prover seus rebentos com a presença de ambas. Ocorre que alguns magistrados e membros do Ministério Público, têm interpretado a expressão "sempre que possível" existente no inciso em pauta, como "sempre que os genitores se relacionem bem". Ora, nobres parlamentares, caso os genitores, efetivamente se relacionassem bem, não haveria motivo para o final da vida em comum, e ainda, para uma situação de acordo, não haveria qualquer necessidade da criação de lei, vez que o Código Civil em vigor à época da elaboração da lei já permitia tal acordo. Portanto, ao seguir tal pensamento, totalmente equivocado, teria o Congresso Nacional apenas e tão somente desperdiçado o tempo e dinheiro público com a elaboração de tal dispositivo legal, o que sabemos, não ser verdade.
>
> Mas, a suposição de que a existência de acordo, ou bom relacionamento, entre os genitores seja condição para estabelecer da guarda compartilhada, permite que qualquer genitor beligerante, inclusive um eventual alienador parental, propositalmente provoque e mantenha uma situação de litígio para com o outro, apenas com o objetivo de impedir a aplicação da guarda compartilhada, favorecendo assim, não o melhor interesse da criança, mas, os seus próprios, tornando inócua a lei já promulgada. Além disto, é comum encontrarmos casos onde uma medida cautelar de separação de corpos teve por principal objetivo a obtenção da guarda provisória do infante, para utilizá-lo como "arma" contra o ex-cônjuge, praticando-se assim, a tão odiosa Alienação Parental.

De fato, caso a guarda compartilhada estivesse condicionada ao acordo entre os genitores, seria absolutamente desnecessária sua regulamentação legal.

É de se frisar, nesse passo, que "não é o litígio que impede a guarda compartilhada, mas o empenho em litigar, que corrói gradativa e impiedosamente a possibilidade de diálogo, o que deve ser impedido, pois diante dele "nenhuma modalidade de guarda será adequada ou conveniente".[31]

Nesse contexto, deve-se destacar que a alteração legislativa promovida pela Lei 13.058/2014 teve por objetivo esclarecer, definitivamente, que a guarda compartilhada não seria apenas prioritária ou preferencial – como previsto na redação anterior dada pela Lei 11.698/2008 – mas sim obrigatória, justamente com o objetivo de afastar os mencionados entraves que, até então, eram impostos, muitas vezes, pelo próprio Poder Judiciário como fundamento para a não fixação dessa espécie de guarda.

A propósito, mencionam-se as precisas lições de Paulo Lôbo,[32] *verbis*:

> A Lei n. 11.698/2008 e, posteriormente a Lei n. 13.058, de 2014, promoveram alteração radical no modelo de convivência entre pais e filhos, até então dominante no direito brasileiro, ou seja, da guarda unilateral conjugada com o direito de visita. A Lei n. 13.058/2014, como nosso aplauso, instituiu a obrigatoriedade pelo que denominou "guarda compartilhada", que somente é substituída pela guarda unilateral quando um dos genitores declarar ao juiz "que não deseja a guarda do menor". A Lei n. 11.698/2008 tinha instituído a preferência pela guarda compartilhada, o que, na prática, a converteu em modalidade residual.
>
> A guarda compartilhada era cercada pelo ceticismo dos profissionais do direito e pela resistência da doutrina, que apenas a concebia como faculdade dos pais, em razão da dificuldade destes em superarem os conflitos e a exaltação de ânimos emergentes

31. GRISARD FILHO, Waldir. *Guarda Compartilhada: um* novo modelo de responsabilidade parental. 4. ed. São Paulo: Ed. RT, 2009, p. 205-206.

32. LÔBO, Paulo. *Direito Civil*: famílias. v. 5. 10. ed. São Paulo: Saraiva, 2020.

> da separação. Havia difundido convencimento de que a guarda compartilhada dependia do amadurecimento sentimental do casal, da superação das divergências e do firme propósito de pôr os filhos em primeiro plano, o que só ocorria em situações raras. A lei ignorou esses obstáculos e determinou sua preferência obrigatória, impondo-se ao juiz sua observância. A lei (CC, art. 1.583, 1º) utiliza a seguinte conceituação para a guarda compartilhada: "a responsabilização conjunta e o exercício de direitos e deveres do pai e da mãe que não vivam sob o mesmo teto, concernentes ao poder familiar dos filhos comuns". É, pois, concebida, como direito do filho e também dos pais.
>
> A guarda compartilhada não é mais subordinada ao acordo dos genitores quando se separam. Ao contrário, quando não houver acordo "será aplicada" pelo juiz, de acordo com a atual redação do 2º do art. 1.584 do Código Civil. Dessa norma legal decorrem as seguintes consequências: a) prevalecerá o acordo dos pais pela guarda compartilhada ou pela guarda unilateral atribuída a um deles; b) se os pais estiverem em conflito positivo (cada um quer a guarda unilateral do filho), a guarda compartilhada deverá ser determinada pelo juiz; c) se um dos pais não quiser a guarda compartilhada, o outro ficará com a guarda unilateral.
>
> [...]
>
> A guarda compartilhada é obrigatória, independentemente da concordância dos pais separados, sempre que houver conflito entre estes. Assim é porque inspirada e orientada pelo superior interesse da criança ou adolescente.

Não por outro motivo, a possibilidade de fixação da guarda compartilhada mesmo quando há latente conflituosidade entre os genitores é entendimento que vem se consolidando na jurisprudência do Superior Tribunal de Justiça como resultado do esforço em tornar efetiva essa modalidade de guarda.[33]

---

33. STJ. REsp 1251000/MG, Rel. Ministra NANCY ANDRIGHI, TERCEIRA TURMA, julgado em 23/08/2011, DJe 31/08/2011; REsp 1642311/RJ, Rel. Ministra NANCY ANDRIGHI, TERCEIRA TURMA, julgado em 02/02/2017, DJe 10/02/2017; REsp 1629994/RJ, Rel. Ministra NANCY ANDRIGHI, TERCEIRA TURMA, julgado em 06/12/2016, DJe 15/12/2016; REsp 1626495/SP, Rel. Ministra NANCY ANDRIGHI, TERCEIRA TURMA, julgado em 15/09/2016, DJe 30/09/2016.

Com efeito, o primeiro precedente a tangenciar a matéria foi o REsp 1251000/MG,[34] julgado em 23/8/2011, antes, portanto, das modificações promovidas pela Lei 13.058/2014.

No referido julgado consignou-se que, se a separação ou o divórcio, usualmente, coincidem com o ápice do distanciamento do antigo casal, seria questionável a afirmação de que a litigiosidade entre os pais impediria a fixação da guarda compartilhada, porquanto se estaria ignorando toda a estruturação teórica, prática e legal que apontam para a adoção da guarda compartilhada como regra.

Em síntese, concluiu-se que a tese da "inviabilidade da guarda compartilhada por ausência de consenso faz prevalecer o exercício de uma potestade inexistente. E diz-se inexistente, porque, como afirmado antes, o Poder Familiar existe para a proteção da prole, e pelos interesses dessa é exercido, não podendo, assim, ser usado para contrariar esses mesmos interesses".[35]

Nesse passo, possui especial relevo, outrossim, o REsp 1626495/SP, julgado pela Terceira Turma do Superior Tribunal de Justiça, no não muito distante ano de 2016.

O referido julgado tinha por objetivo dizer se a animosidade latente entre os ascendentes teria o condão de impedir a guarda compartilhada à luz da nova redação do art. 1.584 do Código Civil brasileiro.

Na oportunidade, apontou-se que os julgadores, diante de um conflito exacerbado entre os genitores ou ascendentes, vislumbram que aquela situação conflitiva, perdurando no tempo e no espaço, poderá gerar uma situação de grave estresse para a criança ou adolescente e optam, no mais das vezes, por recorrer à histórica fórmula da guarda unilateral, pois nela o menor conseguiria "ter um tranquilo desenvolvimento".

---

34. STJ. REsp 1251000/MG, Rel. Ministra NANCY ANDRIGHI, TERCEIRA TURMA, julgado em 23/08/2011, DJe 31/08/2011.

35. STJ. REsp 1251000/MG, Rel. Ministra NANCY ANDRIGHI, TERCEIRA TURMA, julgado em 23/08/2011, DJe 31/08/2011.

Ressaltou-se, no entanto, que essa forma de pensar ignora que o suposto "tranquilo desenvolvimento" é, na verdade, um desenvolvimento incompleto, tanto do ponto de vista social quanto psicológico, pois suprime do menor um ativo, que é seu por direito: o convívio com ambos os ascendentes.

Desse modo, a Terceira Turma, por unanimidade, na ocasião daquele julgamento, com o objetivo de pacificar a matéria, sufragou a tese de que mesmo a existência de conflito latente entre os genitores não seria apta, por si só, a afastar a obrigatoriedade da guarda compartilhada imposta pela Lei 13.058/2014.

O referido entendimento visa a impedir que um dos ascendentes, normalmente aquele que já detém a guarda, mantenha, propositalmente, uma situação de conflito para obstar a implantação da guarda compartilhada.

O ascendente que, intransigentemente, nega a seu filho um convívio mais íntimo com o outro ascendente, age dando primazia aos seus interesses, sem considerar a intuitiva e, cientificamente comprovada, necessidade do referencial binário para uma perfeita formação.

Entendimento diverso, de fato, conduziria a uma interpretação do § 2º do art. 1.584 do Código Civil brasileiro, completamente descolada da finalidade normativa, prestigiando e induzindo comportamentos prejudiciais ao melhor interesse da criança e do adolescente.

Nessa esteira de intelecção, a exigência, para a implementação da guarda compartilhada, de harmonia entre os genitores representa visão míope que, ao mesmo tempo que ignora o mundo dos fatos, torna a fixação dessa espécie de guarda um evento raro, máxime tendo em vista que a separação ou o divórcio tendem, naturalmente, a evidenciar as diferenças existentes, o que conspira para apagar qualquer rastro de consensualidade entre o casal.[36]

---

36. STJ. REsp 1251000/MG, Rel. Ministra NANCY ANDRIGHI, TERCEIRA TURMA, julgado em 23/08/2011, DJe 31/08/2011.

Não por outro motivo, em recente precedente, o Superior Tribunal de Justiça, com o escopo de fortalecer o instituto da guarda compartilhada, reafirmou o entendimento de que "a implementação da guarda compartilhada não se sujeita à existência de bom e harmonioso relacionamento entre os genitores".[37]

Em síntese, no direito brasileiro, não se exige para a fixação da guarda compartilhada que exista um bom e harmonioso relacionamento entre os genitores, notadamente porque essa espécie de guarda "é o ideal a ser buscado no exercício do Poder Familiar entre pais separados, mesmo que demandem deles reestruturações, concessões e adequações diversas, para que seus filhos possam usufruir, durante sua formação, do ideal psicológico de duplo referencial".[38]

6. Guarda compartilhada em favor de genitores domiciliados em cidades distintas

Outro suposto obstáculo à implementação da guarda compartilhada é o fato de os genitores possuírem domicílios em cidades distintas.

Com efeito, existe precedente do Superior Tribunal de Justiça que aponta a distância geográfica entre os genitores como empecilho de ordem prática para a fixação dessa modalidade de guarda.[39]

No entanto, deve-se ter presente que a guarda compartilhada não se confunde com a guarda alternada, tampouco com o regime de visitas ou de convivência.

---

37. STJ. REsp 1877358/SP, Rel. Ministra NANCY ANDRIGHI, TERCEIRA TURMA, julgado em 04/05/2021, DJe 06/05/2021.

38. STJ. REsp 1626495/SP, Rel. Ministra NANCY ANDRIGHI, TERCEIRA TURMA, julgado em 15/09/2016, DJe 30/09/2016.

39. STJ. REsp 1605477/RS, Rel. Ministro RICARDO VILLAS BÔAS CUEVA, TERCEIRA TURMA, julgado em 21/06/2016, DJe 27/06/2016.

Com efeito, a guarda compartilhada impõe o compartilhamento de responsabilidades, não se confundido com a custódia física conjunta da prole ou com a divisão igualitária de tempo de convivência dos filhos com os pais.

De fato, nesta modalidade de guarda, é plenamente possível – e, até mesmo, recomendável – que se defina uma residência principal para os filhos, garantindo-lhes uma referência de lar para suas relações da vida.[40]

Nas palavras de Regina Beatriz Tavares da Silva,

> o fato de os pais terem responsabilidade conjunta pelas decisões relativas aos filhos não significa que os filhos venham a ter duas residências, já que pode ser fixada uma única, do pai ou da mãe, conforme seja melhor para os filhos menores, a depender da localização da residência dos genitores, de sua disponibilidade de tempo e das rotinas dos pais e dos filhos [...] A guarda compartilhada é realmente conjunta, já que as decisões devem ser tomadas por ambos, pai e mãe. A educação deve ser dada aos filhos permanentemente por ambos.[41]

Na guarda alternada, por outro lado, há a fixação de dupla residência, residindo a prole, de forma fracionada, com cada um dos genitores por determinado período, ocasião em que cada um deles, individual e exclusivamente, exercerá a guarda dos filhos.[42]

---

40. DINIZ, Maria Helena. Guarda: novas diretrizes. *Revista de Direito Civil Contemporâneo*. n. 2. v. 3. p. 209. São Paulo: Ed. RT, abr.-jun. 2015; LÔBO, Paulo. *Direito Civil*: famílias. v. 5. 10. ed. São Paulo: Saraiva, 2020.

41. SILVA, Regina Beatriz Tavares da. Guarda compartilhada na legislação vigente e projetada. *Revista do Instituto do Direito Brasileiro da Faculdade de Direito da Universidade de Lisboa*. n. 4, ano 1, p. 2366. 2012.

42. "Não se confunde guarda compartilhada com guarda alternada, já que na primeira há compartilhamento, o exercício do poder familiar é conjunto, enquanto na segunda há alternatividade, o exercício do poder familiar é alternado em períodos diversos entre os genitores. Também há diferença quanto à residência, já que na guarda compartilhada o filho menor tem uma residência principal, enquanto na guarda alternada ele tem duas residências. Na guarda compartilhada, mesmo que a custódia física esteja com um dos pais, os dois têm autoridade legal sobre o menor". (MONTEIRO, Washington de Barros; SILVA, Regina Beatriz Tavares da. *Curso de Direito Civil*: direito de família. 43. ed. São Paulo: Saraiva, 2016).

Observa-se, desse modo, que a guarda compartilhada não demanda custódia física conjunta, tampouco tempo de convívio igualitário, sendo certo, ademais, que, dada sua flexibilidade, esta modalidade de guarda comporta as fórmulas mais diversas para sua implementação concreta, notadamente para o regime de convivência ou de visitas, a serem fixadas pelo juiz ou por acordo entre as partes em atenção às circunstâncias fáticas de cada família individualmente considerada.

Portanto, não existe qualquer óbice à fixação da guarda compartilhada na hipótese em que os genitores residem em cidades, estados, ou, até mesmo, países diferentes, máxime tendo em vista que, com o avanço tecnológico, é plenamente possível que, à distância, os pais compartilhem a responsabilidade sobre a prole, participando ativamente das decisões acerca da vida dos filhos.[43]

A possibilidade de os genitores possuírem domicílios em cidades distintas infere-se da própria previsão contida no § 3 º do art. 1.583 do Código Civil brasileiro, segundo o qual "na guarda compartilhada, a cidade considerada base de moradia dos filhos será aquela que melhor atender aos interesses dos filhos".

Deve-se ter em vista, nesse contexto, que a guarda compartilhada traz uma série de vantagens que merecem ser consideradas e que justificam a sua adoção mesmo nas hipóteses em que os domicílios dos genitores não sejam próximos, a saber: a) prioriza o superior interesse da criança e do adolescente; b) prestigia o poder familiar em sua extensão e igualdade de gênero; c) garante a continuidade das relações da criança com os pais; d) respeita a família enquanto sistema, maior do que a soma das partes, que não se dissolve mas se transforma; e) diminui as disputas passionais etc.[44]

Em síntese, eventual residência dos genitores em cidades distintas não representa obstáculo bastante à fixação da

---

43. LÔBO, Paulo. *Direito civil*: famílias. 4. ed. São Paulo: Saraiva, 2011, p. 200-201.

44. LÔBO, Paulo. *Direito civil*: famílias. 4. ed. São Paulo: Saraiva, 2011, p. 201.

guarda compartilhada em favor dos pais, representando este fato mais um falso obstáculo que precisa ser superado para a efetiva implementação dessa modalidade de guarda.

7. Conclusão

O mundo do Séc. XXI é, induvidosamente, complexo, egoísta e difícil para os mais vulneráveis, como as crianças e os adolescentes, incumbindo aos pais exercerem adequadamente a responsabilidade parental, pois são os únicos capazes, verdadeiramente, de respeitar o espaço da prole, criar empatia e manter relações que garantam segurança material e imaterial aos menores, estabelecendo, por consequência, vínculos mais felizes.

Com efeito, a criança tem de ser protegida da complexidade da vida adulta. As disputas dos adultos não lhe pertencem. A vida da criança é demasiadamente complexa, assim como a vida dos adultos, mas por motivos diferentes. Enquanto nós somos oprimidos por questões do nosso dia a dia, do nosso trabalho, do nosso companheiro, de dinheiro, de amizades, a criança, cuja personalidade está em formação, internaliza os menores estímulos que recebe do mundo exterior e os manifesta pelas suas fantasias, pelas suas brincadeiras, pelo seu comportamento extrovertido, tímido ou agressivo.

A inserção do instituto da guarda compartilhada no direito positivo brasileiro, nesse contexto, é reflexo das transformações sociais e das relações jurídicas familiares. Trata-se do resultado de uma nova visão do que seria o ideal na criação dos filhos em caso de divórcio ou separação.

Com as alterações trazidas pela Lei 11.698/2008, o Código Civil brasileiro passou a acolher a possiblidade de guarda compartilhada, fato louvado por boa parte da doutrina e, por óbvio, por uma parcela significativa de pais, que até então, apesar de desejarem participar ativamente do cuidado da prole, apenas com o beneplácito do cônjuge que detinha a guarda, conseguiam fazê-lo.

Foi nesse cenário e ante as dificuldades encontradas para a implementação concreta da guarda compartilhada que foi promulgada a Lei 13.058/2014, resultado do posicionamento que foi se consolidando ao longo do tempo no âmbito da jurisprudência do Superior Tribunal de Justiça.

As alterações promovidas pela referida legislação na normatização da guarda compartilhada pelo Código Civil brasileiro foram significativas e tiveram por escopo superar supostos óbices impostos ao instituto, garantindo a fixação dessa modalidade de guarda.

Com efeito, a nova redação conferida ao § 2º do art. 1.584 é expressa ao esclarecer, de maneira definitiva, que a guarda compartilhada não é meramente prioritária, mas sim obrigatória, se ambos os genitores estiverem aptos ao exercício do poder familiar e tiverem interesse em exercer a guarda.

Não obstante a clareza do texto normativo, persistem as dificuldades na fixação da guarda compartilhada, o que demanda, sobretudo do Poder Judiciário, esforço no sentido de afastar os falsos obstáculos apostos à implementação dessa modalidade de guarda.

O Superior Tribunal de Justiça, Corte Superior que recebeu da Constituição Federal o papel de guardiã do direito federal brasileiro, possui papel fundamental nesse fortalecimento da guarda compartilhada, uniformizando a interpretação da legislação infraconstitucional e garantindo que essa modalidade de guarda, que prestigia os melhores interesses das crianças e dos adolescentes, torne-se, de fato, a regra e a realidade das famílias brasileiras que convivem com as consequências da separação e do divórcio.

Referências

ANDRADE, Manuel A. Domingues de. *Teoria geral da relação jurídica*. v. 1. Coimbra: Almedina, 1983.

CARNELUTTI, Francesco. *Teoria geral do direito*. Rio de Janeiro: Âmbito Cultural, 2006.

CICU, Antonio. *La Filiazione*. 3. ristampa riv. e aggiornata Della 2. ed. Torino: Unione Tipografico Editrice Torinese, 1969.

DINIZ, Maria Helena. *Guarda:* novas diretrizes. *Revista de Direito Civil Contemporâneo*. n. 2. v. 3. p. 209. São Paulo: Ed. RT, abr.-jun. 2015.

ELIAS, Roberto João. *Pátrio poder*: guarda dos filhos e direito de visita. São Paulo: Saraiva, 1999.

FERNANDES, Luís A. Carvalho. *Teoria geral do direito civil*. 2. ed. Lisboa: LEX, 1995. v. 1.

GRISARD FILHO, Waldir. *Guarda Compartilhada*: um novo modelo de responsabilidade parental. 4. ed. São Paulo: RT, 2009.

KANT, Immanuel. *Introdução ao estudo do direito*: doutrina do direito. Tradução Edson Bini. São Paulo: EDIPRO, 2007.

LÔBO, Paulo. *Direito civil*: famílias. 4. ed. São Paulo: Saraiva, 2011; 10 ed., 2020.

LUMIA, Giuseppe. *Lineamenti di teoria e ideologia del diritto*. 3. ed. Milano: Giuffrè, 1981. p. 102-123. Trad. port. com adaptações e modificações, TOMASETTI JÚNIOR, Alcides. Teoria da relação jurídica. 1999. [*mimeo*].

MENEZES CORDEIRO. *Tratado de direito civil português*. Parte geral. Introdução, doutrina geral e negócio jurídico. 2. ed. Coimbra: Almedina, 2000. t. I.

MONCADA, Luís S. Cabral de. *A relação jurídica administrativa*: para um novo paradigma de compreensão da atividade, da organização e do contencioso administrativos. Coimbra: Coimbra Ed., 2009.

MONTEIRO, Washington de Barros; TAVARES DA SILVA, Regina Beatriz. *Curso de direito civil*: direito de família. 42. ed. São Paulo: Saraiva, 2012; 43 ed., 2016.

MONTEIRO, Washington de Barros; SILVA, Regina Beatriz Tavares da. *Curso de direito civil*: direito de família. 43. ed. São Paulo: Saraiva, 2016.

MOTA PINTO. Carlos Alberto da. *Teoria geral do direito civil*. 3. ed. atual. Coimbra: Coimbra 1996.

NUCCI, Guilherme de Souza. *Estatuto da Criança e do Adolescente comentado*: em busca da Constituição Federal das Crianças e dos Adolescentes. 3. ed. rev., atual. e ampl. Rio de Janeiro: Forense, 2017.

PEREIRA, Caio Mario da Silva. *Instituições de direito civil*: direito de família. 24. ed. rev., atual. e ampl. Rio de Janeiro: Forense, 2016.

PEREIRA JÚNIOR, Antonio Jorge. Fundamentos de fiscalização e orientação do poder familiar. *Revista da Faculdade de Direito da Universidade de São Paulo*, São Paulo, v. 97, 2002.

PONTES DE MIRANDA, Francisco Cavalcanti. *Tratado de Direito Privado*: pessoas físicas e jurídicas. Atual. por Judith Martins-Costa, Gustavo Haical e Jorge Cesar Ferreira da Silva. São Paulo: Revista dos Tribunais, 2012. t. 1.

_____. *Tratado de direito privado*: dissolução da sociedade conjugal. Casamento. Atual. por Rosa Maria de Andrade Nery. São Paulo: Ed. RT, 2012. t. 8.

RODRIGUES, Silvio. *Direito civil*: direito de família. 10 ed.. São Paulo: Saraiva, 1983; 28. ed. rev. e atual., 2004.

SANTORO-PASSARELLI, Francesco. *Teoria geral do direito civil*. Tradução Manuel de Alarcão. Coimbra: Atlântida, 1967.

SAVIGNY, Friedrich Carl von. *Sistema del Diritto Romano Attuale*. Tradução V. Scialoja. Torino, 1893, v. 1.

SILVA, Regina Beatriz Tavares da. Guarda compartilhada na legislação vigente e projetada. *Revista do Instituto do Direito Brasileiro da Faculdade de Direito da Universidade de Lisboa*. n. 4, ano 1, p. 2367. 2012.

SIMÕES, Marcel Edvar. O poder familiar na teoria geral do direito privado. Investigações de direito brasileiro e português. *Revista de Direito de Família e das Sucessões*, v. 1, ano 1, jul.-set. 2014.

TOMASETTI JÚNIOR, Alcides. Comentários aos arts. 1º a 13 da Lei nº 8.245, de 18 de outubro de 1991. In: OLIVEIRA, Juarez de (coord). *Comentários à lei de locações de imóveis urbanos*. São Paulo: Saraiva, 1992. p. 2-172.

VARELA, João de Matos Antunes. *Direito de Família*: direito matrimonial. Lisboa: Livraria Petrony, 1982.

VASCONCELOS, Pedro Pais de. *Teoria geral do direito civil*. 3. ed. Coimbra: Almedina, 2005.

A Relação entre Avós e Netos[1]

Cristina Paula Soeiro[2]

Sumário: 1. Introdução 2. Perspetivas: Instituição família jurídico social. 3. Relação entre avós e netos. 3.1. Relação intergeracional 4. Análise jurídica do artigo 1887.º-A Código Civil. 4.1 Relação Avós e Netos; convívio. 5. Observância jurídico-constitucional relação de convívio entre avós e netos. 5.1. Direito de visita ou Direito ao convívio. 6. Avós e Netos em relação de reciprocidade efetiva: relevância. 7. Conclusão.

Resumo: O centro da orientação e fundamentação deste estudo, situa- s-nas relações pessoais na família, especialmente a relação avós e netos. Focamos a análise jurídica no âmbito dos direitos das pessoas, em que os avós e netos constituem um vínculo jurídico fundamental na família e na sociedade. É uma relação de parentesco em segundo grau, com fatores sócio-valorativos objeto de significativas alterações ao longo dos tempos, com respeito à sociabilização destes sujeitos. Alteração no âmbito social, mas também jurídico.

A crescente tendência para o envelhecimento demográfico e o aumento da esperança de vida das pessoas, têm vindo a mostrar várias gerações na família, avós, bisavós até trisavós, podendo as famílias englobar várias gerações.

Surge assim séria preocupação na jurisprudência e doutrina, pois os termos regulados das relações dos avós e netos pouco respondem aos tempos atuais. Até à publicação da Lei 84/95 de 31 de agosto, desconhecia-se de todo no Direito escrito qualquer direito autónomo de relações avós e netos.

A preocupação da doutrina e dos tribunais levou, e leva, a um labor especial relativamente às relações das crno papel dirigente da dignidade da pessoa (art. 1º

1. Artigo publicado sem revisão do editorial, a pedido da autora.

2. Licenciada em Direito. Mestre em Direito (UAL). Doutoranda em Direito (UAL).

da Constituição da República portuguesa,ianças e jovens com os ascendentes, conforme o artigo 1887.º - A Código Civil

Palavras-chave: Avós – Netos – Relação – Ascendência – Direito – Convívio

Abstract: The centrality of the orientation and rationale of this scientific article is based on the scope of personal relationships, which under consideration, the relationship between grandparents and grandchildren. We focus on legal analysis within the scope of people's rights, in which grandparents and grandchildren constitute a legal bond, grandparents are the ascendants in relation to the grandchild. It is, to be, a second degree kinship, with socio-evaluative factors of significant alterations has been verified along the times, with respect to the socialization of these subjects. Change in the social, but also legal, scope.

The growing trend towards demographic aging, the increase in people's due hope, has been showing that there are several generations in the family, grandparents, great-grandparents to great-great-grandparents, families can encompass several generations.

Thus, there is a serious concern in jurisprudence and doctrine, in which the terms regulated by the relationships of grandparents and grandchildren, are nothing based on the current times. Until the publication of Law 84/95 of 31 August, any autonomous right of grandparent and grandchildren relations was unknown.

Thus, the concern with respect to doctrine and courts arises, a special work in relation to the relations of children and young people with their ancestors, according to article 1887. - The Civil Code, whose interpretation is made in the right to socialization.

Keywords: Grandparents - Grandchildren - Relationship - Ancestry - Law - Living

Abreviaturas: Art. – Artigo

CC – Código Civil

CRP – Constituição da República Portuguesa

Pág. – página

Cfr. – Confronte

TRL – Tribunal da Relação de Lisboa

TRP – Tribunal da Relação do Porto

ACsTc – Acordão Tribunal Constitucional

STJ – Supremo Tribunal da Justiça

Séc. – Século

RGPTC – Regime Geral do Processo Tutelar Cível

1. Introdução

O especial enfoque dado análise da temática em apreço, visa a regulação e o reconhecimento da importância do Direito nas relações pessoais entre netos avós. A pertinência da titularidade desse direito, cuja natureza jurídica e critérios definidos no ordenamento jurídico português assentam na norma do artigo 1887.º - A Código Civil. As consequências e efeitos demográficos dos tempos, têm sido o indicador responsável pelas mutações sociais nas mais diversas vertentes das relações de sociabilização.

Alguma demora na jurisdicização da relação avós-netos poderia ter sido evitada se a doutrina e a jurisprudência se tivessem focado no papel dirigente da dignidade da pessoa (artigo 1º da Constituição da República Portuguesa) e no direito a constituir família (art. 67º da CRP). Sendo cada pessoa uma totalidade[3] (única) que solicita (gera, impõe) certos relacionamentos, nomeadamente na comunidade mais próxima que é a família. Em famílias cada vez mais disfuncionais, os avós podem desde logo suprir ou completar a figura do pai ou da mãe.

Cumpre, no contexto deste artigo, num primeiro momento tratar das relações familiares no âmbito jurídico-social, nos termos do Código Civil, nomeadamente artigo 1576.º CC. Destacando-se sempre a estrutura familiar como sendo a base de qualquer sociedade.

Neste sentido, há que referir a dimensão da célula familiar no âmbito da consagração dos direitos fundamentais consagrados na Constituição da República Portuguesa, nomeadamente na formulação do artigo 67.º da CRP: a família é estrutura fundamental na sociedade,a proteção do Estado ajudando a efetivar as suas necessidades pessoais. É neste contexto que trataremos da importância da relação intergeracional, das relações avós e netos.

---

3. Vd. Diogo Leite de Campos e Fátima Nancy Andrighi, Pessoa, direitos e Direito, Ed. Revista dos Tribunais, S. Paulo, 2021, p.

Na perspetiva de reconhecer esta relação pessoal como contributo ao desenvolvimento e formação da criança ou jovem, assim como á valoração contributiva recíproca sócio afetiva dos avós e netos.

Neste entendimento e na perspetiva da relação entre estes sujeitos, a essência está na troca e partilha de conhecimentos dos mais velhos para com os mais jovens e ao invés, carateriza-se pela relação de reciprocidade sócio-afetiva porque assenta em troca de sentimentos, afetos, carinho, amor que nada mais é que a base das relações entre as pessoas humanas Faz-se jus a um direito recíproco. De acordo com a disposição do artigo 1887.º - A do CC – "Convívio com irmãos e ascendentes", este normativo foi resultado do laboro jurisprudencial e doutrinário, e introduzido no nosso ordenamento jurídico civil pela Lei n.º 84/95, de 31 de agosto. A sua finalidade foi a de contextualizar as famílias alargadas, devido às dificuldades de relacionamento devido ao excesso de autonomia. Os efeitos dessa contextualização, criavam afastamento entre os familiares que se encontravam sem possibilidade de comunicação e interação.

A enfase desta investigação, faz-se na previsão Constitucional, ao referir o artigo 36.º n.º 1, que tratando dos direitos da pessoa, direito à personalidade e desenvolvimento da mesma, consubstancia o estabelecimento da relação entre avós e netos.

A jurisprudência portuguesa, no mesmo sentido, atende ao direito dos avós, conforme acórdão do Supremo Tribunal de Justiça, de 3 março 1998. Sustenta-se na sua fundamentação, "um direito destes ao convívio com o neto". Ora, assiste-se assim à valorização jurisprudencial, a fazer valer em situações de conflitos legais, das relações pessoais entre os avós e netos.

Todavia, na senda do direito das relações avós e netos, sendo que se trata de um direito autónomo em que ambos sujeitos são titulares, a jurisprudência de outrora pronuncia-se por um direito de visita.

Em sentido mais "humano", no âmbito das relações avós e netos, note-se acórdão recente do Tribunal da Relação do Porto, de 30 de maio de 2018, "Convívio entre avós e netos".

Conclua-se assim, que a relação pessoal entre avós e netos é pautada por relação de reciprocidade afetiva, assente em valores que buscam e promovem o desenvolvimento, na base do respeito, solidariedade, amor, confraternização e lealdade. Compreende-se que as crianças que crescem junto aos avós, são crianças e jovens mais fortalecidos.

Ainda a referir a importância no saudável envelhecimento dos avós, como avós pró-ativos o que se justifica por se sentirem úteis e com ocupação e responsabilidade para com os netos. Por fim, acautelar o bom convívio entre os avós e netos, não só por compreensão dos progenitores como em *última racio,* os tribunais aclamarem o superior interesse dos avós ao convívio com os netos e o superior interesse das crianças na relação de afetividade com os avós. Na expetativa de que sirvam estas constatações e opiniões como contributo para sensibilizar a jurisprudência e doutrina para a importante relação entre pessoas, no caso em concreto, avós e netos.

O preceituado no artigo 1887.º-A do CC, que respeita ao "convívio com irmãos e ascendentes" na realidade dirigindo-se muito à proteção e regulação legal, atribuída aos avós e netos em relação de convívio, parece-nos uma chamada de atenção jurídica no âmbito do direito da família, ao reconhecimento do quanto é importante a proteção reforçada nas relações jurídico-familiares, não somente as ligações por via biológica, como assim as relações afetivas. Todavia, o legislador estabelece a norma referindo "ascendentes e irmãos", pelo que é preciso estender-se dentro dos ascendentes a outros familiares que também são importantes na vida da criança, os avós.

2. Perspetivas: Instituição Família Jurídico Social

Cumpre destacar em traços gerais a importância da estrutura familiar, como núcleo essencial numa sociedade. Neste contexto de família, temos presentes pais, filhos, netos e ascendentes e entre estes se integram os avós.

Na perspetiva de enquadramento legal, tratamos de realçar os termos e efeitos das relações jurídicas, segundo a legislação civil. Atenda-se ao artigo 1575.º CC e às disposições gerais no livro do direito da família Livro IV, Título I, do Código Civil.

Assim, constitui-se a estrutura familiar em diferentes tipologias; família nuclear e família alargada pela forma de linhas de parentesco, ligação consanguínea, o que significa dizer que descendem umas das outras, ainda por afinidade.

Num primeiro momento, atenda-se às fontes das relações jurídicas familiares, segundo artigo 1576.º Código Civil, "são fontes das relações jurídicas familiares o casamento, o parentesco, a afinidade e a adoção."

Para a lei civil as fontes das relações jurídicas da família, são diversas Considerando a constituição da família como estrutura fundamental em qualquer sociedade, importa ocupar-nos da real posição que os mais idosos assumem na família e ainda na sociedade.

Entramos aqui na essência e propósito que leva a escrever este artigo, a relação entre os avós e netos, em que os avós na maioria das vezes já não estão incluídos na convivência diária com os netos pelas mais diversas razões, uns porque vivem sozinhos, outros porque se encontram institucionalizados Em outros casos prendem-se com divergências familiares. Pelo que os netos acabam por perder a importante convivência com os avós em que tanto os netos como avós passam a ser vítimas de carências afetivas, pela ausência e distancia. É deveras um fenómeno real e preocupante nas novas sociedades modernas do sec. XXI. Duas pessoas, no momento de contraírem casamento, formalizam o vínculo contratual em ambas, momento esteque inicia a relação conjugal entre duas pessoas. Estamos, assim, perante relação familiar contratual, conforme artigo 1577.º CC[4].

4. Cfr. Artigo 1577.º - "*Noção de casamento*": casamento é o contrato celebrado entre duas pessoas que pretendem constituir família mediante uma plena comunhão de vida, nos termos das disposições deste código." Código Civil – anotado, Ana Prata, Volume II, 2017, Almedina.

Todavia, na perspetiva da relevância da temática apresentada tratamos nos termos do artigo 1887.º- A do CC, que consubstancia a relação jurídica "convívio com irmãos e ascendentes", compreendendo as relações entre filhos, tios, avós. A lei especifica o convívio de filhos, ainda menores, com terceiros não sendo os progenitores. Mais adiante, é este o desenvolvimento que se prende na temática das relações entre avós-netos.

O artigo 1576.º CC, considera o grau de parentesco estabelecido entre os avós e netos, na linha ascendente, em segundo grau na linha reta. Partimos daqui para compreender a relevância dos avós na estrutura familiar.

O artigo 1578.º CC, "noção de parentesco"[5], define esta como sendo vínculo instituído que liga duas pessoas, pelo efeito de uma delas ser descendente de outra, ainda, que existe procedência de progenitor em comum. Nos termos do artigo 1582.º CC, a lei estipula limites do parentesco:, "salvo disposição da lei em contrário, os efeitos do parentesco produzem-se em qualquer grau na linha reta e até ao sexto grau na colateral".

Da essência legal supra referida, prende-se pela necessidade de fixação de limite ao grau de parentesco derivado do afastamento da proximidade biológica. Significa que quanto maior o grau, mais afastadas as pessoas ficam de seus parentes, como se bem compreende.

Iniciamos por tratar das fontes jurídicas familiares, sendo a constituição de pessoas agrupadas em relações jurídicas, cuja estrutura e essência são considerada, como os pilares básicos e importantes numa sociedade.

---

5. Cfr. Artigo 1578.º Código Civil – anotado – Ana Prata, 2017, Almedina, "*Noção de Parentesco*" – n.º 1. O parentesco e a relação familiar que se estabelece entre duas pessoas, uma das quais descende da outra, ou que descendem de um progenitor comum. A primeira modalidade é o parentesco na linha reta, a segunda o parentesco na linha colateral. Os irmãos, parentes em linha colateral, podem descender de dois progenitores comuns, casados entre si ou não, ou apenas de um.

Vivemos em tempos em que as estruturas familiares se vêm- alteradas, devido à mutação constante de padrões da nova época, cuja consequência deve-se a diferentes interesses e valores éticos e sociais. Os grupos familiares sofrem alterações fatuais, devido a fenómenos de individualização de cada membro. Exemplo disso, falta de convívio entre os membros, pelas mais diversas razões: os princípios e valores vão declinando.

As consequências observam-se quanto à redução de número de filhos na família; o núcleo familiar, as grandes famílias, vão sendo substituídas, por norma, pelos cônjugese um ou dois filhos, a chamada família conjugal, mais reduzida que outrora.

A sociedade moderna assiste à exigência destas novas células familiares, pois os novos tempos são exigentes nesse aspeto; ambos os progenitores por norma trabalham, os filhos estão nas escolas. O pouco tempo que lhes resta para convívio não é suficiente para partilha de afetividade, provocando consequências nefastas de carências de afeto entre os membros familiares, cuja repercussão se traduz na falçta de formação da criança em relação com os progenitores e restantes membros. Os efeitos destes desencontros levam em muitas situações à destrutura do núcleo familiar, são efeitos colaterais, que em prol de uns interesses sacrificando-se outros interesses e valores.

3. Relação entre Avós e Netos

No âmbito da temática, é importante entender o tipo de relação existente dos avós para com os netos e vice-versa, ;todavia, na essência desta relação há que saber qual é o papel influente dos avós na vida dos netos e ao inverso. São gerações diferentes com valores de vida diferentes na comunhão familiar e social.

Num primeiro momento, os avós têm uma essencial função no que respeita à transmissão de valores sociais históricos, chamados valores familiares que transitam de geração para geração.

A dimensão do núcleo familiar, assente em base Constitucional, a referir o artigo 67.º da Constituição da República Portuguesa, sendo a essência deste normativo que representa a consolidação dos Direitos fundamentais. Aspetos de relevância a ter em apreço, prende-se com a caraterização atual da relação avós-netos, atendendo a fatores que outrora não existiam, devido às novas famílias do séc. XXI.

Importa perceber que os avós passaram a ter uma posição menos presencial na vida dos netos, fenómeno que tem se vindo a observar desde os anos 90. Deparamos com grupos familiares mais reduzidos, a taxa de natalidade baixa, os idosos mais isolados, pelas razões devidas às alterações sociais e consequentemente à afetação na vida familiar.

A fundamentação consagrada na Lei Civil, artigo 1887.º - A Código Civil, destaca a base do vínculo jurídico em relação Avós e Netos por ascendência que mais à frente trataremos de esmiuçar este normativo. Por ora, tratamos de compreender a profundidade da importante relação do convívio entre os avós e netos.

Primeiramente, assiste-se a nova geração de avós que outrora dispunham mais tempo de lazer com os netos, o que era favorável para o convívio entre ambos. Sucede que os avós atuais são um nicho de população que, cada vez mais, trabalh até mais tarde, até atingir a idade da reforma. Não é que os avós do passado não trabalhassem. Trabalhavam muitos deles nas áreas agrícolas ou artesanais as crianças partilhavam os seus tempos livres com os avós

As significativas mudanças históricas e a dimensão sociológica variável nos tempos, são contributos para novas formas de inter-relações, seja com os netos, também com os filhos e outros parentes.

3.1 Relação Intergeracional:

Em outros tempos não existiam creches, nem infantários, nem pré-escola: a criança até atingir a idade para seguir a escola primária por volta dos 6 a 7 anos, tionha só o convívio da família, mais próximo dos avós. A referência da figura das avós a uma criança, é muito valorativa na formação da sua personalidade da Os laços intergeracionais refletem mútuas vantagens, para a criança e para os avós.

Nesta apreciação, primeiramente importa o contributo afetivo que o convívio entre ambos proporciona. Falamos aqui de uma relação de reciprocidade em que os mais idosos necessitam de mais afetos, devido à sua vulnerabilidade caraterística natural do envelhecimento. Numa segunda perspetiva o amor dos avós pelos netos é único e incondicional, com sabor de paz e tranquilidade, assente na experiência e sapiência dos avós.

A relação entre ambos proporciona a partilha de cumplicidade, aprendizagem para ambos. Assim, os mais novos, em questão de conhecimentos sobre o uso das novas tecnologias, ensinam aos avós como utilizar estes meios; os avós transmitem a historicidade, seja das suas vivencias ou historicidade da cultura em que viveram.. Todos estes fatores são contributos para desenvolvimento recíproco na relação Avós e netos.

Podemos até afirmar, que o impacto, tanto a nível emocional, como físico, têm presente uma mais valia para saúde dos mais idosos, na forma que os mantêm mais ativos. O isolamento dos idosos tem consequências nefastas na saúde mental e pressuposto na física. A estabilidade emocional é um dos pontos mais importantes a ser preservado na vida diária do idoso, a estabilidade promove o equilíbrio e saúde mental.

Podemos dizer que avós e netos estão em relação recíproca de transmissão de afetos, fortalecendo assim os laços entre ambos, ainda que exista significativa diferença entre os dois mundos, marcado pela diferença de idades.

A perspetiva sociológica, cuja análise sobre a família tem vindo a demonstrar que os novos modelos e tipologia familiares, em relação ao exemplo do modelo família nuclear, leva a considerar que esta conceção se encontra ultrapassada pelo novo modelo de família alargada cuja existência na maioria das vezes, é devida aos divórcios, em que os casais trazem consigo para as novas relações, filhos de outro casamento. O mesmo se observa, com os avós destes outros filhos, que não são seus descendentes consanguíneos, mas sim por criação de laços de afetividade e convívio.

Cabe assim acrescentar que a pessoa Humana por natureza é um ser sociável, e de relações. Existe como Ser, na sua individualidade, mas define-se também como relação interpessoal, Ser uno que é, ela só existe na sua total essência ao reencontrar-se no outro. Segundo esta visão da pessoa como Ser de relações, bem se compreende que toda a relação tem os efeitos de reciprocidade, pois a pessoa Humana só se revê no próprio Eu, sempre em relação com os outros.

Diogo Leite de Campos afirma neste quadro: "*O Ser, para ser reencontra-se nos outros, negando-se, na universalidade do ser (seres).*

O amor são os outros, eles mesmos – e não a ideia que se faz deles. Existir significa amar – o ser Humano é "paixão" com sentido. Em termos de o outro não ser uma adjunção mas constitutivo do ser."[6]

Segundo o autor referido, o Ser Humano como Ser em sociabilização, está em constantes relações. Assim bem se compreende que a dignidade da Pessoa Humana, mesmo na fase mais vulnerável, débil, característica própria da idade em que algumas faculdades se vão dissipando, é sempre um ser Humano em relação, que à temática em apreço, a relação vinculativa de avós-netos em contexto de valoração sentimental, aprendizagem, e formação.

As considerações a fazer são: a pessoa, só existe e se revê como ser relacional, com relações sociais ou familiares com múltiplos benefícios a todos, principalmente nas pessoas

---

6. Cfr. CAMPOS, Diogo Leite de – NÓS, Estudos sobre o Direito das Pessoas, Almedina, 2004, p. 89.

idosas: poderemos dizer que estas relações são um estimulante natural para envelhecer saudavelmente.

Tal como as relações dos mais novos, dos netos com os avós, de igual forma os avós servem de estímulo e desenvolvimento aos netos, através laços de afetividades recíprocos e até de complementaridade recíproca. Porque a relação é isso mesmo, reciprocidade e complementaridade entre as pessoas; de outra forma não se revê a pessoa Humana. É neste contexto que a relação se define, como caráter de solidariedade, entreajuda, carinho, amor, seja nas relações sociais, na comunidade seja no espírito familiar.

Ainda a referir Ricardo Pocinho, Ana Silva, Eduardo J. R. Santos...] em "Estudos sobre o envelhecimento", porque falar de avós em falar das vulnerabilidades dos mais velhos. "*A imagem de si, enquanto visão ou conceção que o individuo tem de si mesmo, resulta de um processo que envolve as experiências, as impressões e os sentimentos que o individuo vivenciou ao longo de sua existência.*

A maneira como cada um irá reagir ao envelhecimento não deixa de estar relacionada com as primeiras experiências de infância, que serviram de espelho estruturante e com o qual foram constituídos os alicerces da subjetividade."[7]

É de ressalvar num primeiro momento que a relação da criança na sua infância é fundamental para o modo como cada pessoa se revê na fase de envelhecimento, tanto que assim é, que se conclui que a idade não é sinónimo de maturidade por muitas razões de carências afetivas e laços interrelacionais na infância, o registo destas descompensações observa-se mais tarde em adulto.

Podemos dizer que o ciclo da vida compõe-se de muitas vicissitudes, do saber, da experiência, das emoções, das

7. Cfr. POCINHO, Ricardo, SILVA, Ana, SANTOS, Eduardo J. R., VILHENA, Junia...;] in Metodologias de Investigação – Estudos sobre o Envelhecimento, p. 68.

aprendizagens das relações intergeracionais, as relações de gerações diferentes e culturas diferentes.

4. Análise Jurídica do Artigo 1887.º-A – Código Civil

O que nos ocupa, nesta perspetiva tratar, assenta no essencial à temática da relação avós-netos, cuja fundamentação legal se encontra na previsão do artigo 1887.º - A Código Civil, onde, a mesma estipula o vínculo jurídico do estabelecimento das relações pessoais.

Em breve síntese, do surgimento legal do normativo acima referido os tempos evoluíram e com ele, surge assim a necessidade do legislador prestar atenção às relações pessoais entre os avós e netos, tal como a jurisprudência portuguesa assim veio mostrando.

A alteração introduzida no nosso Código Civil Português, pela Lei n.º 84/95, de 31 de agosto, após reconhecimento da existência de um direito e autonomização no que respeitava às relações entre avós e netos. Até a publicação desta norma não existia qualquer base legal que mostrasse que o vínculo existente entre os avós e netos, merecesse atenção e cuidado, respeitante aos requisitos que unem esta relação.

Atenda-se a disposição da fundamentação legal em que a jurisprudência se apoiava até à data antes da publicação da Lei 84/95 de 31 de agosto.

O artigo 1918.º do Código Civil dispõe o seguinte– Perigo para a segurança e saúde, "*a formação moral ou a educação de um menor se encontre em perigo e não seja como de inibição do exercício das responsabilidade parentais, pode o tribunal, a requerimento do Ministério Público ou de qualquer das pessoas indicadas no n.º 1 do artigo 1915.º, decretar as providências adequadas, designadamente confiá-los a terceira pessoa ou a estabelecimento de educação ou assistência*".[8]

---

8. Cfr. Artigo 1918.º do Código Civil – Código Civil anotado Ana Prata, 2017.

Até à publicação do artigo 1887.º-A não existia qualquer assento legal que fizesse menção a que poderia existir qualquer direito de convívio ou relação entre os avós e netos. Nem mesmo a fundamentação do artigo 1918.º Código Civil faz alusão ao grau de ascendência relativamente à figura dos avós. Nesta linha de entendimento a jurisprudência da época naturalmente não tinha outra expressão legal onde se apoiar a não ser a essência do artigo 1918.º CC. E a própria ideia de família a sobrepor-se à lei e a inspirar as relações.

Com efeito, através da Lei n.º 84/95, de 31 de agosto, com o aditamento do normativo artigo 1887.º - A do Código Civil, vide epígrafe da norma "*Convívio com irmãos e ascendentes*", cuja fundamentação "*os pais não podem injustificadamente privar os filhos do convívio com os irmãos e ascendentes.*"[9]

Em primeira análise a fazer, a primazia deste Direito faz-se de forma e conteúdo, a criança como titular de um direito autónomo à relação com os avós e irmãos. Pode-se dizer, que estamos perante a um direito amplo em que o direito ao

---

Anotação; "*o critério para aferir da suficiência destas medidas de limitação ao exercício das responsabilidades parentais, relação às situações em que é cabida a inibição, prende-se com a gravidade do perigo em que a criança se encontre, sendo também útil, neste tocante, o recurso ao regime previsto na Lei de Proteção, que mais detalhadamente se refere às diversas situações de perigo, bem como o afeto de este ser ou não diretamente causado pelos pais ou antes não afastado pelos pais.*" P. 829

9. Cfr. Artigo 1887.º - A Código Civil Português, Ana Prata, 2017. Almedina anotação do artigo infra supra n.º 1. O preceito, aditado pela Lei n.º 84/95, de 31 de agosto, resultou de orientação jurisprudencial e doutrinária, inserida no contexto de uma revalorização da família alargada, e das dificuldades relacionais por vezes colocadas por uma excessiva "atomização da família".
A compreensão do regime reclama antes de mais, a consideração de que o poder-dever de guarda do filho engloba a escolha e determinação, pelos progenitores que exercem as responsabilidades parentais, das pessoas com as quais o filho pode ou não conviver, e não apenas o poder-dever de manter os filhos no lar familiar ou, como se refere no artigo anterior, na casa que os pais lhe destinaram. O convívio dos filhos menores com terceiros – que não os progenitores – está, porém, também sujeito à regra geral contida no n.º 2 do artigo 1878.º, ou seja, deve ser os pais reconhecida aos filhos menores de acordo com a sua maturidade, paulatina autonomia na escolha das pessoas com quem convivem na regulação de afetos, e mesmo nas preferências de convívio na família alargada...) p. 791.

convívio da criança com os avós, irmãos, tios não pode ser negado pelos pais, porque a Lei é explícita.

A previsão do artigo 1918.º Código Civil não consta o direito da relação e convívio entre Avós e netos, apenas aceita nas circunstâncias em que as crianças estivessem em situação de conflito e perigo relativamente aos pais, nos termos do artigo 1915.º Código Civil que, a requerimento do Ministério Público ou pessoa parente, a que o menor se encontrasse à guarda, cabe ao tribunal decretar a inibição do exercício das responsabilidades parentais.

4.1 Relação: Avós e Netos: Convívio

A jurisprudência portuguesa à época anterior à entrada em vigor da Lei 84/95 de 31 de agosto não dispunha de base legal escrita para legitimar o convívio e relação de avós e netos com base n artigo 1918.º CC, o critério da inibição das responsabilidades parentais, o descontar das devidas providências.

Atualmente, nos termos do artigo 1887.º-A do Código Civil, que legítima os avós por interposta ação tutelar comum que se encontra prevista nos termos do artigo 67.º do Regime Tutelar Civil, tratando de uma providência tutelar civil artigo 3.º do referido RGPTC, nas condições legitima de proteger os netos, e ainda alegar o direito ao convívio com estes.

O artigo 1887.º - A do Código Civil, estabelece o limite dos pais no âmbito do exercício das responsabilidades parentais, a proibição sem justificação à relação dos filhos com os avós e irmãos. Está subjacente à relação Avós e Netos, o princípio do superior interesse da criança e o princípio do interesse dos avós, na relação mútua de troca de afetos, aprendizagem, historicidade, uma relação intergeracional, valorativa para o desenvolvimento da criança e saúde emocional.

Atualmente, os avós reclamam o direito ao convívio com os netos com fundamentação e termos do artigo 1887.º - A Código Civil, sempre que os progenitores em exercício das suas responsabilidades parentais, venham negar o direito ao convívio ou visitas dos avós com os netos, cujo direito é-lhes atribuído, pela Lei Civil.

Como já se escreveu atrás a lei do direito dos avós ao convívio surgiu em 1995, mas em muitos casos os avós não recorrem aos tribunais para valer esse direito, por razões de evitar conflitos maiores ou desconhecimento.

A jurisprudência anterior à lei não reconhecia o direito de convívio dos avós e netos. Á data de 3/3/1998, foi através do acórdão do Supremo Tribunal de Justiça que se viu conferida legitimidade ativa. A qualquer direito se deve ver correspondida uma ação. Veja-se a transcrição do referido acórdão à época do STJ (regulação do Poder paternal; Direito de visita) ao abrigo do Direito da família, conforme artigos 1885.º CC; artigo 1886.º CC; artigo 1887.º CC; artigo 1887.º - A CC, artigos 1905.º e artigo 1918.º CC e Lei 84/95 de 31/05/1995, conforme extrato sumário:

"*os avós têm legitimidade para intervirem no processo de regulação do exercício do poder paternal, e, invocando o artigo 1887.º do CC, obterem a regulamentação do seu direito de visita ou direito ao convívio*"[10] Decisão em acordo por unanimidade pelos senhores conselheiros, criando assim jurisprudência.

A jurisprudência dos Tribunais Superiores Portugueses, após introdução da Lei 84/95 de 31 de agosto com o artigo 1887.º - A CC, tem estado atenta à questão da atribuição do Direito dos Avós às relações pessoais de convívio com os netos.

O fenómeno da longevidade dos idosos, é acompanhado por uma nova preocupação e perceção social, não como cuidado de pessoas incapazes ou dependentes, antes sim, como pessoa idosa com autonomia e capacidade, que ao caso, pessoa na qualidade de avó, com titularidade de Direito de manifestação dessa legitimidade em relação ao convívio com os netos.

---

10. Vide Acordão STJ de 3/3/1988
http//www.dgsi.pt/jstj. Votação: unanimidade
- regulação do Poder Paternal e – Direito de Visita

A concluir, os idosos e as crianças têm nova posição social, seja na família seja na sociedade, cuja posição teve reflexo juridicamente no âmbito das relações pessoais, as relações pessoais entre avós e netos merecem consideração como realidade que é, na perspetiva relacional afetiva e todos os aspetos na boa convivência inter-relação existente, necessária e recíproca, o tribunal da Relação de Coimbra conclui a legitimidade do convívio entre avós e netos, "*direito de convívio recíproco.*"[11]

5. Observância Jurídico – Constitucional: Relação e Convívio entre Avós e Netos

Cumpre assim, no âmbito jurídico-constitucional, aclamar ao fundamento da norma artigo 67.º[12] da Constituição da República, "família", n.º 1 A família, como elemento fundamental da sociedade, tem direito à proteção da sociedade e do Estado e à efetivação de todas as condições que permitam a realização pessoal dos seus membros.

Incumbe, designadamente, ao Estado para proteção da família conforme os requisitos das alíneas do n.º 2 da referida essência da norma Constitucional.

A referir a previsão da norma artigo 26.º n.º 1[13] da Constituição e artigo 36.º n.º 1[14] na substância dos direitos fundamentais ao que determina o reconhecimento ao direito da identidade pessoal, desenvolvimento, prevê também o segundo grau de parentesco, onde se encontra estabelecida a relação entre os avós e netos.

---

11. Cfr. Acórdão do Tribunal da Relação de Coimbra, 26 de fevereiro de 2006, in http://www.dgsi.pt

12. Cfr. Artigo 67.º da Constituição da República Portuguesa anotada – J.J. Gomes Canotilho; Vital Moreira, Coimbra Editora, p. 854

13. Cfr. Artigo 26.º n.º 1 CRP

14. Cfr. Artigo 36.º n.º 1 CRP

Nos termos e fundamentos da jurisprudência (cfr. AcSTC n.º 829/96 e 232/04,[15])em matéria da proteção à unidade da família, com base no direito previsto na norma artigo 36.º da CRP, assenta-se no reconhecimento e garantia dos direitos de todos e cada membro da família, encontram-se constitucionalmente contemplados, ainda nos termos do artigo 67.º da CRP e artigo 68.º, cuja proteção faz-se no âmbito dos direitos sociais.

No entendimento da jurisprudência, parece existir unanimidade ao parecer efetivo no âmbito das relações pessoais entre avós e netos.

Todavia está pouco claro se a relação entre os avós e netos poderá ser considerada como a existência de um direito que assiste aos avós, ou um direito dos netos em si próprios, como ainda um direito fundamental da existência da relação recíproca, avós e netos.

Atenda-se, à jurisprudência, antes da introdução da Lei n.º 84/95. O acórdão da Relação do Porto, 09 de março de 1993[16], entende que não existia no ordenamento jurídico civil qualquer direito de visitas dos avós aos netos,: À época, note-se em que a criança estava integrada na família núcleo, os progenitores e irmãos são os que constituem a família, e caso os avós caso não coabitassem com os netos, não lhes assistia qualquer direito.

Observa-se posição defendida pelo Tribunal da Relação de Lisboa, acórdão de 12 de junho de 2003[17], que após a entrada em vigor da Lei referida, a norma civil artigo 1887.º A, refere, existir "direito autónomo ao convívio com os irmãos e

---

15. Cfr. ACsTC n.ºs 829/96 e 232/04 – A Proteção da família significa em primeiro lugar proteção da unidade família. O direito à convivência, direito dos membros do agregado familiar.

16. Cfr. Acórdão do Tribunal da Relação do Porto; de 9 de março de 1993, in http://www.dgsi.pt.

17. Cfr. Acórdão do Tribunal da Relação de Lisboa; de 12 de junho de 2003, após entrada da Lei Civil, Lei n.º 84/95.

avós", direito esse que existe somente por parte do neto, ignora a existência de algum direito por parte da avó."

Todavia, segundo acórdão do Supremo Tribunal de Justiça, acórdão de 03 de março de 1998, aclamou que existe "*um direito destes ao convívio com o neto*"[18], posição distinta da anterior análise do Tribunal da Relação de Lisboa, em outro entendimento, fundamenta o acórdão da Relação do Porto[19], acórdão de 7 de janeiro de 1999, relativamente a criança, "à menor assiste o direito de continuar a relacionar-se com a avó, e esta tem, igualmente, o direito de conviver com a menor.

Segundo a sustentação deste referido acórdão, a jurisprudência reconhece um direito ao convívio em linha de reciprocidade segundo sustentação de acórdão Tribunal da Relação de Coimbra[20], de 26 de fevereiro de 2006, "*direito ao convívio recíproco*".

A sustentação deste entendimento faz jus a que a relação entre avós e netos não se fique por relação de direito de visita, mas uma relação de intercambio entre ambos com trocas de interesses e valores comuns, ambos beneficiam com esta consideração.

Ainda neste sentido em atenção à criança como titular de direito ao desenvolvimento da personalidade, nos termos do artigo 26.º n.º 1 da Constituição da República Portuguesa "*todos são reconhecidos os direitos à identidade pessoal, ao desenvolvimento da personalidade, à capacidade civil, à cidadania, ao bom nome e reputação, à imagem, à palavra, à reserva da intimidade da vida privada e familiar e à proteção legal contra quaisquer formas de discriminação.*"[21]

---

18. Cfr. Acórdão do Supremo Tribunal Justiça, de 03 março de 1998, in http://www.dgsi.pt.

19. Cfr. Acórdão Tribunal da Relação do Porto, de 7 de janeiro de 1999.

20. Cfr. Acórdão Tribunal da Relação de Coimbra, de 26 de fevereiro de 2006, "direito de convívio recíproco entre avós e netos.

21. Cfr. Artigo 26.º da Constituição da República Portuguesa, J.J. Gomes Canotilho, Vital Moreira, Anotada p. 458.

A substância do preceito referido atribui a todos estes direitos pessoais, ao que se conclui que tanto os avós com as crianças estão na esteira da proteção prevista do Direito fundamental. Podemos atribuir o significado no âmbito jurídico-familiar à considerável relação de reciprocidade, conforme jurisprudência assim entende.

Note-se ainda que a importância da promoção do direito ao desenvolvimento da personalidade da criança, no âmbito da relação entre avós e netos, assume uma particular relevância, pois, se compreende que são as relações pessoais estabelecidas, são relações de reciprocidade.

No âmbito do direito ao desenvolvimento da personalidade, segundo J.J. Gomes Canotilho e Vital Moreira, "o desenvolvimento da personalidade transporta também uma dimensão de liberdade indispensável à auto conformação da identidade, da integridade e conduta do individuo."[22]

Existe um direito dos avós, mas simultaneamente um direito dos netos. Trata-se de direitos de distinta autonomia, com intrínseca ligação. Em suma, não é certo dizer que os avós têm perante o neto um superior direito e vice versa. Ambos têm o mesmo direito ao convívio, numa relação pessoal de reciprocidade.

5.1 Direito de Visita ou Direito ao Convívio

Urge, assim, uma vez que já caraterizamos a relação avós e netos juridicamente, como sendo um direito autónomo de ambos titulares, que se reconhece como um direito ao desenvolvimento da pessoa em relação consigo próprio e com o outro, às palavras de Jorge Neves Novais, no âmbito da consagração do princípio da dignidade da Pessoa Humana,

---

22. Cfr. Artigo 26.º - Constituição da República Portuguesa, J.J Gomes Canotilho e Vital Moreira; Anotaçção IV p. 465 ["...Neste contexto, o direito ao desenvolvimento da personalidade pressupõe, desde logo a exigência de proibição d ingerências dos poderes públicos ou de poderes privados dotados de poderes públicos, como, por exemplo, o direito de não ser puros por comportamentos não considerados ilícitos, o direito de não ser espiado no desenvolvimento de atividades licitas...] p. 465.

anota-se, "*a dignidade da pessoa em si, uma dignidade que o sentido de justiça do nosso tempo funda numa capacidade abstrata e potencial de autodeterminação, mas alarga a todas as pessoas independentemente da capacidade ou vontade concreta da sua realização.*"[23]

Neste sentido, segundo o autor e entendimento que se faz, as relações entre pessoas, prima pela capacidade que cada uma tem como titular de direitos, a fim de preservar a sua dignidade como um valor absoluto próprio de cada pessoa em relação consigo e com os outros. Tratando-se de conceito que comporta uma autonomia própria, sujeito de relações que é o ser Humano, pois aferição se faz no âmbito da livre relação entre as pessoas.

Segundo a disposição legal do artigo 1887.º-A do Código Civil, ao qual se recorre à averiguação da essência do direito da relação entre avós e netos, "convívio com irmãos e ascendentes", desta disposição está afastada, o que designava tradicionalmente o direito de visita que assistia aos avós relativamente aos netos. A terminologia "visita" é um termo pouco consistente quando se trata de relação com um neto. Fica muito aquém da real essência de uma relação entre pessoas, avós e netos.

Segundo o Tribunal da Relação de Coimbra, acórdão 26 de fevereiro 2008, "*parece entender o inverso quando relega a questão terminológica para um segundo plano, optando por se pronunciar sobre a questão*"[24] independentemente de se saber se se trata ou não, no citado preceito, de haver um direito de visita ou se apenas um direito ao convívio.

Ainda o Tribunal da Relação do Porto, em 30 de maio de 2018[25], no âmbito de ação tutelar comum, questão relacionada

23. NOVAIS, Jorge Neves – A dignidade da Pessoa Humana, Vol. I – Dignidade e Direitos fundamentais, p. 63.

24. Tribunal da Relação de Coimbra, Acórdão de 26 de fevereiro de 2008, in http://www.dgsi.pt.

25. Cfr. Tribunal da Relação do Porto, de 30 de maio de 2018, "convívio entre avós e netos" – apelação confirmada, unanimidade.

com convívio entre netos e avós, apelação confirmada por unanimidade, atende que os progenitores ao conviverem por afastamento dos avós, sendo que foram criados laços afetivos e convívio entre avós e neta, o tribunal repudia o condicionamento que os progenitores colocaram entre o convívio da neta com os avós.

O Tribunal da Relação de Lisboa, em 8 de fevereiro de 2018, acolhe o estabelecimento da Relação da Criança com os avós e irmãos como benéfica para esta, ao abrigo do artigo 1887.º - A CC, ao que tutela o direito autónomo dos menores ao relacionamento com os seus ascendentes.

Importa precisar que existe na relação pessoal avós e netos um vínculo forte. Não basta catalogá-lo com um Direito de Visita, porque visita é muito objetiva e esta relação comporta parâmetros de necessidade e interesses mútuos que solidificam com a convivência. Presentemente temos assistido que os avós cada vez mais estão mais afastados do convívio com os netos, o que faz com que os laços entre ambos percam a força natural destas relações pessoais.

6. Avós e Netos em relação de reciprocidade afetiva: relevância

Importa agora, compreender que a conceção de família é no seu todo uma estrutura natural, de cariz social, completa, não aceita indivisibilidades.

A instituição familiar existe antes demais pautada por valores específicos baseados e assentes em vínculo de sentimentos, amor, lealdade, amizade e proteção. Com a evolução dos tempos a conceção de família passou por várias transformações, surgem novas tipologias de estrutura familiar, da estrutura nuclear que se conhecia em outros tempos, deu lugar à constituição de famílias e natureza alargada. Resumidamente, como já disse atrás, tais alterações têm se vindo a manifestar desde séc. XIX até ao presente. Devido à evolução das sociedades modernas, por inúmeras razões, economia, cultura, industrialização política entre outros motivos. Razões estas que afetaram todas as relações entre as pessoas, essencialmente as relações familiares no campo afetivo e social.

Em suma, com a breve introdução no âmbito das relações familiares, o que se pretende, é fazer prevalecer a relação convívio entre avós e netos, que muitas as vezes é afetada por inúmeras razões, como exemplo o divórcio dos progenitores e consequentemente o afastamento das crianças.

A questão de relevância a preservar, é que o convívio dos avós e netos conforme e termos do artigo 1887.º - A CC, reforça os laços afetivos entre todos os familiares, considera-se uma necessidade base para a vida saudável de uma família.

As gerações mais novas carecem de inter relacionais com as gerações mais velhas, porque são estas relações que promovem o desenvolvimento de sentimentos de respeito, solidariedade, amor, lealdade, cuidado, conforme cifra a norma referida "convívio com ascendentes" é um direito adquirido aos avós e netos, assim, a interpretação deste direito não se basta só ao direito de visitas, a expressão é o direito ao convívio, podendo tanto avós ou irmãos fazerem-se valer desse direito, mesmo que os progenitores da criança não esteja de acordo. A menos, que façam prova contrária, que os avós sejam pessoas indúbias para manterem a relação de convívio com os netos, o superior interesse da criança é primorado do direito, tal como o interesse dos avós relativamente ao convívio com estes.

Todavia, salienta-se para bem estar e saúde emocional de toda a família, que exista o espirito de boa convivência entre os membros, evitando tais situações de conflitos que, no centro destes conflitos se encontram os mais vulneráveis, sejam os avós, pessoas de mais idade, mais carentes de afetos, sejam as crianças que necessitam para o seu desenvolvimento e formação conforto e estabilidade emocional.

Os laços familiares entre avós e netos são conhecidos pela promoção e reforço de boa estabilidade de transmissão de valores morais e éticos aos netos, tais como os valores afetivos, tornando-se memória para todo o sempre.

Acórdão Tribunal da Relação de Lisboa, de 14-7-2020[26], unanimidade o requerente, avó que cuidará dos netos desde o nascimento, nos tratos básicos, alimentação, passeios, brincadeiras, existiu sempre proximidade afetiva diária, afeto e carinho relacionamento de proximidade e intensidade afetiva, os progenitores sem justificação não permitiram às avós as rotinas de relacionamento com os netos, foi cortado interrompido o relacionamento que existia habitualmente, o tribunal decide em concordância com o Ministério Público e avó paterna, mesmo sem concordância dos progenitores ao abrigo do artigo 28.º do RGPTC, o convívio e participação na vida ativa da criança.

Segundo Doutrina, à luz de Diogo Leite Campos "*após a dissociação familiar não poderá ser tomado como referência o nível de vida que o menos tinha na constância da vida conjugal.*"[27]

Tal circunstância prende-se, que, com a separação das pessoas, os cônjuges, não deverá facto algum existir cujos, efeitos prejudiquem a vida ativa do menor, tais como a não convivência com os ascendentes entres outras particularidades do quotidiano, devem ser tratadas com zelo, afim de não ferir estas relações.

7. Conclusão

Conclua-se assim, que segundo a posição jurisprudência, ao abrigo da norma artigo 1887.º - A Código Civil, existe o real direito dos avós em convívio com os netos, assim como o interesse e prossecução dos direitos dos netos ao convívio com os avós.

Segundo Rosa Martins e Paula Távora Vítor, "*os Tribunais Portugueses têm sido confrontados, de forma crescente,*

26. Cfr. Acórdão do Tribunal da Relação de Lisboa, de 14 de julho de 2020, por unanimidade, apelação procedente, Cfr. Acórdão do Tribunal da Relação de Lisboa, de 8 de fevereiro de 2018, avós biológicos e avós afetivos.

27. Cfr. CAMPOS, Diogo Leite de – "Direito da Família e das Sucessões", 2.ª edição, Almedina, 1997, p. 312.

com a necessidade de reconhecer e regular os termos em que se desenvolvem as relações pessoais entre avós e netos. Por esta razão, podemos hoje encontrar uma jurisprudência cada vez mais rica que se ocupa das várias facetas do problema."[28]

Neste sentido de reconhecimento, o Supremo Tribunal de Justiça no Acórdão de 3 de março de 1998[29], "*um direito do menor ao convívio com os avós", tal como um direito destes ao convívio com os netos*",[30] .Ainda conforme, o acórdão Relação de Coimbra pronuncia-se por "Direito Recíproco", existe intrinsecamente entre ambos, o direito personalidade, o direito dos netos ao convívio com os avós no âmbito das relações pessoais, na norma do artigo 26.º n.º 1 da Constituição da República Portuguesa.

Todavia em entendimento pelos direitos de personalidade, a tutela geral da personalidade encontra-se no ordenamento jurídico civil art.º 70.º CC. Apesar do que fica exposto, importa terminar esta apresentação no âmbito científico, que diz respeito a dimensão sócio afetiva existente entre os avós e netos, e marcante na vida da criança tal como na vida dos avós é de caráter único.

O amor incondicional, com total disponibilidade proporciona à criança, importante base qualificativa na formação e desenvolvimento de sentimentos que se vão cimentando nas relações com os outros no futuro.

Não obstante referir que, avós que convivem com os netos são beneficiados quanto ao estado de saúde seja física ou psicológica, devido à proatividade. Anote-se, que no exercício das responsabilidades dos avós ao convívio com os netos, existe uma real justificação para os avós se manterem ativos.

---

28. Cfr. In O direito dos avós às relações pessoais com os netos na jurisprudência recente. Julgar, n.º 10 - 2010.

29. Acórdão STJ de 3 de março de 1998.

30. Acórdão da Relação de Coimbra, de 26 de fevereiro de 2008, (Direito Recíproco).

Além do mais, os netos trocam informações da atualidade que aos avós, exemplo disso, o uso das novas tecnologias, todos estes fatores são contributos valorativos para que os avós usufruam de um envelhecimento saudável e ativo.

Salvo outro entendimento, a relação estabelecida entre os avós e netos, têm como finalidade a prossecução de outros direitos consagrados na esteira dos direitos fundamentais em que todas as pessoas são titulares, não somente os avós e netos. No entanto, a promoção do direito ao desenvolvimento da personalidade e historicidade pessoal, dá-se em contexto das relações inter geracional, das pessoas mais velhas para com os mais jovens, ao conhecimento das suas origens, o benefício das relações pessoais ao convívio entre os netos e avós, têm esta relevância no âmbito do desenvolvimento da personalidade do jovem.

Neste sentido, no âmbito do direito ao desenvolvimento da personalidade segundo Gomes Canotilho e Vital Moreira, é composto por três elementos nucleares; "*1) o direito à autoafirmação em relação a si mesmo; 2) o direito à auto exposição na relação com os outros; 3) o direito à criação ou aperfeiçoamento de pressupostos indispensáveis ao desenvolvimento da personalidade.*"[31]

Manifesto está, no terceiro núcleo, dos três elementos da essência do Direito Fundamental que subsiste a toda e qualquer pessoa Humana, direito ao desenvolvimento da personalidade, o pilar substancial em forma e conteúdo na essência do direito. Este direito tem como titular os avós, e os netos repare-se que não existe limite à aferição do titular do direito, nem poderia existir. Os avós, porque entende-se bem, que a idade não é sinónimo de perder a titularidade do desenvolvimento da personalidade. Aos netos, pois dessa forma é uma promoção à formação do caráter e seu desenvolvimento pessoal enquanto criança ou jovem.

---

31. Cfr. CANOTILHO, J. J. Gomes, MOREIRA, Vital – Constituição da República Portuguesa anotada, Coimbra Editora, 2007, p. 464

A concluir a ideia, no âmbito das relações Humanas, as relações intimas entre os pais e filhos têm por vezes o seu caráter complexo, todavia, existe a necessidade e lucidez de ultrapassar os conflitos menos favoráveis. Pois, assim também se compreende, que as relações netos e avós poderão criar semelhante conflito geracional, o que é muito natural.

As relações pessoais não abrem espaço para desconsiderações e desvalorizações das diferentes formas de cada um se relacionar. O importante é manter o respeito e integridade seja em que relação estiver presente, reforçando a ordem e salvaguardando, os sentimentos que sustentam a estrutura familiar.

Referências Bibliográficas

AZAREDO, Zaida, BELO, Pedro, GANGA, Rafaela, NIÑO, Lorena, SILVA, Ana, SANTOS, Eduardo, VILHENA, Junia e ZAMORA, Helena – **Metodologias de Investigação: Estudos sobre o Envelhecimento,** 2014, Psicosoma, ISBN: 978-972-8994-63-1, Depósito Legal 384947/14.

CAMPOS, Diogo Leite; CAMPOS, Mónica Martinez de – **Lições de Direito da Família**, 3.ª Edição revista e atualizada, ISBN: 978-972-40-6493-2, CDU 347, Depósito Legal 409832/16.

CAMPOS, Diogo Leite de – **Nós, Estudos sobre o Direito das Pessoas**, Livraria Almedina, Março 2004, Depósito Legal 207175/04.

CANOTILHO, J. J. Gomes; MOREIRA, Vital – **CRP-Constituição da República Portuguesa Anotada**, Volume I, 4ª edição revista, Coimbra: Coimbra Editora, 2007. ISBN: 978-972-32-1462-8.

PRATA, Ana – **Código Civil Anotado,** Coordenação, Volume II, edições Almedina, junho, 2017, ISBN: 978-972-40-6994-4, Depósito Legal 4274656/17.

REIS, Jorge Novais – **A dignidade da Pessoa Humana**, ISBN: 978-972-40-6346-1.

MARTINS, Rosa, VITOR, Paula Távora – **O Direito dos Avós às Relações Pessoais com os netos na jurisprudência recente**, Julgar, n.º 10 – 2010.

Lei

Lei n.º 141/2015, de 08 de setembro – Regime Geral do Processo Tutelar Cível – Recente versão Lei n.º 24/2017, de 24 de maio

Lei n.º 84/95 – Introdução ao artigo 1887.º - A Código Civil.

Jurisprudência

Acórdão Supremo Tribunal de Justiça: de 3 de março de 1998 – www.dgsi.pt

Acórdão do Tribunal da Relação de Coimbra: de 26 de fevereiro de 2008, in http://www.dgsi.pt "direito ao convívio entre avós e netos"; menor, ascendente

AcSTC n.º 829/96 e 2323/04 (Família proteção à unidade)

Acórdão do Tribunal da Relação de Lisboa, d 12 de junho de 2003 – (após entrada da Lei n.º 84/95)

Acórdão do Tribunal da Relação do Porto, de 7 de janeiro de 1999

Acórdão Tribunal da Relação do Porto, de 30 de maio de 2018 – "Convívio entre avós e netos"

Acórdão do Tribunal da Relação de Lisboa, d 14 de julho de 2020 – www.dgsi.pt

Acórdão Tribunal da Relação do Porto, de 30 de maio 2018, "Convívio entre avós e os netos" www.dgsi.pt

Acórdão Tribunal da Relação de Lisboa, de 10 de abril de 2018 – www.dgsi.pt "menores, avós, família

O CASAMENTO: DE PROMESSA PARA A ETERNIDADE A AMOR LÍQUIDO

Anderson Fernandes[1]

Sumário: 1. A presença do amor eterno – 2. A eternidade do casamento – 3. Eternidade, procriação e entreajuda – 4. Dever de respeito – 5. Amor líquido.

O casamento, tanto católico como civil, tem sido substanciado numa comunhão de vida.

Sendo o ser humano, qualquer ser humano, uma pessoa digna, animada pelo amor, pela razão, pela liberdade e pelo sentimento de igualdade/amor pelo outro, destes valores /sentimentos o mais relevante para fundar a comunhão de vida matrimonial é o amor.[2] É certamente a inclusão do amor que faz a diferença.

Na tradição cristã, a comunhão de vida exige a procriação e educação dos filhos e o auxílio mútuo dos cônjuges. O casamento se parte dos cônjuges, é porque é o ponto de partida para uma comunhão, que não se esgota em apenas neles

1. Licenciado em Direito pela Universidade Autónoma de Lisboa. (UAL). Professor assistente do professor Diogo Leite de Campos (UAL). Advogado estagiário, Mestrando em Direito na especialidade de ciências jurídico-civis (UAL).

2. Diogo Leite de Campos e Mónica Martinez de Campos, *Lições de Direito da Família,* Almedina, Coimbra.

enquanto figuras desta mesma comunhão, acaba por se tornar numa extensão que engloba os filhos, mas também os outros parentes próximos.

O programa de vida incluindo os filhos vai mais além dos cônjuges: o projeto de vida comum destes, agrega os filhos que estarão presentes para a vida inteira. Tal projeto de vida não é a prazo nem pode ser instável. Este projeto é sem dúvidas animado pelo amor que vincula os cônjuges e faz de cada um deles aquele ser exclusivo e o único que o outro quer. O sentimento do dever e a consciência de se fazer parte de um grupo, suprem o necessário.

O matrimónio traduz a ideia de "consórcio" (de "con" e "sors", partilha da mesma sorte ou condição). O casamento é um consórcio para toda vida, a união definitiva de dois projetos de vida.

Esta união entre duas pessoas conjuga-se pelos bens que o próprio casamento acarreta, a união, a perpetuidade e procriação.

Quanto a esta última, a procriação, aliás, a palavra matrimónio deriva da palavra "mater" e "manium" ou "manus". Referindo o objetivo da prole e o ofício de mãe, o papel da mãe na procriação e sustento da prole.[3]

A procriação é um bem intrínseco do matrimónio, porque um dos grandes fins do matrimónio traduz a ideia de união, e união traduz família, e embora os cônjuges já se possam considerar uma família, a procriação é o acréscimo mágico desta união. Mas como tudo, poderá haver impedimentos, pois um dos cônjuges poderá ainda ser estéril. Mas ainda assim, aqui entra o bem essencial da perpetuidade mesmo se faltar a prole, ainda que muito desejada, o matrimónio perdura como relação e comunhão de toda a vida, conservando o amor, a fidelidade e mais importante que tudo, a sua indissolubilidade.[4]

3. Auts. *ob. cits.*, p. 152

4. Gaudium et Spes, no. 50.

1. A presença do amor eterno

Para os Cristãos, o amor entre os cônjuges significa o amor de Cristo pela Sua Igreja. E este amor está presente no casamento.[5]

No Antigo Testamento da Bíblia, Oseias refere-se à relação de Deus com o Seu povo em termos de casamento. Qualificando Deus, de adultério, as traições do Seu povo.

Deus, Amor Eterno, reflete-se no amor dos cônjuges, sendo o casamento uma promessa para a eternidade.

Como alguns autores defendem, a união carnal entre um homem e uma mulher dentro do matrimónio é sinal da união de Cristo e da Igreja num só corpo, só assim sendo um bom momento para atribuirmos o bem da perpetuidade, e perfeito sacramento.

Como referiu S. Tomás de Aquino, o matrimónio é uma causa de graça. Havendo esta ligação entre um homem e uma mulher, concluindo-se espiritualmente que o Divino participa desta união, não poderia nada mais ser do que uma causa de graça. Cristo uno, Cristo "uno matrimonis". Afasta-se a ideia de um simples sinal de graça.

Se entendemos que o matrimónio é um sacramento, devemos concluir também que o matrimónio é uma causa da graça. Graça esta que não se limita a afastar do mal (*ed recessum a malo*), mas que previne o pecado, e ao mesmo tempo, promove a prossecução dos bens do matrimónio "habet ut conferat gratiam adiuvantum ad ila operada quase in matrimonio requiruntur".[6]

---

5. CAMPOS, Diogo Leite de. A Felicidade somos nós, Pessoa, Contrato e Matrimónio. Lisboa fundação lusíada, 2019, p. 37- 46.

6. S. Tomás de Aquino, Summa contra Gentiles, 4.78.

2. A eternidade do casamento

A eternidade do casamento iniciava-se, até há poucos anos, com uma vida matrimonial curta, interrompida pala morte de um dos cônjuges. Estes casavam-se muito novos, procriavam e pouco tempo tinham para pôr em causa a relação, só preocupados em sobreviver em conjunto.

Integravam-se numa sociedade em que os isolados dificilmente sobreviviam, e toda a colaboração entre o casal era pouca.

Sendo a relação estável, também pelo facto da dominação de um dos cônjuges, o marido. O que não impedia o amor.

Hoje, o casamento civil continua a fazer assentar o casamento numa comunhão de vida.

Mas os filhos são vistos como um resultado eventual desta, não o (um dos) seu objetivo.

A promessa encurtou no tempo e o casamento é apresentado como um contrato regido por regras tão vagas, que é deixado deliberadamente à vontade dos cônjuges. É visto como um negócio privado, disponível pelas partes, dotadas de plena liberdade. A liberdade é com os outros e para os outros, para a comunidade familiar e a sociedade em geral, porque a nossa liberdade é disciplinada e limitada pelo outro, a esfera jurídica do outro é o limite da nossa liberdade, a partir do momento que eu passo a violar ou intrometer-me sem a autorização na vida de alguém, terminou a liberdade.

3. Perpetuidade, procriação e entreajuda

Passamos a aproximarmo-nos dos deveres pessoais dos cônjuges e ver se o modelo atual de casamento que esboçámos nos desfavorece ou favorece enquanto deveres conjugais que alguns deles inclusive estão tipificados no Código Civil português, nos seus artigos 1671º a 1676º.

O viver em comunhão dentro desta realidade que é o casamento, não é por mera coincidência nem pode ser por mera conveniência e nem por imediatismo. O selo do casamento entre os cônjuges é colocado com a intenção e a prática de ser eterno, perpétuo. Só assim se fundam e praticam os deveres conjugais. E sobretudo, só assim se quer a procriação como encargo amoroso sem fim.

Ao contrário do que acontecia no passado, este casamento não diminui nem retira a personalidade de uma mulher, fazendo com que ela se sujeite ao esposo, como se homem fosse mais e melhor. Hoje há uma grande importância de certos vetores e princípios, como a Igualdade objetiva e subjetiva entre os cônjuges, há um constante viver de cada cônjuge, não só com o outro, mas para o outro, enriquecendo e afirmando cada uma das pessoas.

A liberdade de cada cônjuge é viver para o casal. O amar o outro e ser amado é muito útil, o respeitar o outro e ser respeitado é muito útil, o ajudar e ser ajudado é ser útil. A verdade é que uma árvore não se alimenta dos próprios frutos que gera. Com esta ideia, pretendo transmitir que a vida de uma pessoa é também uma vida vivida com os outros e para os outros, não vivemos por nós e só para nós, por mais que custe a muitos admitir.

Um outro vetor que não podia deixar passar é claramente a comunicação. A comunicação é a solução de muitos problemas e a prevenção deles também. Comunicar significa ouvir e falar, a circunstância de que um ouve o que o outro traduz a reciprocidade. É isso, comunicar é ser recíproco.

Desta feita, tentou o legislador português no Código Civil, entre os artigos 1671º a 1676º decompor alguns dos deveres conjugais de que vamos falar um pouco.

a) Dever de coabitação

O conceito de coabitação, não é só tratado a nível jurídico nomeadamente no ramo matrimonial, mas também por outras ciências, como a sociologia, a psicologia etc. Mas, no entanto, o dever de coabitação, em direito matrimonial, significa a partilha de leito, alimentos (num sentido amplo, pois será melhor desenvolvida no dever conjugal da assistência), vivência etc.

Segundo o artigo 1673º do Código Civil, os cônjuges devem fixar, de comum acordo, a residência da família.

Família é um conjunto de pessoas vinculadas por ligações biológicas, parentes, ascendentes, descendentes, afins, inclusive pessoas adotadas. Contudo, a residência da família compreende só parentes e afins mais próximos.

Se um casal não consegue, desde logo, entender-se num dos primordiais acordos, que a fixação de residência, podemos presumir que será muito difícil cumprir com outros deveres conjugais. O que levará a uma possível rotura do casamento.

Mas atenção, devemos ter presente que hoje pela forma que o modelo de sociedade se encontra, principalmente dos jovens que vão em direção à fase adulta, o conceito de residência pode não ser o mesmo que há muito tempo atrás; aquela ideia de uma residência mais conservadora, mais clássica. Hoje se calhar mais moderna mais contemporânea, onde o casal fixa residência mas um deles poderá decidir viajar pelo mundo, mas mesmo assim se cumprirem os deveres conjugais. Antigamente, era fácil um divórcio por causa de uma ausência de residência comum. Hoje, devemos analisar objetivamente a situação no caso concreto, pois o Direito hoje deve ser estudado, deve ser pensando, e analisado com base na dignidade não só de um mas de todos os envolvidos na relação do caso concreto. Ter em conta que por vezes podemos estar diante de institutos como a separação judicial de pessoas e bens, artigo 1794º do Código Civil português, separação de facto, artigo 1782 do Código Civil português separação de facto temporária, um acordo entre às partes de um regime diferente de separação, estabelecendo um contrato entre eles etc, ou se há realmente uma rotura definitiva do casamento, neste caso o divórcio, este que pode ser por mútuo consentimento, artigos 1775º e seguintes do Código Civil português. Divórcio litigioso ou seja só com o consentimento de um dos cônjuges, artigos 1779 e seguintes do Código Civil português. Para mais, o Decreto-Lei nº 496/77, de 25-11 também trata das matérias que agora mencionamos, em forma de complemento do Código Civil, inclusive fazendo algumas alterações ao Código de 1966.

O fixar residência permite maior comunhão entre os casais, nomeadamente a relação sexual exclusiva entre os cônjuges. Mas uma residência comum não basta para assegurar a comunhão de vida. Casais há que compartilham a residência pelos filhos, por razões económicas, para ter companhia, quando na verdade a essência do casamento que é o amor, já nem existe. Tomam o pequeno almoço juntos, jantam juntos, dormem em quartos separados ou no mesmo quarto mas de costas um para o outro. Por isso é essencial que se distinga a comunhão de vida de coabitação, sendo a primeira um conceito mais abrangente, mais completo, e que permite perceber que não basta a presença física ou a ausência física, é necessário que esteja realmente presente, em atenção, sentimentos e alma dentro desta comunhão, e sendo a segunda um conceito mais restrito, menos completo, quando uma pessoa diz que vive em coabitação, sabemos que a sua presença é factual, ela existe, mas perguntaremos, será que existe o que vai para além do físico, o emocional, a assistência à saúde mental etc. Por isso podemos dizer sem medo de errar, que pode sim haver coabitação sem que haja necessariamente comunhão de vida.

b) Dever de fidelidade

Um dos deveres mais importantes é a Fidelidade que define ou consubstancia num conceito muito conhecido como lealdade. Dou o ponto de partida ao que se vai analisar em seguida, tendo em conta esta excelente citação feita por Diogo Leite Campos e Mónica Martinez de Campos:[7]

7. CAMPOS, Leite de. CAMPOS Mónica Martinez de- Lições de Direito Da família, 5ª Edição Revista e Atualizada por Prof. Doutora Mónica Martinez de Campos. Almedina, Lisboa 2020. p. 234.

"Os cônjuges têm obrigação de guardar mutuamente fidelidade conjugal. A violação mais grave desta obrigação, traduzida na manutenção de relações sexuais consumadas entre um dos cônjuges e terceira pessoa, tem o nome de adultério. Contudo, outras violações menos graves do dever de fidelidade, não pressupondo as relações sexuais entre o cônjuge e terceiros também constituem violação do dever de fidelidade, por se traduzirem numa negação da comunhão de vida em que se traduz o casamento". Esta redação transpõe claramente aquilo que é a causa do termo de muitos relacionamentos, muitos deles em fase de casamento, alguns já ainda só em simples namoros, mas tanto para um ou outro "estado civil" a causa é tão grave que normalmente tem como consequência o fim do relacionamento. A infidelidade é ir contra a dignidade do outro, é desrespeitar, é violar todos os princípios que se fundaram este contrato especial que é o casamento.

c) Cooperação

Disponibilidade, união, solidariedade e comunicação. Refiro estas três realidades que devem estar presentes numa relação de cooperação. Cooperação aqui implica o colaborar em todos sentidos da comunhão de vida e coabitação, o educar os filhos, o auxílio entre cônjuges, a nível moral, material etc. A cooperação é sem dúvida um dos deveres menos precisáveis, por se traduzir numa prática constante. Coopera-se, cooperando.

A ideia de um cônjuge complementar o outro é essencial, liga-se à ideia de compaixão e respeito, e consequentemente ao Amor. É na família que cada um primeiro se apercebe da sua incompletude e se humaniza no intercâmbio constante com os outros. Completando-se. Ninguém existe sem[8] os outros. É desde o início que um ser humano dá os seus primeiros sinais de inteira cooperação com os outros, de início só pedindo e recebendo. Mais tarde, dando. Embora acabe por

8. É a tese de Diogo Leite de Campos em "A felicidade somos Nós", Fundação Lusíada, Lisboa, 2019, e Lumen Juris , Rio de Janeiro, 2019.

transmitir algo, amor e afeto, que faz com que muitos pais, até inclusive terceiro, o reconheçam desde logo como um ser, uma pessoa, um membro essencial pra uma família.

Toda nossa vida, desde o nascituro à fase adulta, se resume num constante aprendizado, aprender para um dia ensinar, traduzindo claramente cooperação. É o que existe, ou pelo menos devia existir no seio familiar.

A comunhão de vida envolve relações sexuais adequadas para a procriação. O ter relações tem um propósito, reduzir o outro a um objeto do prazer, como querem os inimigos do amor, mas sim fazer para ter filhos, consubstanciar neles o amor conjugal. Amor, comunhão de vida, família etc. Fica melhor concretizada quando existem filhos.

No fundo, o dever de cooperação assenta num equilíbrio entre a tutela da vida conjugal e tutela da personalidade de cada um dos indivíduos.

d) Dever de assistência

Já não se deve pensar que o dever de assistência é uma delegação exclusiva ao "bonus pater". Hoje, com o princípio da igualdade e respeito conjugal, o dever de assistência é um dever repartido, compartilhado.

Tem claramente um cunho económico, mas também mental. O dever de haver uma partilha dos encargos da vida familiar é dos cônjuges e não de um só. Um dos cônjuges pode encontrar-se mais debilitado financeiramente e o outro ajudar, seja qual for o regime de bens. Há aqui uma particularidade que deve ser esclarecida, o dever de prestar alimentos tem os seus efeitos direcionados para o futuro, logo, não havendo qualquer tipo indemnização para quem o viole no passado.

Devemos sempre que possível entender as diferentes realidades que podem existir, e uma delas é: pode haver cumprimento do dever de assistência, tanto com dinheiro como com o trabalho. Pois pode haver um pai ou uma mãe que se encarregue do trabalho doméstico a tempo inteiro, enquanto o outro cumpre com a parte dos rendimentos.

O dever de assistência tem bastante abrangência, compreendendo lazer, educação, desporto etc. Dependendo da disponibilidade económica daquela família. Pois a possibilidade económica é que leva os casais, no âmbito do seu plano familiar, estabelecerem prioridades, a fim de saber onde investir mais o rendimento disponível.

4. Dever de respeito

O dever de respeito é fundamentalmente o dever de aceitar o outro cônjuge como a pessoa que ele é.[9] Esta afirmação não podia ser melhor redigida, pois a meu ver, o respeito vem claramente disto, reconhecer. Reconhecer o que o outro faz, tem, pode, é e consegue, do jeito que as coisas são, e na sua única realidade. Pois o amor e a celebração do casamento sujeitam o cônjuge a esta aceitação, não só de qualidades mas também de defeitos etc. Mas a mudança radical de um cônjuge que passou a ser totalmente diferente, porque possivelmente mudou a profissão, religião, ideologia política etc., pode levar ao divórcio ou à invalidade do casamento.[10] Aqui põe-se uma questão de adaptação àquilo que o outro cônjuge é ou se torna. Mas não posso deixar de mencionar um facto muito importante: certos defeitos ou maus hábitos podem claramente ser ou levar a uma rotura definitiva do casamento. Porque se aquele quesito for um extremamente essencial, o levou inclusive a que a outra pessoa se apaixonasse e se casasse, e de repente isto muda ou acaba ou já não é como era antes, com dolo e simulação por parte da pessoa que mudou, é questionável se não haverá um motivo para uma rotura definitiva.

---

9. Diogo Leite de Campos e Mónica Martinez de Campos, ob. cit., p. 238.

10. Diogo Leite de Campos (A felicidade somos nós) páginas 206 a 208 Editora Fundação Lusíada, Lisboa. Lições de Direito da família, Diogo leite de campos. Mónica Martinez de campos. Páginas 176, 229 a 230 , Editora Almedina, Coimbra. Direito da Família e das Sucessões, Jorge Augusto Pais de Amaral Páginas 51, Editora Almedina, Coimbra.

A violação do dever de respeito era por exemplo, causa de divórcio ou separação judicial de pessoas e bens (artigos 1779º e 1.794º do cc, na redação do DL nº 496/77, de 25 de novembro). Isto antes da Lei 61/2008, de 31 de outubro, que alterou o regime, os pressupostos e os defeitos do divórcio. Depois desta reforma, a violação dos deveres conjugais deixou de ser relevante na determinação dos efeitos da dissolução do casamento. Esta violação poderá no máximo ser abordada como uma ação judicial de responsabilidade civil para reparação de danos não patrimoniais, caso seja possível provar e cumprir todos requisitos para que haja responsabilidade civil, e no entanto processualmente ela é uma ação separada da ação do divórcio.

Como pudemos ver, os deveres conjugais são muito subjetivos. Sendo por isso que a nível de prova no caso de alguma violação, a intervenção do juiz fica sob comando de uma apreciação difícil, pois o que é violação para um em alguns casos pode não ser para o outro. O que menos se quer é uma decisão de responsabilidade civil por injustiça. Sendo claro que a justiça é uma utopia, mas também é um caminho a se seguir e tentar alcançar, a justiça serve como a luz guia de todo Direito, podendo ou não ser alcançada, mas acho que pouco importa se ela é uma utopia ou uma realidade fática, importante é que as decisões foram tomadas pensando neste ideal, nesta possibilidade de alcance justo.

Sublinho que os deveres conjugais, consubstanciando pretensamente a união conjugal, não substituem a totalidade que é o amor, a centralidade da felicidade do outro e da família – a felicidade somos nós.[11]

Aliás, deveres transformados em meras orientações quase desprovidas de sanção, pois o divórcio transformou-se em mera constatação da rutura do vínculo conjugal.

---

11. Diogo Leite de Campos, *A felicidade somos Nós*, Contrato e casamento. Lisboa: Fundação Lusíada, 2019 e Lumen Juris, Rio de Janeiro, 2019.

Este vínculo é progressivo para muitos casais, é algo de difícil alcance, o que torna os relacionamentos muito instáveis..

Talvez e sobretudo porque não conseguem entender e praticar o amor conjugal, afastando a relação pela coisificação do outro.

O casamento civil ou católico é celebrado muitas vezes entre duas pessoas (no caso do católico, entre um homem e uma mulher) que viviam numa união de facto dominada pelas relações sexuais e pela utilidade, quer seja social, económica etc. O que coisificava o outro e era uma relação meio que feita para terminar sem sentido de eternidade, era feita para se viver um simples momento. E o casamento que venha a surgir desta união de facto poderia estar destinado a pouco durar, o que contraria certamente a característica de eternidade que o casamento possui na sequência.

Muitos casamentos nos dias de hoje, acabam como veremos, dentro daquilo que é a onda que hoje predomina e acaba por arrastar os mesmos, a "SOCIEDADE DE CONSUMO". Uma sociedade imediata, sociedade do "querer tudo rápido, já, agora ao mesmo tempo". Atenção que as realidades sociais e os fenómenos sociais, devem ser analisadas inclusive por nós juristas. Porque o Direito querendo ou não, é influenciado pela sociedade em que ele esteja inserido.

5. Amor líquido[12]

Conceito este que teve como pioneiro o grande sociólogo e filósofo Zygmunt Bauman. Onde trouxe com grande firmeza ao longo dos vários anos e de várias obras, incluindo vários discursos que o mesmo deixou, uma frase que tenta traduzir maior parte deste paradigma "Relacionar-se é caminhar na neblina sem a certeza de nada" frase retirada de "Amor

12. Amor Líquido, sobre a fragilidade dos laços humanos por Zygmunt Bauman. Cap. 1, páginas 9 a 45, Editora ZAHAR, Brasil. *A felicidade somos nós*, Diogo Leite de Campos, páginas 37 a 41. Lisboa: Editora Fundação Lusíada.

Líquido" (2003), um livro em que alerta para a crescente fragilização das relações sociais e afetivas no mundo moderno.

O ponto essencial deste artigo é percebermos também como o amor líquido tem a ver e como pode influenciar o casamento nas suas características de perpetuidade e eternidade. Pois bem, um dos pontos que o sociólogo menciona muito nas suas redações sobre as relações matrimoniais, trata da forma como as pessoas no mundo moderno perderam o hábito de preservar, fazer manutenção, fazer uma reforma de algo que se perdeu ou está prestes a perder. Neste sentido, perceber que o casamento pode incorrer no risco, nos próximos tempos de se tornar enquanto relação num amor líquido, ou seja, a partir do momento que se sentir um obstáculo ou uma mudança ou algo superficial que facilmente se ultrapassaria, as pessoas decidem simplesmente divorciar-se e partir para uma nova relação.

Imaginemos o seguinte exemplo universal de alguém que muito quis um telemóvel e que após a aquisição deste telemóvel, o amor pelo telemóvel já não é o mesmo, e quando surge a primeira oportunidade de trocar e adquirir o novo modelo, a pessoa não perde tempo e troca. Sem pensar em manter, conservar e cuidar até onde não der mais. Tomados pela necessidade de acompanhar o ritmo alucinante dos acontecimentos, jogamos o objeto fora e substituímos por outro novo. O que importa não é um produto que simplesmente funciona, mas o poder de escolher, comprar e possuir o que é novo e atual, e por vezes confundimos o antigo com o velho. Deste modo, o importante não é mais apenas o "ter", mas a constante atualização do que se tem. Faz-nos lembrar um pouco do Amor de que Platão muito falava, dizendo que o amor é o desejo pelo que falta, o que muito ficou conhecido por "EROS" ou "AMOR PLATÔNICO".

Estas realidades levantam com muita atenção o que em paralelo é o matrimónio tradicional, o casamento católico, onde não se trata jamais de uma simples relação, de um simples acordo, mas sim um pacto. Uma relação que vai se perpetuar com a união dos cônjuges, afastando a ideia de fragilidade e permeabilidade, e trazendo para si a ideia de resistência dando-se início a um relacionamento que vai partir do "nada" à "eternidade". O amor líquido é aquele que escorre por entre os dedos feito água, é instável, não tem forma e substância, não dura; e encontrar alguém para fazer essa água se transformar em algo sólido e permanente é, nos dias de hoje, um grande desafio.

É neste sentido, que casamento civil e católico devem ser celebrados tendo em conta não só o cumprimento dos deveres conjugais, como também o cumprimento da ideia de eternidade, de conservação da relação matrimonial. O respeito pelo outro, o viver um pelo outro, afinal de contas o que é um casamento sem a substância essencial da dignidade da pessoa humana, e o que é uma pessoa ser digna sem ter amor, e ter dignidade pelo outro é amar o outro. Reconhecer a própria dignidade é ter amor próprio, o que é essencial para o matrimónio e para o cumprimento dos deveres conjugais, sejamos dignos.

A NOVA "DE CIVITATE DEI" E A DIGNIDADE DA CASA DE MORADA DE FAMÍLIA[1]

Mónica Martinez de Campos[2]

Rui de Morais Damas[3]

Sumário: Introdução – 1. Da dignidade da pessoa humana – 2. Do direito à habitação –3. Da família e da sua casa – 4. Do bem de família no direito brasileiro – 5. Do casal de família em Portugal – 6. Das propostas para o futuro – 7. Conclusão – Referências.

Introdução

É opinião consagrada que vários países do sul da Europa, e nomeadamente Portugal, atravessam uma sistémica, profunda e dramática crise económica. Esta desventura trouxe graves consequências sociais que se traduziram numa

---

1. O texto que agora se publica tem por base, depois de atualizado e reformulado, um artigo previamente publicado na *Revista de Direito Revista da Cidade*, 2016, vol. 08, nº 2. ISSN 2317-7721 pp. 813-841.

2. Professora Associada no Departamento de Direito da Universidade Portucalense e Investigadora do Instituto Jurídico Portucalense. ORCID 0000-0001-6437-8799.

3. Licenciado e Mestre em Direito pela Universidade Portucalense. Doutorando em Direito na mesma Instituição.

evidente pauperização da sociedade e, muito em particular, das famílias.

Um dos sinais visíveis do empobrecimento foi o aumento exponencial dos processos de execução de habitações. Facto que releva ainda mais se considerarmos que a política habitacional portuguesa, protegida através do artigo 65º nº 3 da Constituição, se caracteriza pelo predomínio da habitação própria, tendo o mercado de arrendamento exígua expressão, ao contrário do que sucede em muitos outros países.

Curiosamente, o ordenamento jurídico português que consagra constitucionalmente a inviolabilidade da dignidade da pessoa humana, a protecção da família e o direito à habitação, não preconiza uma protecção efectiva da casa de morada de família, permitindo que esta seja penhorada (Acórdão do Tribunal Constitucional nº 649/99, de 24 de Novembro de 1999[4] e Acórdãos do Tribunal da Relação de Guimarães de 07 de maio de 2003 e de 25 de março de 2010[5]).

Situação bem diferente sucede no Brasil, onde se encontra instituído o bem de família, que como veremos, se traduz num meio eficaz de protecção da casa de morada de família, porquanto esta se torna, em princípio, impenhorável.

No Brasil, a par da dignidade da pessoa humana, a propriedade exerce uma função social preponderante, protegida pelo art. 5º da Constituição Federal Brasileira de 1988.

Em Portugal, a função da propriedade nunca foi pacífica e jamais conseguiu perder uma porosidade política que advém, quer das lutas liberais, quer das características fundiárias em que se forjou a própria nacionalidade, miríades de pequenas propriedades no norte e centro, e grandes latifúndios no sul. Na verdade, uma das contendas que opuseram as

4. Diário da República n.º 46/2000, Série II de 2000-02-24, pp. 3752-3755.

5. Ac. do TRG, de 07-05-2003, proc. 1267/06-1, Rel. Manso Rainho, in https://bit.ly/373Gtvk; Ac. do TRG, de 25-03-2010, proc. 1880/08.7TBFLG-B.G1, Rel. António Ribeiro, in https://bit.ly/3v5IS0k

hostes Liberais às absolutistas foi precisamente a questão dos morgadios; por outro lado, a extinção dos vínculos jurídicos que a legislação liberal consagrou foi alvo de acesos debates na sociedade portuguesa de então.

Ficou célebre a oposição que Alexandre HERCULANO fez aos morgadios através dos seus opúsculos.[6] A favor dos morgadios discursou também no Senado, em 8 de Janeiro de 1919, Xavier CORDEIRO[7] nestes termos:

> Durante todo o período em que os senhores deputados da Nação, no seu zelo libertador, estiveram preparando o salto da desvinculação, apenas, que me conste, se apresentou no parlamento uma representação da Câmara suburbana dos Olivais, pedindo a extinção dos vínculos; – o da Câmara dos Olivais, note-se bem, em cujo concelho não existia nem a grande acumulação de propriedade, nem os largos tratos de terrenos [...] nem nenhum desses inconvenientes económicos que se atribuíam erradamente à existência dos vínculos. Seria então o descontentamento e revolta dos filhos segundos, contra a desigualdade da divisão do património? Também não; Porque estes não só não apareciam a reclamar, mas é até pela pena erudita de um secundogénito, D. António de Almeida da Silva Saldanha, doutor em direito, que se ergue [...] a mais acalorada e lúcida defesa da tradicional instituição.

Acresce, ainda, o facto de a própria instituição do bem de família, o casal de família, que entre nós vigorou entre 1920 e 1977, ter sido antecedido de discussões que se eternizaram durante décadas, tornando reduzida a sua implantação. Segundo Hipólito RAPOSO: "*É para estranhar que uma instituição com mais de doze anos de vida legal, não fosse até agora compreendida por ninguém nas suas vantagens, permanecendo letra morta, quando cresce e mais se patenteia a sua necessidade social*".[8]

---

6. HERCULANO, Alexandre. *Casamento Civil, por ocasião do opúsculo do Sr. Visconde de Seabra sobre este assunto*. Lisboa: Typographia Universal, 1866, p. 186.

7. CORDEIRO, Xavier. *O problema da vinculação e do casal de família*. 2ª ed. Lisboa, 1933, p. 22.

8. Idem, p. 9.

Porém, mercê da crise que assola o país, urge formular três perguntas:

1 – Compreende o conceito de dignidade da pessoa humana uma dimensão de protecção do direito à habitação?

2 – Abrange este axioma uma dimensão de protecção da família?

3 – Devem Portugal e os portugueses implementar ou reforçar a protecção da casa de morada de família?

A estas questões procuraremos dar resposta. Porém e, conforme demonstraremos, afiançamos, desde já, que a resposta será afirmativa porquanto a dimensão familiar e a protecção do direito à habitação, nomeadamente no que toca à casa de morada de família, são indissociáveis do conceito de dignidade da pessoa humana; por outro lado, a questão da função social da propriedade, i.e., no caso em apreço, a função familiar da propriedade é essencial para garantir a sobrevivência e a estabilidade económica das famílias portuguesas, mediante a conservação do património familiar.[9]

A abertura à Europa e ao mundo tem-nos oferecido uma sociedade normalizada, uma sociedade controlada pelas tecnociências, que nos obsequeia com uma direcção única. Mas Portugal e os portugueses sentem os efeitos numismáticos do mercantilismo, quando veem as suas propriedades arrestadas, as suas casas vendidas, as suas famílias em perigo.

É nosso ensejo trazer para a discussão a dimensão familiar da dignidade da pessoa humana. É nossa vontade demostrar que o direito à habitação, mormente da casa de morada de família, não é um conceito meramente académico, de consagração constitucional e efectivação etérea. Trataremos de revelar

9. CAMPOS, Mónica Martinez de. "O trust como instrumento de preservação da propriedade familiar". Revista do Instituto dos Advogados de Minas Gerais, Nº 19, 2013, pp. 51-8.

que é imperiosa uma solução para o problema da penhorabilidade da casa de família. Uma solução poderá passar pela instituição, no ordenamento jurídico nacional, do bem de família. É nosso entendimento que tal concepção seria um estímulo à família, ao fortalecimento dos seus valores, ao recrudescimento dos seus laços e resolveria um problema social premente.

O argumento de que este tipo de solução apenas aproveita às classes mais abastadas será analisado e, demostraremos que o mesmo não encontra acolhimento porquanto as sociedades familiares já há muito resolveram o problema da manutenção e da transmissão do património familiar dos clãs mais privilegiados.

1. Da dignidade da pessoa humana

Em primeiro lugar e, antes de formularmos as respostas às questões enunciadas, é mister debruçarmo-nos sobre a dignidade do homem.

É neste conceito que se encontra, implícita ou explicitamente, tudo o que importa considerar no que concerne a questões de Direito.

Um dos muitos legados que a civilização grega nos deixou foi a ideia de que a ciência só pode ser do que é e não do que parece. Neste sentido, a ciência jurídica que procura preceituar a acção dos homens, segundo postulados que se pretendem universais e tendo em vista a defesa do homem como um fim em si mesmo, tem de o proteger na integralidade das suas várias dimensões. Se o não fizer, estaremos a olvidar a sua função social e a sua ontologia enquanto ciência, porquanto parece ser uma ciência, mas não é, assumindo-se apenas como uma mera técnica, jurídica por sinal.

No centro do direito, encontra-se o ser humano; ele é o início e o fim de qualquer ordem jurídica.

Destarte, a dignidade da pessoa humana, enquanto critério de justiça mínimo e absoluto, apresenta várias dimensões.

A ciência jurídica deve, pois, contemplá-las e defendê-las, porquanto são a sua essência.

Ensinaram os estoicos que a dignidade é uma qualidade inerente ao ser humano, distinguindo-os dos demais. Transmitiu, o Cristianismo, que o homem foi criado à imagem e semelhança de Deus e porquanto atentar contra dignidade humana seria, em última análise, uma violação à vontade do próprio Criador. Ademais, ensinou SANTO AGOSTINHO[10] que "a cidade de Deus" assentava na fé e a "cidade terrestre" tinha como baluarte, a razão. Não existindo, assim, qualquer conflito metafísico entre fé e razão, que pudesse coarctar a dignidade do homem, enquanto ser iluminado por Deus. Foi a partir deste importante legado civilizacional, que TOMÁS DE AQUINO, FRANCISCO DE VITÓRIA, PICO DELLA MIRANDOLA, PUFENDORF, entre muitos outros, alicerçaram a dignidade dos homens como axioma universal, não obstante as diversidades socioculturais dos povos e a heterogeneidade física, intelectual e psicológica. Todas as pessoas são detentoras de igual dignidade. Foram, porém, os escritos de EMANUEL KANT que mais influenciaram o pensamento jurídico. O homem como fim em si mesmo, detentor de dignidade (*würden*) ao contrário das coisas que apenas tinham preço (*preis*), é um imperativo categórico. Será precisamente esta dialéctica entre preço e dignidade que retomaremos mais à frente.

Segundo INGO WOLFANG SARLET,[11] a dignidade da pessoa humana consiste na

> qualidade intrínseca e distintiva de cada ser humano que o faz merecedor do mesmo respeito e consideração por parte do Estado e da comunidade, implicando, neste sentido, um complexo de direitos e deveres fundamentais que assegurem a pessoa tanto contra todo e qualquer acto de cunho degradante e desumano, como venham a lhe garantir as condições existenciais mínimas para

---

10. AGOSTINHO, Santo. *A cidade de Deus*. Fundação Calouste Gulbenkian, 2006.

11. SARLET, Ingo Wolfgang. *Dignidade da Pessoa Humana e Direitos Fundamentais na Constituição Federal de 1988*. 3ª ed., Porto Alegre: Livraria do Advogado, 2004, p. 60.

uma Vida saudável, além de propiciar e promover a sua participação activa e corresponsável nos destinos da própria existência e da Vida em comunhão com os demais seres humanos.

Na esteira do pensamento kantiano, GOMES CANOTILHO e VITAL MOREIRA[12] indicam três dimensões da dignidade da pessoa humana: "1- A dignidade da pessoa humana como dimensão intrínseca do homem; 2- A dignidade da pessoa humana como reconhecimento recíproco; 3- A dignidade da pessoa humana como valor."

A dignidade da espécie humana está, pois, assente, sobre a nossa singularidade entre todas as outras espécies e sobre a nossa singularidade de uns em relação aos outros, estando na base do contrato social, estabelecido entre a comunidade e o indivíduo e no qual se funda a comunidade jurídico-política. Segundo Jean-Jacques ROUSSEAU,[13] "este pacto de associação produz um corpo moral e colectivo composto por tantos membros quantos os votos da assembleia, e esse corpo recebe deste mesmo acto a sua unidade, o seu eu comum, a sua vida e a sua vontade. Esta pessoa pública que assim se forma pela união de todas as outras tinha outrora o nome de cidade e tem agora o de república."

O artigo primeiro da Constituição da República Portuguesa dispõe que a República Portuguesa é "*baseada na dignidade da pessoa humana*"; o constituinte Brasileiro de 1988 deixou postulado no seu artigo 1º, III, que o estado de direito democrático que instituía se funda na dignidade da pessoa humana.

Para além disso, este princípio encontra-se inscrito na Declaração Universal dos Direitos do Homem, na Carta Fundamental da União Europeia e na quase totalidade dos ordenamentos jurídicos democráticos. Porém, curiosamente, como nos informa MODERNE,[14] a Constituição Francesa

12. CANOTILHO, J. J. Gomes; MOREIRA, Vital. *Constituição da República Portuguesa Anotada*. Vol. I, Coimbra: Coimbra Editora, 1993, p. 198.

13. ROUSSEAU, J.J. *O contrato Social*. Edição Europa-América, 2003, p. 24.

14. MODERNE, Frank. "La dignité de la personne comme principe constitutionel dans le Constitutions Portugaise et Française". Organização de Jorge Miranda,

de 1958 não contempla este preceito, o qual foi objecto de interpretação hermenêutica por parte do Conselho Constitucional, servindo de *arrêt de principe* a decisão 94-343-344 DC, proferida em 27 de Julho de 1994.

A dignidade da pessoa humana não é um direito fundamental, consubstancia o Direito em si mesmo, de onde advêm os direitos fundamentais. Os direitos fundamentais são, pois, a concretização material do conceito de dignidade da pessoa humana. Neste sentido, os direitos políticos e os direitos sociais fazem parte dessa materialização, imprescindível para a efectivação da dignidade da pessoa humana no plano empírico da vida dos cidadãos.

O direito à habitação e o direito à protecção da família tornam-se assim elementos preponderantes do quotidiano das pessoas que o ordenamento jurídico pretendeu salvaguardar, não por razões que se prendam com as influências que o Direito recebe da realidade em cada momento, mas sim porque representam a execução material de importantes dimensões da dignidade humana.

O que nos leva à primeira questão.

2. Do Direito à habitação

A primeira questão que urge formular é se compreende o conceito de dignidade da pessoa humana uma dimensão de protecção do direito à habitação?

O direito à habitação é imprescindível à realização da condição humana.

Na Declaração Universal dos Direitos do Homem prevê-se que

> "Todos os homens nascem livres e iguais em dignidade" (art. 1.º), que "a família é o elemento natural e fundamental da sociedade

---

Perspectivas Constitucionais nos 20 anos da Constituição de 1976. Vol. I. Coimbra: Coimbra Editora, 1996, p. 226.

> e tem direito à protecção desta e do Estado" (art. 16.º), que "toda a pessoa tem direito a um nível de vida suficiente para lhe assegurar e à sua família (...) o bem-estar, (...) quanto ao alojamento (...)" (art. 25.º, nº1) e "que todos os indivíduos e todos os órgãos da sociedade (...) se esforcem (...) por desenvolver o respeito desses direitos (...) e por promover medidas progressivas de ordem nacional" (preâmbulo da declaração).

Em tangência, a Convenção Europeia dos Direitos do Homem (art. 8.º) e a Carta dos Direitos Fundamentais da União Europeia (art. 34.º, nº 3). O Pacto Internacional dos Direitos Económicos, Sociais e Culturais, adotado pela Resolução nº 2. 200-A (XXI) da Assembleia Geral das Nações Unidas de 16-12-66, também consagra no art.º 11º, § 1º o "direito de toda a pessoa a um nível de vida adequado para si próprio e para sua família, inclusive...moradia adequada" e estabelece o dever, para os Estados, incluindo Portugal, que ratificou o pacto através da Lei 45/78 de 11-07, de tomarem as "medidas apropriadas para assegurar a consecução desse direito".

A Constituição da República Portuguesa consagra o direito à habitação no seu artigo 65.º.

A Constituição Brasileira enuncia, no seu artigo 5º, a tutela de cinco bens fundamentais: vida, liberdade, igualdade, segurança e propriedade.

O inciso XXIII do artigo 5º da Constituição Brasileira refere que não basta ser possuidor de uma propriedade, é necessário que essa propriedade cumpra uma função social, dando-lhe um destino, que é a moradia, sob pena de não poder exercer o seu direito. A propriedade assume, no ordenamento jurídico Brasileiro, uma preponderância assaz, que se prende com a sua função social.

A primeira noção de função social da propriedade foi concebida no início do século XX, por LÉON DUGUIT[15] – até então, a função social da propriedade era estudada com base na filosofia

---

15. DUGUIT, Léon. *Les transformations du droit public*. Librairie Armand Colin: Paris, 1913, p. 235.

de MONTESQUIEU, HOBBES, ROUSSEAU, BUSSUET, MIRABEAU, BENTHAM, LOCKE – que por oposição à corrente individualista, defendia que a propriedade enquanto instituição jurídica formou-se para dar resposta às necessidades económicas das pessoas, pelo que teria de compreender, também, uma função comunitária. Esta teoria foi amplamente positivada na América Latina, nomeadamente no México e no Brasil.

As doutrinas hodiernas brasileiras veem a função social da propriedade como elemento essencial à propriedade.[16] No fundo, não existe propriedade sem função social. Esta função social está umbilicalmente ligada ao direito à habitação e encontra o seu escopo na protecção da casa de morada de família, que no direito brasileiro se consubstancia no bem de família, como teremos oportunidade de analisar. Esta visão da propriedade, e da sua respectiva função social, foi concebida sob a égide da dignidade humana, na medida em que a propriedade, nomeadamente a habitação, é intrínseca à própria natureza do Homem, representando condição de existência, liberdade e bem-estar.

Por sua vez, da leitura cuidada do artigo 65º da Constituição da República Portuguesa (CRP), duas coisas saltam imediatamente à vista, trata-se de uma norma programática e pragmática. Programática, porquanto tece as linhas orientadoras da política habitacional do Estado, pragmática porque não deixa dúvidas quanto à materialização efectiva do direito à habitação. Este artigo dispõe:

> 1. Todos têm direito, para si e para a sua família, a uma habitação de dimensão adequada, em condições de higiene e conforto e que preserve a intimidade pessoal e a privacidade familiar. 2. Para assegurar o direito à habitação, incumbe ao Estado: a) Programar e

16. Cf. BENJAMIN, Antônio Hermann. "Reflexões sobre a hipertrofia do direito de propriedade na tutela da reserva legal e das áreas de preservação permanente". Anais do 2° Congresso Internacional de Direito Ambiental. São Paulo: Imprensa Oficial, 1997; AZEVEDO, Álvaro Villaça. "Bem de família internacional – necessidade de unificação". Revista da Faculdade de Direito da Universidade de São Paulo, V. 102, Jan/Dez., 2007, pp. 101-111; AZEVEDO, Álvaro Villaça. *Bem de família e a Lei 8.009/90*. 5. ed. São Paulo, RT, 2002; CZAJKOWSKI, Rainer. *A Impenhorabilidade do Bem de Família: comentários à Lei 8.009/90*. 4. ed. Curitiba: Juruá, 2002.

> executar uma política de habitação inserida em planos de ordenamento geral do território e apoiada em planos de urbanização que garantam a existência de uma rede adequada de transportes e de equipamento social; b) Promover, em colaboração com as regiões autónomas e com as autarquias locais, a construção de habitações económicas e sociais; c) Estimular a construção privada, com subordinação ao interesse geral, e o acesso à habitação própria ou arrendada; d) Incentivar e apoiar as iniciativas das comunidades locais e das populações, tendentes a resolver os respectivos problemas habitacionais e a fomentar a criação de cooperativas de habitação e a autoconstrução. 3. O Estado adoptará uma política tendente a estabelecer um sistema de renda compatível com o rendimento familiar e de acesso à habitação própria.

Não obstante, este preceito constitucional tem sido objecto de uma interpretação muito redutora por parte da doutrina. JORGE MIRANDA, um dos pais fundadores da nossa Constituição, considera o direito à habitação como revestindo um carácter essencialmente programático, devendo ser analisado à luz do mínimo social.[17] Efectivamente, quando falamos do mínimo social, entendemos, à luz de consagrada doutrina (Rawls; Sarlet), que se trata de algo intrinsecamente ligado à realização dos direitos fundamentais, que representam o princípio da dignidade da pessoa humana. O mesmo é asseverar, discordando de JORGE MIRANDA, que o seu conteúdo não é programático, mas sim pragmático, porquanto o princípio da dignidade da pessoa humana é absoluto.

Neste sentido, defende GOMES CANOTILHO[18] que o artigo 65.º que consagra o direito à habitação, não só é directamente aplicável, como vincula entidades públicas e privadas, por força da conjugação dos artigos 17.º e 18.º da CRP, respeitantes aos direitos, liberdades e garantias.

---

17. MIRANDA, Jorge. *Manual de Direito Constitucional, Direitos Fundamentais*, Tomo IV. 3ª edição, Coimbra: Coimbra Editora, 2000, pp. 113 e 393.

18. CANOTILHO, Gomes. *Direito Constitucional e teoria da Constituição*. Coimbra: Almedina, 1998, pp. 431-440.

O artigo 17º da CRP dispõe que "O regime dos direitos, liberdades e garantias aplica-se aos enunciados no título II e aos direitos fundamentais de natureza análoga."

Já o artigo 18º da CRP prevê:

> 1. Os preceitos constitucionais respeitantes aos direitos, liberdades e garantias são directamente aplicáveis e vinculam as entidades públicas e privadas. 2. A lei só pode restringir os direitos, liberdades e garantias nos casos expressamente previstos na Constituição, devendo as restrições limitar-se ao necessário para salvaguardar outros direitos ou interesses constitucionalmente protegidos. 3. As leis restritivas de direitos, liberdades e garantias têm de revestir carácter geral e abstracto e não podem ter efeito retroactivo nem diminuir a extensão e o alcance do conteúdo essencial dos preceitos constitucionais.

É da mesma opinião JORGE REIS NOVAIS:

> essa eventual relevância dos direitos sociais na sua dimensão positiva não pode ser invocada como argumento contra a natureza jusfundamental dos direitos sociais. Não se podendo esgotar no mínimo social os efeitos jurídicos dos direitos sociais, por ser um conceito tão vago e nebulosamente definido.[19]

Destarte, somos a entender que o direito à habitação é um direito fundamental, ligado à dignidade do homem, podendo ser analisado casuisticamente, mas que não deve ser objecto de redução. Sendo um direito fundamental, *tout court*, impõe-se, per si, independentemente da obrigação de o Estado o regular. Essa regulação terá de ser feita mediante uma interpretação sistemática e hermenêutica do nosso ordenamento jurídico e dos preceitos civilizacionais superiores, onde se inclui a Declaração Universal dos Direitos do Homem.

A dignidade tem, outrossim, necessariamente uma dimensão comunitária e familiar, que garanta a própria sobrevivência e perenidade do Homem, o que nos leva à próxima questão.

---

19. NOVAIS, Jorge Reis. *Direitos Sociais*. Coimbra: Coimbra Editora, 2010, p. 110.

3. Da família e da sua casa

A segunda questão que pretendemos colocar é se o conceito de dignidade humana compreende na sua esfera uma dimensão de protecção da família?

Efetivamente, a dignidade do homem pressupõe um conhecimento originário, prévio ao Direito, que tem necessariamente uma dimensão comunitária e familiar, que salvaguarde o nosso bem-estar, que assevere a nossa sobrevivência e, que assegure a nossa descendência.

A família é o âmago da ordem social e natural. Segundo Jean-Jacques ROUSSEAU "A mais antiga de todas as sociedades e a única natural é a da família."[20]

Tratando-se de uma realidade sociológica e biológica, preexistente ao direito e para além do direito, a família é a mais antiga das criações, o princípio e a causa, a melhor forma que o homem encontrou para se proteger e multiplicar e cuja evolução levará a um forçoso regresso ao início,[21] pois qualquer outra forma individualista de organização social apenas cumprirá a sua função pontualmente.

A "*Eudomonia*" ou bem supremo de ARISTÓTELES, como protecção que acompanha o homem durante toda a vida e gera a harmonia e o equilíbrio entre o homem e o cosmos e que proporciona felicidade, encontra na família espaço privilegiado.

A família encontra-se constitucionalmente consagrada na Constituição Portuguesa[22] e Brasileira.[23] Com esta con-

20. ROUSSEAU, J.J. *O contrato Social*. Edição Europa-América, 2003, p. 14.

21. Ver contra, ATTALI, Jacques. *Fraternités – une nouvelle utopie*. Ed. Fayard, 1999, p. 157.

22. Dispõe o artigo 36.º, nº 1, "*Todos têm o direito de constituir família*"; postula o artigo 67.º da Constituição Portuguesa, "A família como elemento fundamental da sociedade, tem direito à protecção da sociedade e do Estado e à efectivação de todas as condições que permitam a realização pessoal dos seus membros."

23. A Constituição Federal Brasileira postula no seu artigo 226.º, "A família, base da sociedade, tem especial protecção do Estado."

sagração constitucional, a família torna-se, como referem PEREIRA COELHO e GUILHERME DE OLIVEIRA,[24] "objecto de uma garantia institucional". Encontra-se, igualmente, protegida pela Convenção Europeia dos Direitos do Homem, pela Declaração Universal dos Direitos Do Homem e pela Carta de Direitos Fundamentais da União Europeia.

Esta proteção da família emerge de um duplo critério, a defesa do escopo individual e a proteção da sociedade.[25]

Ao mesmo tempo, a habitação, espaço de intimidade e privacidade, abrigo contra as intempéries e lugar essencial para se viver com o mínimo de saúde e bem-estar, é indissociável das sociedades humanas.

A este propósito escreve o eminente jurisconsulto português, dos séculos XVIII e XIX, SOUSA DE LOBÃO:

> Depois do dilúvio Universal, enquanto a raça humana não estava tão propagada; os mortais racionais vagavam solitários pelos montes; as cavernas eram as suas habitações contra os rigores dos tempos (...). Qual fosse a causa, porque estes homens selváticos, e vagos, se movessem a congregar-se em sociedade civil, e união, *varii varia dixerant*: uns com Platão deram por causa a indigência dos homens; outros com Aristóteles, o estímulo da natureza do homem para a vida social; outros derivaram esta sociedade da ordem da mesma natureza; outros fazem Deus autor das cidades, provando-o por dedução de alguns lugares das sagradas Letras: outros atribuem esta união ao impulso do medo da solidão, outros só ao temor das feras, que prevalecendo em forças, os devoraram; outros em fim à prepotência dos homens mais forçosos, e ímpios, que violentavam os homens unir-se ao seu império. Desta união em Sociedade Civil, foi necessário consequente, já para maior segurança dos indivíduos pessoais; já para abrigo contra as adversidades [...]; edificar casas [...] formando cidades, vilas e aldeias (...).[26]

---

24. COELHO, Pereira Francisco; OLIVEIRA, Guilherme de. *Curso de direito da família*. V. I, 2ª edição, Coimbra: Coimbra Editora, 2001, p. 153.

25. SOARES, Rogério Ehrhardt; CAMPOS, Diogo de Leite. "A família em Direito Constitucional Comparado". Revista da Ordem dos Advogados, ano 50 (1990), I, p. 5.

26. LOBÃO, Manuel de Almeida e Souza de. *Tractado histórico, encyclopedico, critico, practico sobre todos os direitos relativos a caza, quanto às materias civis, e crimінaes: dividido em três partes, etc.*, Lisboa, 1817, p. 1.

A existência de habitação é intrínseca ao *modus vivendi* humano e indispensável à sua aspiração inata de bem-estar. Segundo SCHOPENHAUER, "A motivação principal e fundamental, tanto no homem, como no animal, é o egoísmo, quer dizer, o ímpeto para a existência e o bem-estar."[27]

Destarte e muito embora a lei não defina o que é a casa de morada de família, podemos entendê-la como o centro de referência e aglutinador da unidade familiar, espaço físico imprescindível para essa estabilidade, harmonia e realização ontológica, axiológica e material.

Para GUILHERME DE OLIVEIRA, a casa de morada de família é a "sua sede," o "lugar onde a família cumpre as suas funções relativamente aos cônjuges e aos filhos e onde assume os seus compromissos perante terceiros"; [...].

Por sua vez, CAPELO DE SOUSA define-a como "a residência habitual do principal agregado familiar, determinável caso por caso, que pela sua estabilidade e solidez seja a sede e o principal centro da maioria dos interesses, aspirações e tradições familiares em apreço"; [...].

LEONOR BELEZA identifica-a como "o lugar onde em princípio habitam os cônjuges e os filhos menores"; [..].

YVES CHARTIER define-a como "centro da vida familiar, onde os cônjuges estão obrigados a uma comunidade de vida. Lugar da residência principal deve responder, por outro lado, a um duplo critério ser real e sério, ser estável"; [...].

LACRUZ BERDEJO vislumbra a casa de morada de família como "uma unidade teleológica na qual se integram a residência habitual e os objectos necessários para a vida em comum incluídos nela."[28]

---

27. SCHOPENHAUER, Arthur. *Sobre o Fundamento da Moral*. Martins Fontes, 2001, p. 120.

28. *Apud*, CID, Nuno de Salter. *A protecção da casa de morada de família no direito português*. Coimbra: Almedina, 1996, pp. 22-33.

Da mesma forma que, como havia escrito SARTRE, o *pour-soi* não é mais do que a pura utilização do *en-soi*, a casa de morada de família não é mais que a pura expressão da família, sem a qual a família perderia a sua estrutura e seria largada à deriva da teodiceia. Segundo PINTO FURTADO "parece inquestionável dever reconhecer-se que a habitação, como abrigo e reserva da privacidade familiar, é fundamental ao desenvolvimento da pessoa humana, não sendo aceitável a esta condição uma existência sem tecto."[29]

Regressando à questão formulada, podemos afirmar que a importância da família no *modus vivendi* humano é de sobremaneira que a indissocia do seu núcleo de dignidade. Porém, questionamos, ainda, se os preceitos que visam a proteger a família, compreendem no seu conteúdo a protecção da casa de morada de família.

Para YVES GUYON "a protecção da habitação familiar não constitui um fim em si mesmo, mas um meio de assegurar a estabilidade da família sendo um meio de protecção da família."[30]

Sendo um meio de protecção da família, a casa de morada de família só pode cumprir a sua função se estiver protegida de terceiros, se não puder ser objecto de execução. Note-se que, quando nos referimos à protecção da casa de morada de família, não é nosso propósito analisar a protecção do direito dos arrendatários/família sobre a casa de morada de família, apenas o direito de propriedade da família sobre a casa de morada de família.

No Brasil, a casa de morada de família, instituída em Bem de família, é, em princípio, impenhorável. Ora em Portugal, a situação é bem diferente, podendo ser penhorada.

---

29. FURTADO, Jorge Henrique da Cruz Pinto. "Valor e eficiência do Direito à habitação à luz da análise económica do Direito". Direito, ano 124, 1992, p. 533.

30. GUYON, Yves. "Le statut du logement familial en droit civil", J.C.P., 1966, I, p. 23.

No Acórdão do Tribunal da Relação de Guimarães de 07-05-2003, podemos ler no sumário:

> 1 – a casa de morada de família não é um bem impenhorável; 2- Penhorado o imóvel, casa de morada de família, e que é bem próprio do cônjuge executado, não goza o outro cônjuge do direito de exigir a restrição da penhora de forma a que esta não contenda com a faculdade de usar a casa de morada de família; 3- O cônjuge do executado que resida na casa de morada de família não é titular de qualquer direito real de habitação, nem é possuidor em nome próprio; 4- A norma que admite a penhora de imóvel que funcione como casa de morada de família não atenta contra o direito constitucional à habitação.[31]

As normas que permitem a execução da casa de morada de família, em Portugal, poderiam ser consideradas inconstitucionais, porquanto o nosso texto jusfundamental protege a dignidade da pessoa humana, a família, o direito à habitação e porquanto estes direitos fundamentais são, igualmente, protegidos por vários preceitos de direito internacional.

Segundo KANT, as coisas têm um preço e as pessoas, dignidade. A solução mercantilista que o legislador lusitano encontrou inverte este imperativo categórico; aos créditos são atribuídos dignidade e às pessoas, ao seu núcleo essencial de direitos, um preço.

JORGE MIRANDA e RUI MEDEIROS não partilham a nossa opinião, considerando:

> "que a norma que admite a penhora de um imóvel onde se situa a casa de habitação do executado e seu agregado familiar não viola o direito que todos têm de haver para si e família uma habitação, tanto porque o direito à habitação não se confunde com o direito a ter uma habitação num imóvel da propriedade do cidadão, como porque a penhora, só por si, não priva de habitação quem na casa de morada de família possa habitar".[32]

---

31. Ac. do TRG, de 07-05-2003, proc. 1267/06-1, Rel. Manso Rainho, in https://bit.ly/373Gtvk

32. MIRANDA, Jorge; MEDEIROS, Rui. *Constituição Portuguesa Anotada*, Volume I. Coimbra: Coimbra Editora, 2005, pp. 665-666.

Este argumento não nos convence, na medida em que os efeitos da penhora, de que foi objecto a casa de morada de família, nomeadamente a venda, privam a família daquela habitação e, se a família não tiver condições económicas para obter uma outra habitação ficará sem qualquer habitação (o que nos parece verosímil, uma vez que não dispunham de condições financeiras para pôr fim à execução). E este facto só por si, à luz do princípio da dignidade humana que analisámos, não deveria ser admissível.

Porém, pode-se entender que a dignidade humana é Ser e o direito à habitação é Ter. Como se pode ler no acórdão do Supremo Tribunal de Justiça, de 05-03-2015:

> (...) II - A casa de morada de família não consta actualmente do elenco dos bens impenhoráveis do art. 822.º do CPC e deve ter-se como um bem sujeito a penhora, de acordo com a regra enunciada no art. 821.º do mesmo diploma. III - O direito à habitação do cidadão e da família, consagrado no art. 65.º da CRP, não se confunde com o direito a ter casa própria, sendo que o legislador ordinário, não obstante estar ciente da sua importância, não estabeleceu, em homenagem àquele direito, a impenhorabilidade da casa de morada de família, mas apenas algumas defesas (art. 834.º, n.º 2, do CPC, e actual art. 751.º, n.º 3, als. a) e b), do NCPC (2013)). IV - Posto que a penhora, por si só, não priva de habitação quem na casa possa habitar, há que concluir que aquela não atenta contra o direito constitucional à habitação, sendo certo que este não tem cariz absoluto nem se sobrepõe a qualquer outro, nomeadamente, o direito de propriedade, como decorre do art. 824.º, n.º 2, do CC.[33]

Mas como referem GOMES CANOTILHO e VITAL MOREIRA "a dignidade da pessoa humana fundamenta e confere unidade não apenas aos direitos fundamentais – desde os direitos pessoais (direito à vida, à integridade física e moral, etc.), até aos direitos sociais (direito ao trabalho, à saúde, à habitação)...".[34]

---

33. Ac. STJ, de 05-03-2015, Proc. 3762/12.9TBCSC-B.L1.S1, Rel. João Trindade, in: https://bit.ly/3rCdhCL

34. CANOTILHO, J. J. Gomes; MOREIRA, Vital. *Constituição da República Portuguesa Anotada.* Vol. I, Coimbra: Coimbra Editora, 1993, p. 58.

Em resumo, a família é a mais antiga e natural organização humana. Impende sobre ela a necessidade inata de se organizar, viver e realizar num espaço habitacional. A casa de morada de família é um meio fundamental para atingir a aristotélica suprema felicidade. Existe uma tendência para uma maior protecção da residência familiar, contudo em Portugal, e ao contrário do Brasil, esta pode ser penhorada, facto que julgamos ser contraditório com os princípios da dignidade humana, do direito à habitação, e protecção da família. É claro que a família é livre, e deve continuar a ser, para tomar as suas decisões, contrair empréstimos, conceder bens em garantia, etc. Mas se por um lado consideramos que o Estado não se deve imiscuir demasiado nas relações familiares, de modo a permitir a existência e livre desenvolvimento da família, por outro deve garantir um certo número de "direitos da família". É nesta matéria que existem lacunas em nível de legislação ordinária.

Se há um direito à habitação, não deveria haver medidas à disposição das famílias para protecção desse direito, tais como o bem de família?

4. Do bem de família no direito brasileiro

O "bem de família" consiste no imóvel residencial, urbano ou rústico, e nos móveis e utensílios dele constantes, propriedade dos cônjuges ou da entidade familiar, em princípio impenhorável. No Brasil, encontra-se instituído desde 1916. No direito português, este instituto vigorou entre 1920 e 1977, assumindo a nomenclatura de "casal de família".

Embora as suas raízes possam assentar nos antigos vínculos ibéricos,[35] é consensual na doutrina que o bem de família nasceu na República do Texas, em 1839, com o *Homestead exemption act.*[36] RUFUS WAPLES define-o como "a

35. CORDEIRO, Xavier. *O problema da vinculação e do casal de família*. 2ª ed. Lisboa, 1933, p. 22.

36. BUREAU, Paul. *Le Homestead ou L'insaisissabilité de la Petite Propriété Foncière*. Paris: Arthur Rousseau, 1895, p. 45.

residência de família, possuída, ocupada, consagrada, limitada, impenhorável e, por diversas formas, inalienável, conforme estatuído na lei."[37]

A lei do *Homestead* trouxe por um lado a impenhorabilidade dos bens domésticos móveis e por outro, a impenhorabilidade dos bens imóveis, onde reside, efectivamente, a originalidade deste instituto e o objecto fulcral da sua abrangência. Este conceito, assumindo várias nomenclaturas, foi adoptado por um conjunto diversificado de países: "Homstead exemption" no Canadá ("bien de famille" no Estado do Quebéque), "bem de família" no Brasil (desde 1916), "auberge de famille" na Confederação Helvética, "Bien de famille" na República Francesa (entre 1909 e 2013), "Casal de Família" em Portugal (entre 1920 e 1977) e "fondo patrimoniale" na Itália (desde 1942). Além destes, os ordenamentos jurídicos inglês, escocês e da República da Irlanda têm uma solução semelhante. O mesmo é válido em relação à Argentina e ao México.

No Brasil, encontra-se instituído desde 1916, como bem de família.

Segundo RICARDO ARCOVERDE CREDIE

> o bem de família pode ser definido como: o direito de imunidade relativa à apreensão judicial, que se estabelece, havendo cônjuges ou entidade familiar, primeiro por força de lei e em alguns casos ainda por manifestação de vontade, sobre imóvel urbano ou rural, de domínio e/ou posse de integrante, residência efetiva desse grupo, que alcança ainda os bens móveis quitados que a guarneçam, ou somente esses em prédio que não seja próprio, além das pertenças e alfaias, e eventuais valores mobiliários afetados e suas rendas.[38]

SÍLVIO DE SALVO VENOSA entende-o "como uma porção de bens que a lei resguarda com os característicos de

37. WAPLES, Rufus. *Études sur le Droit Civil des États-unis de l'Amérique du Nord*, de Ernest Lehr. Librairie de la Société du Recueil J. B. Sirey, 1906, p. 74.

38. CREDIE, Ricardo Arcoverde. *Bem de família:* teoria e prática. 2. ed. São Paulo: Saraiva, 2004, p. 20.

inalienabilidade e impenhorabilidade, em benefício da constituição e permanência de uma moradia para o corpo familiar."[39]

Por sua vez VILLAÇA AZEVEDO afiança que "é o meio de garantir um asilo à família, tornando-se o imóvel onde a mesma se instala domicílio impenhorável e inalienável, enquanto forem vivos os cônjuges e até que os filhos completem sua maioridade."[40]

O ordenamento jurídico brasileiro contempla duas categorias distintas de bem de família, o voluntário e o legal. O Bem de Família Convencional ou Voluntário encontra-se inserido no livro IV – do direito da família, título II, subtítulo IV do Código civil brasileiro, nos artigos 1.711 a 1.722, consagrando a impenhorabilidade e a inalienabilidade do bem instituído e regulando-o como lar, morada de família. Por sua vez, o Bem de família legal encontra-se regulado na Lei n° 8.009/90, do qual resulta a impenhorabilidade do bem instituído como abrigo familiar.

A diferença entre os dois tipos de bens de família reside, em primeiro lugar, da natureza da sua instituição, o bem de família voluntário terá de ser instituído e registado como tal, enquanto o legal, não depende do acto de vontade do seu instituidor, pois, basta que estejam reunidos os pressupostos que a lei estabelece. Em segundo lugar, a dicotomia resulta da sua afectação. No primeiro caso, no voluntário, a sua instituição depende do exercício da autonomia da vontade e, uma vez, instituído deve ser afectado à função de lar de família; no segundo, no legal, que também tem por finalidade abrigar a família, esta afetação opera *ex lege*, advindo a sua natureza imperativa do escopo de salvaguardar a dignidade da pessoa humana.

Salienta-se a existência de excepções à impenhorabilidade e inalienabilidade do Bem de Família Convencional. O bem de família não responde pelas dívidas posteriores à sua instituição,

39. VENOSA, Silvio de Salvo. *Direito civil.* Atlas, 2001, p. 283.

40. AZEVEDO, Álvaro Villaça. *Bem de família e a Lei 8.009/90.* 5. ed. São Paulo, Ed. RT, 2002, p. 93.

com excepção de algumas dívidas fiscais (tais como o Imposto Predial e Territorial Urbano e o Imposto Territorial Rural) ou despesas de condomínio. Acresce que a alienação deste bem de família, sendo excepcional, poderá ocorrer por via judicial, com o consentimento dos demais familiares, incluindo os filhos, e desde que seja feita a prova que o produto da venda vai servir para a aquisição da casa de morada de família, do domicílio familiar. O que nos parece uma medida suficientemente protectora da família e da sua habitação. Já o facto do valor do bem de família convencional estar limitado a um terço do património líquido dos seus instituidores (art. 1.711 do CCB) tem sido alvo de críticas. Convenhamos que este limite impede os menos abastados de instituir um bem de família convencional. Porém, foi necessário tomar medidas em defesa dos credores e manter uma parte do património dos instituidores, penhorável.

Estranhamente, o Código Civil de 2002 permitiu inserir uma cláusula, no bem convencional, que possibilita estender os mesmos efeitos de impenhorabilidade a valores mobiliários, tais como, acções e títulos ao portador, que serão utilizados na manutenção e conservação do bem instituído, ou na subsistência da família. Quanto a nós, trata-se de uma cláusula que desvirtua o conceito de bem de família, mesmo que os frutos dos valores mobiliários tenham que ser investidos na preservação e conservação do lar. Trata-se de uma medida permeável a negócios simulados, permitindo facilmente ilidir credores sob o manto protector do bem de família e que estabelece um aparente favorecimento das classes mais abastadas. A este propósito diz DORIA MARTINS:

> Entretanto, infelizmente, a falta de preocupação na formulação de limites quantitativos ao instituto resultou em um quadro comprometido e incoerente, que, conjugado à sua já complexa implementação, dificilmente o habilitará a superar os entraves que, até hoje, relegam o bem de família voluntário ao desuso, apesar de seu potencial.[41]

41. MARTINS, Sergio Avila Doria. "O bem de família mobiliário no novo Código Civil. Revista Jus Navigandi, Teresina, ano 13, n. 1727, 24 mar. 2008. Acesso em: 12 jan. 2020. Disponível em: https://jus.com.br/artigos/11078.

Existem diferenças significativas entre o bem de família convencional e o bem de família legal. A constituição deste último decorre directamente da lei, não sendo relevante o valor do imóvel sobre o qual ele incidirá. Basta que se trata da residência da família. Porém, se a família tiver mais do que uma residência habitual, deve-se considerar bem de família o imóvel de menor valor. O imóvel que constitui bem de família legal pode ser alienado voluntariamente pelos interessados. O mesmo não acontece no que respeita ao bem convencional. Outra diferença diz respeito às excepções estabelecidas para cada um dos institutos sobre as regras de impenhorabilidade. O artigo 1.715 do Código Civil dispõe que o bem de família voluntário "é isento de execução por dívidas posteriores à sua instituição, salvo as que provierem de tributos relativos ao prédio, ou de despesas de condomínio". Já a Lei 8.009/90 que instituiu o bem de família legal, no seu artigo 3º[42] prevê várias situações em que o bem será penhorável.

Em síntese, o ordenamento jurídico brasileiro contempla duas categorias distintas de bem de família, o voluntário e o legal. Possibilita a existência de bens de família, móveis e imóveis, rurais e urbanos. O bem de família é um meio de garantir um asilo à família, tornando-se o imóvel, onde a mesma

42. Art. 3º. "A impenhorabilidade é oponível em qualquer processo de execução civil, fiscal, previdenciária, trabalhista ou de outra natureza, salvo se movido:
I - (Revogado pela Lei Complementar nº 150, de 2015)
II - pelo titular do crédito decorrente do financiamento destinado à construção ou à aquisição do imóvel, no limite dos créditos e acréscimos constituídos em função do respectivo contrato;
III – pelo credor da pensão alimentícia, resguardados os direitos, sobre o bem, do seu coproprietário que, com o devedor, integre união estável ou conjugal, observadas as hipóteses em que ambos responderão pela dívida; (Redação dada pela Lei nº 13.144 de 2015)
IV - para cobrança de impostos, predial ou territorial, taxas e contribuições devidas em função do imóvel familiar;
V - para execução de hipoteca sobre o imóvel oferecido como garantia real pelo casal ou pela entidade familiar;
VI - por ter sido adquirido com produto de crime ou para execução de sentença penal condenatória a ressarcimento, indemnização ou perdimento de bens.
VII - por obrigação decorrente de fiança concedida em contrato de locação". (Incluído pela Lei nº 8.245, de 1991).

se instala, domicílio impenhorável, comportando, porém, algumas excepções.

5. Do casal de família em Portugal

Após o advento da República, nascida, em muito, do surto industrial e urbano que se inicia com a crise de 1890, Portugal vivenciou um período político conturbado, consubstanciado na plêiade de governos e na degradação financeira do Estado, como escreveu SOUSA FRANCO "a instabilidade política acabou por trazer pela mão a instabilidade económica [...] e a instabilidade consequente".[43]

Neste cenário, é proclamada, em Dezembro de 1917, a "República Nova", pelo Presidente Sidónio Pais, que congregava republicanos e monárquicos, nomeadamente os membros do integralismo lusitano, naquilo a que João MEDINA chamou de "uma república feita por monárquicos"[44] e a qual duraria precisamente um ano.

O integralismo lusitano era um movimento tradicionalista monárquico português, de cariz humanista e vanguardista, do qual fizeram parte, entre outros, José Hipólito Raposo, António Sardinha, Pequito Rebello, Xavier Cordeiro e Ramalho Ortigão. Teve origem nos meios mais conservadores da Universidade de Coimbra[45] e notabilizou-se pela oposição preconizada à República, ao Parlamentarismo e, mais tarde, ao Estado Novo. Segundo Jaime Nogueira PINTO, os integralistas muito influenciados pela *Action Française* de Charles Maurras, iniciam:

> uma guerra cultural que, mais que contra a República, é contra as suas bases ideológicas, igualitárias, jacobinas, revolucionárias.

---

43. FRANCO, António de Sousa. *As finanças públicas na I República: a continuidade das finanças débeis*. História de Portugal, V.XI. Clube internacional do livro, 1997, p. 213.

44. MEDINA, João. *O sidonismo ou a República fracturada*. História de Portugal. V.XI, Clube internacional do livro, 1997, p. 61.

45. CRUZ, Manuel Braga da. "O integralismo Lusitano nas origens do Salazarismo". Revista Análise Social vol. XVIII (70), 1982-1.º, p. 137.

> Os integralistas distinguem-se disso dos simples monárquicos conservadores e liberais. Atraíam, como Maurras em França, os tradicionalistas, parte dos católicos e importantes sectores militares, técnicos e universitários. Mas iriam ser sempre, quase e só, um núcleo de intelectuais activistas, animando uma elite de jovens e quadros superiores.[46]

Por seu turno, Filipe Ribeiro de MENEZES considera que "o integralismo lusitano orgulhava-se da sua valia intelectual, com os seus líderes dispostos a vencer a República e outros concorrentes no campo das ideias".[47]

Os integralistas haviam colaborado com os sidonistas na discussão e elaboração de vários decretos[48] e na candidatura eleitoral conjunta.[49]

Foi precisamente neste âmbito de estreita cooperação dos integralistas com o regime sidonista, que, foram eleitos para o Senado António Sardinha, Pequito Rebello, o Visconde do Sardoal e Adriano Xavier Cordeiro.[50] Ora, cabendo aos integralistas, a função de "*inspirar doutrina e colaborar em alguns diplomas de renovação política*",[51] Xavier CORDEIRO apresentou, em 1918, um projeto legislativo que visava à instituição de um património imobiliário impenhorável à semelhança do *Homestead* Norte-americano, o qual só viria a ser aprovado em 16 de Outubro de 1920, em virtude do assassinato de Sidónio Pais em Dezembro de 1918 e da turbulência que se lhe seguiu. Note-se que, em janeiro de 1919, Paiva Couceiro havia tentado restaurar monarquia, numa sublevação conhecida

---

46. PINTO, Jaime Nogueira. *António de Oliveira Salazar*, o outro retrato. Lisboa: Esfera dos livros, 4ª edição, 2007, p. 38.

47. MENEZES, Filipe Ribeiro de. *Salazar*. D. Quixote, 4ª edição, 2009, p. 35.

48. RAPOSO, Hipólito. *As folhas do meu cadastro*. Lisboa, 1945, p. 38.

49. CRUZ, Manuel Braga da. "O integralismo Lusitano nas origens do Salazarismo". *Revista Análise Social* vol. XVIII (70), 1982-1.º, p. 142.

50. CRUZ, Manuel Braga da. "O integralismo Lusitano nas origens do Salazarismo". *Revista Análise Social* vol. XVIII (70), 1982-1.º, p. 142.

51. RAPOSO, Hipólito. *As folhas do meu cadastro*. Lisboa, 1945, pp. 36-37.

como a "Monarquia do Norte" e contando, nas suas hostes, com o apoio de vários integralistas.[52]

O Decreto nº 7.033 de 16 de Outubro de 1920, que instituía o Casal de Família, visava a proteger a pequena propriedade agrícola e "defendê-la dos principais elementos de destruição: as hipotecas, a licitação, a desagregação pelo seu sucessivo fraccionamento, resultante dos princípios legais em matéria de sucessão" (preâmbulo do Decreto-Lei nº 18 551, de 3 de julho de 1930).

De facto, mercê da crise, que a primeira grande guerra só veio agravar, era essencial proteger a pequena propriedade agrícola e aumentar a produtividade para reduzir o déficit externo – não deixa de ser um paradoxo, como constata António TELO "que um país essencialmente rural tenha de importar uma parte significativa dos seus alimentos. O principal alimento importado é o trigo [...], mas são igualmente compradas no exterior substanciais quantidades de batatas, arroz, feijão, carne e gado."[53]

Por outro lado, a família ocupava um lugar central no ideário integralista e o casal de família consubstanciava a protecção da família, do património familiar e a continuidade dos antigos vínculos – como constatam António SARDINHA[54] e Braga da CRUZ:

> a sociedade é constituída por famílias e não indivíduos" e esta, "entendida como unidade básica da sociedade, conjugalmente indissolúvel, subordinada ao "poder pátrio", restabelecida pela vinculação da terra para assegurar ao casal o bem estar material contra as eventualidades da fortuna, a continuação da casa, do nome e das virtudes dos antepassados [...].[55]

---

52. MEDINA, João. *O sidonismo ou a República fracturada*. História de Portugal. V. XI, Clube internacional do livro, 1997, p. 68.

53. TELO, António. *A Economia da República*. História de Portugal, V. XI, Clube internacional do livro, 1997, p. 221.

54. SARDINHA, António. *Ao princípio era o verbo*. Lisboa. Restauração, 2ª edição, 1959, p. 286.

55. CRUZ, Manuel Braga da. "O integralismo Lusitano nas origens do Salazarismo". *Revista Análise Social* vol. XVIII (70), 1982-1.º, p. 154.

Entretanto, o regime republicano, saído do 5 de Outubro de 1910, havia colapsado após o golpe do 28 de Maio de 1926 e, no decurso, Salazar subiu ao poder.

O ideário do Estado Novo assentava na tríade "Deus, Pátria e Família" ou nos dizeres de Jaime Nogueira PINTO "Religião, Nação, Autoridade, Ordem"[56] e tentava, sintetizar e justapor um conjunto de ideias e movimentos de cariz tradicional e reaccionário. Torna-se, pois, natural que o instituto do casal de família, saído das fileiras integralistas, não tenha sido revogado.

Fosse porque Salazar concebia a família como base da nação – "Eis, na base, a família, célula social irredutível, núcleo originário da paróquia, da comuna e, portanto da nação."[57]

Fosse porque havia que segurar as hostes integralistas que começavam a dissidir do regime – como constata Braga da CRUZ:

> "Na realização dessa síntese política e ideológica de interesses de classe, o salazarismo estabeleceu compromissos, salvaguardando ou sacrificando ora umas ora outras das componentes dos movimentos e ideologias que nele confluíram. Assim procedeu também com o integralismo lusitano", aduzindo ainda que o integralismo "Bem cedo, porém, se viria dele a demarcar, passando mesmo alguns dos seus mais destacados elementos a engrossar as fileiras da oposição ao regime salazarista;"[58] [...].

Fosse porque acreditava de facto, nos méritos do casal de família:

> a família exige por si mesma duas outras instituições: a propriedade privada e a herança. Primeiramente a propriedade, a propriedade de bens de que se possa usufruir e mesmo a de bens confinados. A

56. PINTO, Jaime Nogueira. *António de Oliveira Salazar, o outro retrato*. Lisboa: Esfera dos livros, 4ª edição, 2007, p. 96.

57. SALAZAR, António de Oliveira. *Como se levanta uma nação*. Lisboa: mobilis in mobile, 1991, p. 59.

58. CRUZ, Manuel Braga da. "O integralismo Lusitano nas origens do Salazarismo". *Revista Análise Social* vol. XVIII (70), 1982-1.º, p. 137.

> intimidade da vida familiar exige conforto, isolamento, numa palavra, exige a casa, a casa independente, a casa própria, a nossa casa [...] A família que se abriga sob o seu tecto é naturalmente mais económica, mais estável, melhor constituída. [...] A herança é o reflexo do instituto de perpetuidade na propriedade.[59]

A verdade é que Salazar não só manteve o casal de família, como ampliou o seu âmbito.

Assim, é aprovado o Decreto-Lei nº 18 551, de 3 de Julho de 1930, que revogava o anterior. Nele se inscrevia que

> qualquer chefe de família poderia constituir um casal de família indivisível e inalienável, o qual pode compreender apenas a casa que o respectivo titular e a sua família habitarem, ou também dependências necessárias para o exercício de qualquer ofício mecânico explorado em benefício da família; [...] Do casal de família, só podem fazer parte os bens imobiliários do instituidor e sobre os quais não pesam qualquer tipo de ónus ou encargo, com excepção de dote, servidão ou enfiteuse; [...] Não é susceptível de penhora ou arresto, é inalienável, exceptuando-se o caso de expropriação ou troca por outros bens.

Efectivamente, os bens que constituíam o casal de família eram inalienáveis e impenhoráveis (art. 9º). Tratava-se um instituto de adesão voluntária, sendo que o título que servia de base ao seu registo era a certidão homologatória da sua instituição (art. 36º). Apesar do cariz voluntário "os beneficiários das casas económicas (...) são obrigados a constituir com elas um casal de família" (Código do Registo Predial, 1970). O que muito releva porque as famílias carenciadas, que adquiriam habitações a custos controlados, não as poderiam alienar ou hipotecar, para a sua própria protecção e salvaguarda. Nesta excepção, é patente o espírito que animava o instituto do "casal de família", proteger e garantir a família.

Outrossim, o Estado Novo foi mais longe e deu-lhe protecção constitucional. O art. 14º nº 1 da Constituição de 1933 protegia o

---

59. SALAZAR, António de Oliveira. *Como se levanta uma nação*. Lisboa: mobilis in mobile, 1991, p. 95.

"casal de família", preconizando que caberia ao Estado e às autarquias locais favorecer a instituição do "casal de família".

Apesar da proteção que o *Ancien Régime* atribuiu ao "casal de família", Hipólito Raposo criticou a sua reduzida implantação.[60]

Durante a sua vigência, foram também instituídos os "casais agrícolas e aproveitamento de baldios", através da Lei nº 2014, de 27 de julho de 1946, e alterados pelo Decreto-Lei nº 36 709, de 5 de janeiro de 1948, e pelo Decreto-Lei nº 37.054, de 9 de setembro de 1948.

A Constituição de 1976 omitiu qualquer referência ao casal de família e em 1977, o legislador impediu o estabelecimento de novos casais de família.

O Decreto-Lei nº 329/82, de 17 de Agosto de 1982, veio determinar o fim deste regime, permitindo a inscrição, averbamento e registo de ónus e encargos sobre o casal de família.

Ora se é compreensível que durante o período revolucionário, em virtude da reforma agrária, este instituto fosse extinto, porque se encontra nos antípodas dos fundamentos do colectivismo agrário, já não se entende a razão de o casal de família não ter sido reposto após o fim dessa reforma.

Fazemos nossas as palavras de SALTER CID, que se debruçou sobre este assunto e que a propósito escreveu tratar-se de um caso que "pode constituir uma protecção eficaz da casa de morada de família, embora dependente da vontade para a sua instituição em casal de família".[61]

---

60. CORDEIRO, Xavier. *O problema da vinculação e do casal de família*. 2ª ed. Lisboa, 1933, p. 9.

61. CID, Nuno de Salter. *A protecção da casa de morada de família no direito português*. Coimbra: Almedina, 1996, p. 112.

6. Das propostas para o futuro

O legislador português concede alguma tutela relativamente à casa de morada de família.

Desde logo, nas atribuições preferenciais da casa de morada de família, em caso de morte, como consta dos artigos 1.106º e 2.103º-A a 2.103º-C do Código Civil (CC); mas também quando impõe o consentimento de ambos os cônjuges para a sua alienação, oneração, arrendamento ou constituição de outros direitos pessoais sobre a mesma, mesmo sendo bem próprio de um dos cônjuges (art. 1.682º-A, nº 2 CC); o mesmo acontece no arrendamento, em que se impõe o consentimento de ambos para a resolução, oposição à renovação ou à denúncia do contrato de arrendamento pelo arrendatário, bem como a cessão da posição de arrendatário e a revogação do arrendamento por mútuo consentimento (art. 1.682-B CC); também essa protecção se verifica se o imóvel arrendado constituir casa de morada de família, tendo, neste caso, as comunicações dos senhorios, para extinção ou modificação de renda nos arrendamentos antigos, que ser dirigidas a ambos os cônjuges (art. 12º da Lei nº6/2006, de 27/2); ainda, quando o local arrendado é casa de morada da família, o requerente deve indicar também como requerido o cônjuge do arrendatário que não seja parte do contrato de arrendamento (art. 6º do DL n.º 1/2013 de 7/01); igual tutela se verifica quando é imposta aos cônjuges a escolha da residência de família por comum acordo (art. 1673º CC); outrossim, a tutela da casa de morada de família relativamente aos unidos de facto (art. 4º e 5º da Lei 7/2001, de 11/5); ou, ainda, a tutela da casa de morada de família em caso de divórcio. Como se pode ler num acórdão do Tribunal da Relação de Guimarães, de 24-01-2008:

> O direito ao arrendamento da casa de morada de família deve ser atribuído ao cônjuge ou ex-cônjuge que mais precise dela; a premência da necessidade é o fator principal a atender; quanto à «situação patrimonial» dos cônjuges ou ex-cônjuges, trata-se de saber quais são os rendimentos e proventos de um e outro, uma vez decretado o divórcio ou a separação judicial de pessoas e bens,

> assim como os respetivos encargos; haverá que considerar ainda as demais «razões atendíveis»: a idade e o estado de saúde dos cônjuges ou ex-cônjuges, a localização da casa relativamente ao local de trabalho de um ou outro, o facto de algum deles dispor eventualmente de outra casa em que possa estabelecer a sua residência, etc.; o importante é a necessidade ou a premência da necessidade, cabendo aqui ajuizar da posição pessoal e patrimonial que mais vulnerabilizada ficou, em consequência do divórcio.[62]

A Lei n.º 13/2016, de 23 de Maio, alterou o artigo 244.º, n.º 2, do Código de Procedimento e de Processo Tributário, impedindo a realização da venda de imóvel afecto à habitação própria e permanente do devedor ou do seu agregado familiar, com o escopo de proteger a casa de morada de família no âmbito de processos de execução fiscal. Esta protecção iniciou-se com o projeto de Lei n.º 87/XIII/1.ª, que tratou de proteger um direito social fundamental consagrado no art. 65.º da Constituição da República Portuguesa, o direito à habitação. Na exposição de motivos deste projeto de Lei, pode-se ler que com "[c]om esta medida, pretende-se proteger um direito essencial dos cidadãos, com maior relevância social, no caso do direito à habitação, posto em causa quando, num processo de execução fiscal, a habitação é objeto de venda judicial por iniciativa do Estado, por vezes em razão de quantias irrisórias face ao valor do imóvel" e o artigo 244.º, nº 2, , do Código de Procedimento e de Processo Tributário (CPPT) dispõe aquele que "não há lugar à realização da venda de imóvel destinado exclusivamente *à* habitação própria e permanente do devedor ou do seu agregado familiar, quando o mesmo esteja efetivamente afeto a esse fim".

O impedimento legal à realização da venda de imóvel afeto à habitação própria e permanente não obsta a que a penhora comece pela casa de morada de família, quando o valor pecuniário dos demais bens do devedor não se mostre adequado ao montante do crédito do exequente, ficando, no entanto, impedida a Administração Tributária e Aduaneira de proceder

62. Ac. do TRG, de 24-01-2008, Proc. 2372/07-2, Rel. Augusto Carvalho. In: https://bit.ly/3jpWFtm

à realização da venda do imóvel no âmbito da execução fiscal. O devedor permanece na habitação enquanto se verificar o impedimento legal à realização da venda do imóvel.

Porém, como expressamente se assume na exposição de motivos do projeto, estão excluídos "desta salvaguarda as habitações de muito elevado valor tributário, exclusão que se justifica para evitar que contribuintes com elevado património se coloquem intencionalmente ao abrigo desta protecção, convertendo o seu património numa única residência de elevado valor." O mesmo acontece em caso de autorização voluntária, ou seja, quando o executado autorizar a realização da venda, mediante requerimento próprio.

A primeira situação que tange o valor tributável do imóvel penhorado, enquadrando-o por referência à data da penhora, na taxa máxima prevista para a aquisição de prédio urbano ou de fracção autónoma de prédio urbano destinado exclusivamente à habitação própria e permanente, em sede de imposto sobre as transmissões onerosas de imóveis, é absolutamente dual e perverso, porque se reconduz à ideia de que a sociedade tem por base dois tipos de famílias, as famílias carenciadas e as famílias abastadas. Ora, isto é a negação total e absoluta do conceito de família, porque se o escopo da norma é proteger a casa de morada de família, a sua *ratio legis* tem por base a protecção da unidade e da estabilidade familiar, pelo que o legislador ao fazer tal destrinça dicotómica está a postular que o direito de tutelar o âmbito familiar da dignidade humana só é concebido para um tipo de famílias, não sendo as outras famílias merecedoras de protecção. O que é no mínimo ultrajante para o conceito lato de família em que assenta a nossa civilização desde que, como escreveu LOBÃO, "[...] os homens vagueavam e se reuniram em sociedade [...]".[63]

63. LOBÃO, Manuel de Almeida e Souza de. *Tractado histórico, encyclopedico, critico, practico sobre todos os direitos relativos a caza, quanto às materias civis, e criminaes*: dividido em três partes, etc., Lisboa, 1817, pp. 1-4.

Acresce que esta impossibilidade de venda do imóvel penhorado – que seja habitação própria e permanente do executado – não foi estendida aos demais credores, pelo que à partida não se afigura razoável que se impeça um credor comum com uma penhora sobre aquele bem que foi reclamar o seu crédito numa execução fiscal de promover a sua venda para ver satisfeito o seu crédito. Assim, por um lado existe uma protecção da casa de morada de família e por outro, cessa. Ou seja, o âmbito de aplicação do artigo 244º, n.º 2, do CPPT reduz-se aos casos em que a Administração Fiscal seja o único credor interveniente no processo.

Como resulta do art. 735.º, n.º 1 do Código de Processo Civil (CPC) "estão sujeitos à execução todos os bens do devedor suscetíveis de penhora, que nos termos da lei substantiva respondam pela dívida exequenda". Contudo, existem restrições a esta penhorabilidade geral de forma a assegurar a subsistência do executado e da família. Assim, os artigos 736.º, 737.º e 738.º, todos do CPC, estabelecem bens absolutamente, relativamente ou parcialmente impenhoráveis, designadamente o direito de uso e habitação (art. 1.488.º do CC), não constando do elenco de bens impenhoráveis o imóvel – "habitação" do executado.[64] Em suma, pode-se concluir que o artigo 65.º da CRP não obriga o legislador ordinário a estabelecer a impenhorabilidade da casa de morada de família.[65] E tanto é assim, que o Supremo Tribunal de Justiça, num acórdão de 05 de março de 2015, entendeu que

---

64. A lei espanhola, Ley 1/2000 de 7 de enero, Ley de Enjuiciamento Civil, sob a epígrafe "bienes absolutamente inembargables", também não limita a penhorabilidade da casa de morada de família, no seu art. 605.º. O Code des procédures civiles d'exécution francês, no seu art. L112-2, onde estão inseridos os bens impenhoráveis, também não faz referência à impenhorabilidade da casa de morada de família. O mesmo acontece na legislação Italiana, no *Codice di Procedura Civile*, no seu art. 514.º que dispõe quais os bens que são absolutamente impenhoráveis, não fazendo menção à proibição da casa de morada de família.

65. Ac. do TRG, de 07-05-2003, proc. 1267/06-1, op. cit.: "a casa de morada de família não é bem impenhorável".

> O direito à habitação do cidadão e da família, consagrado no art. 65.º da CRP, não se confunde com o direito a ter casa própria, sendo que o legislador ordinário, não obstante estar ciente da sua importância, não estabeleceu, em homenagem àquele direito, a impenhorabilidade da casa de morada de família, mas apenas algumas defesas (art. 834.º, n.º 2, do CPC e atual art. 751.º, n.º 3, als. a) e b), do NCPC (2013)).[66]

No que concerne à jurisprudência, esta tem vindo a pronunciar-se sobre a venda judicial da casa de morada de família nos seguintes termos.

Desde logo, o acórdão do Supremo Tribunal Administrativo, de 13 de setembro de 2017,[67] diz-nos que

> I - Após o início da vigência da Lei 13/2016 de 23 de Maio, o contribuinte, proprietário e possuidor da casa de morada de família, tem o direito de não ver este bem sujeito a venda judicial. II - Sendo um bem penhorável e não constituindo direito de propriedade indisponível (o que seria um contrassenso, atentas as regras que presidem à gestão da propriedade privada, constitucionalmente garantida) aquele direito concedido pela Lei 13/2016 de 23 de Maio é um direito renunciável como resulta do nº 6 do artº 244º do CPPT introduzido por esta Lei. III - Só é idónea a garantia prestada de forma incondicional que possibilite ao estado assegurar o seu crédito fiscal através da execução da garantia não se apresentando como idónea a garantia oferecida de penhora da casa de morada de família quando desacompanhada do requerimento previsto no nº 6 do artº 244º do CPPT.

No mesmo sentido, dispõe o acórdão do mesmo Tribunal, datado de 24 de outubro de 2018, nestes termos:

> Não faz sentido apreciar da idoneidade da garantia oferecida, quando consistente na penhora da casa de morada de família, se à partida não tiver havido renúncia ao direito a que se refere o nº 6 do art. 244º do CPPT, introduzido pela Lei 13/2016 de 23 de Maio, pois que o bem não sendo vendável não tem qualquer

---

66. Ac. STJ, de 05-03-2015, Proc. 3762/12.9TBCSC-B.L1.S1, Rel. João Trindade, op. cit.

67. Ac. do STA, de 13-09-2017, proc. 0918/17, Rel. Ascensão Lopes, in. https://bit.ly/3KJwVnT

> valor económico e, assim sendo, nunca poderá ter idoneidade para servir de garantia, pelo que o trabalho de aferir da mesma é despiciendo e inútil.[68]

Do mesmo modo, só é idónea a garantia prestada de forma incondicional que possibilite ao Estado assegurar o seu crédito fiscal através da execução da garantia não se apresentando como idónea a garantia oferecida de penhora da casa de morada de família quando desacompanhada do requerimento previsto no nº 6 do art. 244º do CPPT.[69]

Não obstante, entendemos que a protecção da casa de morada de família, no nosso ordenamento jurídico, fica aquém do postulado na Constituição, mormente no que toca à dimensão familiar e do direito à habitação constante do princípio da dignidade, uma vez que pode ser penhorada. Impõe-se, portanto, uma nova abordagem.

Neste sentido enunciamos a recomendação nº R (81) 15, adoptada pelo Comité de Ministros do Conselho da Europa que sugere o seguinte: “As legislações nacionais poderão prever um sistema de registo do direito de ocupação que torne este último oponível a terceiros”.[70]

Por outro lado, tendo em conta a crise económica que as famílias atravessam, é mister proteger a família não só de terceiros, mas também dos seus próprios membros.

Outrossim, tem acuidade a questão de saber se uma excessiva protecção poderá dificultar o acesso ao crédito por parte daqueles que apenas podem dar como garantia a sua habitação. É uma questão pertinente que, inclusive, esteve na base da decisão do governo francês, em 2013, de consagrar a penhorabilidade do bem de família, e que há muito era

---

68. Ac. do STA, de 24-10-2018, proc. 01291/18.6BEPRT, Rel. Ascensão Lopes, in: https://bit.ly/3utfzG7

69. Cf. Ac. STA, de 13-09-2017, proc. 0918/17, Rel. Ascensão Lopes, op. cit.

70. In. https://bit.ly/35XOhxV

discutida.[71] Porém, achamos preferível ter uma solução que limite a execução da "sede" familiar do que termos esta desprotecção evidente da casa de morada de família.

Destarte, entendemos que o ordenamento jurídico português poderia contemplar duas soluções:

Em primeiro lugar seria profícuo estabelecer-se a impenhorabilidade da casa de morada de família. Desta forma, deveria ser possível proceder-se à inscrição de um imóvel no registo predial como casa de morada de família; ou, ao averbamento à inscrição no registo predial como casa de morada de família, quando o direito de propriedade desta já se encontra inscrito no registo predial em nome do titular da casa de morada de família. Esta não seria, em princípio, susceptível de penhora, excepto quanto ao crédito concedido para a sua aquisição. No caso de incumprimento relativo ao crédito hipotecário constituído para a sua aquisição, de modo a precaver o risco de as famílias perderem a sua casa, fazemos nossas as palavras de ANTÓNIO MARTINS,

> sem prejuízo da dação em cumprimento do imóvel hipotecado, o devedor deveria ter o direito potestativo a celebrar contrato de arrendamento com o credor hipotecário – ou com quem adquirisse o imóvel em processo judicial –, devendo prever-se um regime de arrendamento supletivo, caso não houvesse acordo entre as partes, incluindo nesse regime a determinação da renda por aplicação de critérios do mercado de arrendamento na zona geográfica do imóvel.[72]

Estaríamos aqui perante uma situação semelhante ao *sale and lease-back*.[73]

---

71. TERRÉ, F., SIMLER, P. *Droit Civil, les régimes matrimoniaux*. 3ème éd., Paris: Dalloz, 2001, p. 60.

72. MARTINS, António. "A protecção da casa de morada de família" *Revista Julgar*, maio 2014. Acesso em: 12 dez. 2020. In: https://bit.ly/3Js7JAG , p. 27.

73. MORAIS, Fernando de Gravato. Manual da Locação Financeira. 2ª ed. Coimbra: Almedina, 2011; MARQUES, João Paulo Fernandes Remédio. "Locação financeira restitutiva (sale and lease-back) e a proibição dos pactos comissórios – negócio fiduciário, mútuo e ação executiva". *Boletim da Faculdade de Direito da Universidade de*

A segunda solução que o legislador português poderia contemplar seria a instituição do casal de família.

Neste sentido, um agregado familiar ou um conjunto de pessoas unidas por laços familiares, poderia livremente instituir um imóvel como casal de família. Este bem ou casal de família seria, em princípio, impenhorável e, inalienável. Este instituto seria exclusivamente destinado a bens imóveis e, só produziria os seus efeitos depois de registrado como tal na Conservatória do Registo predial. A alienação ou troca do casal de família por outro só seria possível mediante as regras estabelecidas no pacto instituidor do casal de família, e poder-se-iam impor regras relativamente à votação em assembleia familiar.

À semelhança do direito brasileiro, a sua impenhorabilidade comportaria excepções, tais como créditos resultantes da falta de pagamento de pensão de alimentos ou casos em que a aquisição do imóvel, registado como casal de família, tivesse origem em fundos provenientes de actividades ilícitas.

É nosso entendimento que estas duas soluções preconizadas, da impenhorabilidade da casa de morada de família, por um lado, e da instituição do casal de família, por outro, acautelariam o direito à habitação por parte das famílias, contribuiriam para resolver o premente problema social, daqueles que em virtude da crise económica se encontram em sério risco de perderem as suas habitações, ao mesmo tempo que representaria um estímulo à família, ao fortalecimento dos seus valores e ao recrudescimento dos seus laços.

Por si só, o casal de família seria uma solução ajustada para a protecção da casa de morada de família, para a manutenção da propriedade na esfera familiar e, principalmente, constituiria uma forma de proteger a propriedade, enquanto sustento da família.

Coimbra, vol. 77, Coimbra, 2001; CAMPOS, Diogo Leite de. *A locação financeira*. Lisboa: Lex, 1994.

A consagração do casal de família, por parte do legislador nacional, seria uma maneira congruente de a propriedade cumprir uma função social, ter uma finalidade familiar, mantendo-se o respeito pela autonomia da vontade da família e dos cidadãos, dada a constituição voluntária do casal de família que propomos.

O argumento de que o bem de família apenas aproveita às classes mais abastadas não tem em nós acolhimento, na medida em que as sociedades familiares,[74] sociedades comerciais ou civis, já há muito resolveram o problema da manutenção e da transmissão do património familiar dos clãs mais privilegiados. Destarte, estima-se que mais de 70% de todas as empresas em Portugal tenham uma estrutura e uma propriedade familiar,[75] o que pode significar efectivamente que as famílias mais privilegiadas já encontraram, no universo societário, seja comercial seja civil, ou com contornos fiduciários,[76] soluções que permitem a manutenção do património no seio da família. Não deixa de ser alheio, o facto de haver empresas com centenas e até milhares[77] de anos que nunca saíram da esfera familiar.

Deste modo, somos a concluir que a instituição do casal de família e a consagração da impenhorabilidade da casa de morada de família poderiam constituir uma alternativa credível à desprotecção evidente da residência familiar, consubstanciando uma forma exequível de materializar a dimensão familiar da dignidade humana no direito e na sociedade portuguesa.

---

74. CAMPOS, Mónica Martinez de. (2004), Les sociétés de famille. http://www.theses.fr/2004PA020078.

75. Fonte: associação das empresas familiares, http://www.empresasfamiliares.pt/

76. CAMPOS, Diogo de Leite; TOMÉ, Maria João Romão Vaz. *A Propriedade Fiduciária* (Trust) - Estudo para a sua consagração no Direito Português. Coimbra: Almedina, 1999.

77. A empresa japonesa *Kongo Gumi*, foi fundada no ano de 578; a também nipónica *Nisiyama Onsen Keiunkan* tem mais de 700 anos; a empresa austríaca *Stiftskeller St. Peter* foi fundada em 803. Fonte: 10 empresas com 1.000 anos ou mais, *revista exame Brasil*, https://bit.ly/37zrDwu

7. Conclusão

O princípio da dignidade humana, fundamento maior do direito enquanto ciência antropocêntrica, só encontra efectividade quando articulado com outros axiomas, nomeadamente o direito à habitação e o direito de protecção da família. Quer o direito à habitação, quer o direito de protecção da família, encontram-se plasmados nas constituições portuguesa e brasileira, e em vários preceitos de direito internacional.

O ordenamento jurídico português que consagra constitucionalmente a inviolabilidade da dignidade da pessoa humana, a protecção da família e o direito à habitação, não preconiza uma protecção efectiva da casa de morada de família, permitindo que esta seja penhorada.

Numa época marcada por uma profunda crise económica, em que muitas famílias se encontram em risco de perderem as suas habitações, urge encontrar soluções.

É nossa convicção que o legislador deveria adoptar uma das duas propostas que nos parecem ajustadas à conjuntura de crise económica e às necessidades dos cidadãos e das famílias. Em primeiro lugar, dever-se-ia estabelecer a impenhorabilidade da casa de morada de família. Em segundo lugar, instituir o casal de família em Portugal, em princípio, impenhorável e inalienável, um pouco à semelhança do que acontece no Brasil com o bem de família voluntário.

Efetivamente, a consagração da impenhorabilidade da residência familiar e a instituição do casal de família em Portugal poderia desempenhar um papel preponderante na realização da dimensão familiar da dignidade humana, respondendo a um grave problema social, que afecta milhares de famílias, e para o qual o direito ainda não encontrou resposta apropriada.

Note-se que a Lei n.º 13/2016, de 23 de Maio, com o escopo de proteger a casa de morada de família no âmbito de processos de execução, assenta no valor tributável do imóvel penhorado, enquadrando-o por referência à data da penhora, excluindo do seu âmbito de proteção habitações de "elevado valor patrimonial". Tal situação é absolutamente dual e perversa, porque se reconduz à ideia de que a sociedade tem por base dois tipos de famílias, as famílias carenciadas e as famílias abastadas. Ora, isto é a negação total e absoluta do conceito de família, porque se o escopo da norma é proteger a casa de morada de família, a sua *ratio legis* tem por base a protecção da unidade e da estabilidade familiar, pelo que o legislador ao fazer tal destrinça dicotómica está a postular que o direito de tutelar o âmbito familiar da dignidade humana só é concebido para um tipo de famílias, não sendo as outras famílias merecedoras de protecção.

Destarte, como esta lei não promove a concórdia e harmonia, socorremo-nos de SANTO AGOSTINHO, para finalizar: "Que guerra, pois, mais cruel e mais encarniçada a gente pode imaginar que aquela em que a vontade será tão contrária à paixão e a paixão à vontade, que a inimizade entre ambas jamais cessará pela vitória de uma ou de outra".[78]

Referências

AGOSTINHO, Santo. *A cidade de Deus*. Fundação Calouste Gulbenkian, 2006.

ATTALI, Jacques. *Fraternités – une nouvelle utopie*. Ed. Fayard, 1999.

AZEVEDO, Álvaro Villaça. "Bem de família internacional – necessidade de unificação". Revista da Faculdade de Direito da Universidade de São Paulo, V. 102, Jan/Dez., 2007, pp. 101-111.

AZEVEDO, Álvaro Villaça. *Bem de família e a Lei 8.009/90*. 5. ed. São Paulo, Ed. RT, 2002.

BENJAMIN, Antônio Hermann. "Reflexões sobre a hipertrofia do direito de propriedade na tutela da reserva legal e das

78. AGOSTINHO, Santo. *A cidade de Deus*. Fundação Calouste Gulbenkian, 2006, p. 422.

áreas de preservação permanente". Anais do 2° Congresso Internacional de Direito Ambiental. São Paulo: Imprensa Oficial, 1997.

BUREAU, Paul. *Le Homestead ou L'insaisissabilité de la Petite Propriété Foncière*. Paris: Arthur Rousseau, 1895.

CANOTILHO, J. J. Gomes; MOREIRA, Vital. *Constituição da República Portuguesa Anotada*. 3ª edição, Vol. I, Coimbra: Coimbra Editora, 1993.

CANOTILHO, Gomes. *Direito Constitucional e teoria da Constituição*. Coimbra: Almedina, 1998.

CAMPOS, Diogo Leite de. "Nota sobre a admissibilidade da locação financeira restitutiva («lease-back») no direito português". *Revista da Ordem dos Advogados,* Ano 42, Lisboa, 1982.

CAMPOS, Diogo Leite de. *A locação financeira*. Lisboa: Lex, 1994.

CAMPOS, Diogo de Leite; TOMÉ, Maria João Romão Vaz. *A propriedade fiduciária (Trust) - Estudo para a sua consagração no direito português*. Coimbra: Almedina, 1999.

CAMPOS, Mónica Martinez de. (2004), *Les sociétés de famille*. http://www.theses.fr/2004PA020078- Réf. ANRT: 46346 Identifiant BU: 04PA020078 - 610 pages - Disponible au format microfiche (http://www.diffusiontheses.fr/46110-these-de-romano--martinez-leite-de-campos-monica-isabel.html)

CAMPOS, Mónica Martinez de. "O trust como instrumento de preservação da propriedade familiar". *Revista do Instituto dos Advogados de Minas Gerais*, N° 19, pp. 51-83, 2013.

CID, Nuno de Salter. *A protecção da casa de morada de família no direito português*. Coimbra: Almedina, 1996.

CÓDIGO do Registo Predial. Edição actualizada e anotada, Ministério da Justiça, Direcção-Geral dos registos e do notariado, Lisboa Imprensa Nacional, 1970.

COELHO, Pereira Francisco; OLIVEIRA, Guilherme de. *Curso de direito da família*. V. I, 2ª edição, Coimbra: Coimbra Editora, 2001.

CORDEIRO, Xavier. *O problema da vinculação e do casal de família*. 2ª ed. Lisboa, 1933.

CREDIE, Ricardo Arcoverde. *Bem de família:* teoria e prática. 2. ed. São Paulo: Saraiva, 2004.

CRUZ, Manuel Braga da. "O integralismo Lusitano nas origens do Salazarismo". Revista Análise Social vol. XVIII (70), 1982-1.º.

CZAJKOWSKI, Rainer. *A impenhorabilidade do bem de família:* comentários à Lei 8.009/90. 4. ed. Curitiba: Juruá, 2002.

DUGUIT, Léon. *Les transformations du droit public*. Librairie Armand Colin: Paris, 1913.

FRANCO, António de Sousa. *As finanças públicas na I República: a continuidade das finanças débeis*. História de Portugal, V.XI. Clube internacional do livro, 1997.

FURTADO, Jorge Henrique da Cruz Pinto. "Valor e eficiência do Direito à habitação à luz da análise económica do Direito". *Direito*, ano 124, 1992.

GUYON, Yves. "Le statut du logement familial en droit civil". J.C.P., 1966, I.

HERCULANO, Alexandre. *Casamento civil, por ocasião do opúsculo do Sr. Visconde de Seabra sobre este assunto*. Lisboa: Typographia Universal, 1866.

LOBÃO, Manuel de Almeida e Souza de. *Tractado histórico, encyclopedico, critico, practico sobre todos os direitos relativos a caza, quanto às materias civis, e criminaes :dividido em três partes, etc.* Lisboa, 1817.

MARQUES, João Paulo Fernandes Remédio. "Locação financeira restitutiva (sale and lease-back) e a proibição dos pactos comissórios – negócio fiduciário, mútuo e ação executiva".

Boletim da Faculdade de Direito da Universidade de Coimbra, vol. 77, Coimbra, 2001.

MEDINA, João. *O sidonismo ou a República fracturada*. História de Portugal. V.XI, Clube internacional do livro, 1997.

MENEZES, Filipe Ribeiro de. *Salazar*. D. Quixote, 4ª ed., 2009.

MIRANDA, Jorge. *Manual de direito constitucional, direitos fundamentais*, Tomo IV. 3ª edição, Coimbra: Coimbra Editora, 2000.

MIRANDA, Jorge, MEDEIROS, Rui. *Constituição Portuguesa Anotada*, Volume I. Coimbra: Coimbra Editora, 2005.

MODERNE, Frank. *" La dignité de la personne comme principe constitutionel dans le Constitutions Portugaise et Française"*. Organização de Jorge Miranda, *Perspectivas Constitucionais nos 20 anos da Constituição de 1976*. Vol. I. Coimbra: Coimbra Editora, 1996.

MORAIS, Fernando de Gravato. *Manual da locação financeira*. 2ª ed. Coimbra: Almedina, 2011.

NOVAIS, Jorge Reis. *Direitos Sociais*. Coimbra: Coimbra Editora, 2010.

PINTO, Jaime Nogueira. *António de Oliveira Salazar, o outro retrato*. 4ª ed. Lisboa: Esfera dos livros, 2007.

RAPOSO, Hipólito. *As folhas do meu cadastro*. Lisboa, 1945.

RAWLS, John. *Justice as Fairness:* a restatement. Cambridge: Harvard University Press, 2001.

ROUSSEAU, J.J. *Discurso sobre a origem e fundamentos da desigualdade entre os homens*. 3ª ed., Edição Europa-América, 1995.

ROUSSEAU, J.J. *O contrato Socia*l. Edição Europa-América, 2003.

SALAZAR, António de Oliveira. *Como se levanta uma nação*. Lisboa: Mobilis in mobile, 1991.

SARDINHA, António. *Ao princípio era o verbo.* Lisboa. Restauração, 2ª edição, 1959.

SARLET, Ingo Wolfgang. *Dignidade da pessoa humana e direitos fundamentais na Constituição Federal de 1988.* 3ª ed., Porto Alegre: Livraria do Advogado, 2004.

SCHOPENHAUER, Arthur. Sobre o Fundamento da Moral. São Paulo: Martins Fontes, 2001.

SOARES, Rogério Ehrhardt; CAMPOS, Diogo de Leite. "A família em Direito Constitucional Comparado". *Revista da Ordem dos Advogados*, ano 50 (1990), I, p. 5 e ss.

TELO, António. *A Economia da República.* História de Portugal, V.XI, clube internacional do livro, 1997.

TERRÉ, F., SIMLER, P. *Droit Civil, les régimes matrimoniaux.* 3ème éd., Paris: Dalloz, 2001.

VENOSA, Silvio de Salvo. *Direito civil.* São Paulo: Atlas, 2001.

WAPLES, Rufus. Études sur le Droit Civil des États-unis de l'Amérique du Nord, de Ernest Lehr. Librairie de la Société du Recueil J. B. Sirey, 1906.

Webgrafia

ACÓRDÃO do Tribunal Constitucional nº 649/99, de 24-11-1999, Cons. Relator Bravo Serra. Acesso em 11 nov. 2020. Disponível em: https://bit.ly/3LWWotR; Diário da República n.º 46/2000, Série II de 2000-02-24, pp. 3752-3755.

ACÓRDÃO do Supremo Tribunal de Justiça, de 05-03-2015, Revista n.º 3762/12.9TBCSC-B.L1.S1 - 2.ª Secção; Relator João Trindade. Acesso em 11 nov. 2020. Disponível em: https://bit.ly/3rCdhCL

ACÓRDÃO do Supremo Tribunal Administrativo, de 13-09-2017, proc. 0918/17, Rel. Ascensão Lopes. Acesso em 11 nov. 2020. Disponível em: https://bit.ly/3KJwVnT

ACÓRDÃO do Supremo Tribunal Administrativo, de 24-10-2018, proc. 01291/18.6BEPRT, Rel. Ascensão Lopes. Acesso em 11 nov. 2020. Disponível em: https://bit.ly/3utfzG7

ACÓRDÃO do Tribunal da Relação de Guimarães, de 07-05-2003, Processo 1267/06-1; Relator Manso Raínho. Acesso em 11 nov. 2020. Disponível em: https://bit.ly/3DYBMi9

ACÓRDÃO do Tribunal da Relação de Guimarães, de 24-01-2008, Processo 2372/07-2; Relator Augusto Carvalho. Acesso em 12 dez. 2020. Disponível em: https://bit.ly/3jpWFtm

ACÓRDÃO do Tribunal da Relação de Guimarães, de 25-03-2010. Processo nº 1880/08.7TBFLG-B.G1; Relator António Ribeiro. Acesso em 11 nov. 2020. Disponível em: https://bit.ly/3v5IS0k

ASSOCIAÇÃO das empresas familiares, http://www.empresasfamiliares.pt/

MARTINS, António. "*A protecção da casa de morada de família*" Revista Julgar, maio 2014. Acesso em: 12 dez. 2020. Disponível em: https://bit.ly/3Js7JAG

MARTINS, Sergio Avila Doria. "O bem de família mobiliário no novo Código Civil. Revista Jus Navigandi, Teresina, ano 13, n. 1727, 24 mar. 2008. Acesso em: 12 jan. 2020. Disponível em: https://bit.ly/3MbqPNp

PREÂMBULO do Decreto-Lei nº 18 551, de 3 de julho de 1930, publicado no DIÁRIO DO GOVERNO, 1ª série, nº 152, p. 1232. Acesso em 14 jan. 2021. Disponível em: https://bit.ly/375Su3f

PROJETO de Lei nº 86/XIII/1.ª Acesso em 15 jan. 2021. Disponível em: https://bit.ly/3jmpN4y

PROJETO de Lei n.º 87/XIII/1.ª. Acesso em 15 jan. 2021. Disponível em: https://bit.ly/3jvgf7f

PROJETO de Lei n.º 88/XIII-1ª. Acesso em 15 jan. 2021. Disponível em: https://bit.ly/3MbqABZ

A DIGNIDADE DA FAMÍLIA NO DIREITO INTERNACIONAL DOS DIREITOS HUMANOS

João Dácio Rolim[1]

Resumo: O presente artigo trata do conceito de família e seu reconhecimento no Direito Internacional Público e sua proteção como um direito humano natural e fundamental reconhecido universalmente nas declarações e convenções internacionais de direitos humanos.

I. A Família nas Declarações e Convenções Internacionais de Direitos Humanos Fundamentais no âmbito da ONU. I.1. A Interação entre a Declaração Universal de Direitos Humanos e os Pactos Internacionais dos Direitos Civis e Políticos e dos Direitos Econômicos Sociais e Culturais quanto à Família. **I.2.** A interação entre a Declaração Universal de Direitos Humanos e as Convenções Internacionais contra Todas as Formas de Discriminação contra a Mulher e a sobre o Direito das Crianças quanto à Família.

II. As Convenções e Tribunais Internacionais Regionais de Direitos Humanos e a Família (Europeia, Interamericana e Africana). II.1. A Convenção Europeia de Direitos Humanos e a Família. **II.2.** A Convenção Interamericana de Direitos Humanos e a Proteção da Família. As funções do Comitê

---

1. Doutor em Comércio Internacional, Tributação Internacional e Direitos Humanos Internacionais pela Queen Mary University of London. Doutor em Direito Tributário pela Universidade Federal de Minas Gerais (UFMG). LLM em Direito Internacional Tributário, Direito Europeu e Trust pela London School of Economics and Political Science. Ex Consultor da United Nations Economic Commission for Africa (UNECA). Membro do board de trustees da International Federation for Family Development Foundation (IFFD, consultative status ECOSOC United Nations), Sócio fundador do escritório Rolim, Viotti, Goulart, Cardoso Advogados.

Interamericano de DH e da Corte Interamericana de DH. **II.3.** A Convenção Africana de Direitos Humanos e dos Povos e a Proteção da Família.

III. Outras Declarações Regionais e a Islâmica. Interação entre os Instrumentos Internacionais na Proteção Universal à Dignidade da Família. Conclusão.

1. A FAMÍLIA NAS DECLARAÇÕES E CONVENÇÕES INTERNACIONAIS DE DIREITOS HUMANOS FUNDAMENTAIS NO ÂMBITO DA ONU

1.1 A Interação entre a Declaração Universal de Direitos Humanos e os Pactos Internacionais dos Direitos Civis e Políticos e dos Direitos Econômicos Sociais e Culturais quanto à Família.[2]

Desde a Declaração Universal dos Direitos Humanos (DUDH) da Organização das Nações Unidas (ONU) em 1948,[3] a família tem sido reconhecida em convenções internacionais de direitos humanos como a unidade natural e fundamental da sociedade e que deve ser protegida pelo Estado. Assim, a mencionada Declaração em seu artigo 16 (3) dispõe que "A família é o núcleo natural e fundamental da sociedade e tem direito à proteção da sociedade e do Estado." Esclarecendo este valor fundamental da família, naturalmente se reconhece igualmente o direito fundamental ao casamento como estipulado no referido artigo 16 (1) "homens e mulheres de maior de idade, sem qualquer restrição de raça, nacionalidade ou

2. De acordo com a Convenção de Viena sobre o Direito dos Tratados (art. 2, 1, a) denomina-se tratado um acordo internacional celebrado entre Estados por escrito e regido pelo Direito Internacional e "qualquer que seja a sua denominação particular", seja pacto, convenção, acordo etc. Ver CANNIZZARO, Enzo (Ed.). The Law of Treaties Beyond the Vienna Convention. Oxford University Press, 2011.

3. Adotada e proclamada pela Assembleia Geral das Nações Unidas (resolução 217 A III) em 10 de dezembro 1948, que tem sido considerada como "one of the highest expressions of the human conscience of our time" (JOÃO PAULO II. The Fiftieth General Assembly Of The United Nations Organization, Address Of His Holiness John Paul Ii, United Nations Headquarters (New York),Thursday, 5 October 1995. L'Osservatore Romano, n. 41, 1995. p. 8-10.

religião, tem o direito de contrair matrimônio e fundar uma família."[4] Tal reconhecimento fundamental da família como núcleo da sociedade tem reflexos diretos em outros direitos humanos fundamentais como o direito a uma vida digna e a uma remuneração justa para sustentar a família,[5] direito à saúde e bem-estar[6] e o direito à privacidade no âmbito familiar.[7] Embora aprovada por resolução da Assembleia Geral como uma Declaração, por si só não seria vinculante aos Estados integrantes da ONU, mas tem um caráter universal e moralmente persuasivo,[8] sendo que junto com o Pacto Internacional de Direitos Civis e Políticos (PIDCP) e o Pacto Internacional dos

---

4. Artigo 16
1. Os homens e mulheres de maior idade, sem qualquer restrição de raça, nacionalidade ou religião, têm o direito de contrair matrimônio e fundar uma família. Gozam de iguais direitos em relação ao casamento, sua duração e sua dissolução.
2. O casamento não será válido senão com o livre e pleno consentimento dos nubentes.
3. A família é o núcleo natural e fundamental da sociedade e tem direito à proteção da sociedade e do Estado.

5. Artigo 23 (3). Todo ser humano que trabalha tem direito a uma remuneração justa e satisfatória que lhe assegure, assim como à sua família, uma existência compatível com a dignidade humana e a que se acrescentarão, se necessário, outros meios de proteção social.

6. Artigo 25
1. Todo ser humano tem direito a um padrão de vida capaz de assegurar a si e à sua família saúde, bem-estar, inclusive alimentação, vestuário, habitação, cuidados médicos e os serviços sociais indispensáveis e direito à segurança em caso de desemprego, doença invalidez, viuvez, velhice ou outros casos de perda dos meios de subsistência em circunstâncias fora de seu controle.
2. A maternidade e a infância têm direito a cuidados e assistência especiais. Todas as crianças, nascidas dentro ou fora do matrimônio, gozarão da mesma proteção social.

7. Artigo 12
Ninguém será sujeito à interferência na sua vida privada, na sua família, no seu lar ou na sua correspondência, nem a ataque à sua honra e reputação. Todo ser humano tem direito à proteção da lei contra tais interferências ou ataques.

8. According to international law scholar Louis Henkin (a renowned Columbia Law School professor credited with founding the study of human rights law and inspiring generations of legal scholars), the concept of human rights is a political one based on interpersonal morality and should express a prevailing relationship between society and the individual (HENKIN Louis. The Universality of the Concept of Human Rights. The ANNALS of the American Academy of Political and Social Science. v. 506, n. 1, 1989. p. 10-16.)

Direitos Econômicos Sociais e Culturais (PIDESC), ambos de 1966, que são obrigatórios para os Estados que os ratificaram, faz parte do que se denominou *International Bill of Rights*.[9]

O mencionado Pacto Internacional de Direitos Civis e Políticos (PIDCP, 1966)[10] repetindo o texto da DUDH reconheceu a família como o núcleo natural e fundamental da sociedade, bem como reconheceu também o direito ao casamento como um direito humano fundamental.[11] Igualmente o PIDCP

---

9. "Moreover, the Universal Declaration is truly universal in scope, as it preserves its validity for every member of the human family, everywhere, regardless of whether or not Governments have formally accepted its principles or ratified the Covenants. On the other hand, the Covenants, by their nature as multilateral conventions, are legally binding only on those States which have accepted them by ratification or accession." (UN OFFICE OF THE HIGH COMMISSIONER FOR HUMAN RIGHTS (OHCHR). Fact Sheet No. 2 (Rev.1), The International Bill of Human Rights, June 1996, No. 2 (Rev.1). Disponível em: https://bit.ly/3ywfLXu. Acesso em: 9 ago. 2021.)
Para uma visão geral sobre o direito internacional dos direitos humanos, vide TRINDADE, Antonio Augusto Cançado. Tratado de direito internacional dos direitos humanos. Porto Alegre: Sergio Fabris Editor, 1997, ex-juiz da Corte Interamericana de Direitos Humanos e atual juiz da Corte Internacional de Justiça.

10. Adotado pela Resolução n. 2.200 A (XXI) da Assembleia Geral das Nações Unidas, em 16 de dezembro de 1966 e ratificado pelo Brasil em 24 de janeiro de 1992, mas não ratificado ainda o Protocolo Facultativo sobre a jurisdição do Comitê de Direitos Civis e Políticos para reclamações diretas individuais. Em Portugal foi provado para ratificação pela Lei n.º 29/78, de 12/06 (retificada mediante retificação publicada no Diário da República n.º 153/78, de 06/07), Diário da República I, n.º 133, de 12/06/1978 (Lei n.º 29/78), bem como aprovado o seu Protocolo Facultativo permitindo reclamações individuais ao Comitê pela Lei n.º 13/82, de 15/06, Diário da República I, n.º 135, de 13/06/1982 (Lei n.º 13/82). Sobre histórico e comentários sobre o PIDCP, ver: JOSEPH, Sarah; SCHULTZ, Jenny; CASTAN, Melissa. The International Covenant on Civil and Political Rights: cases, materials and commentary, Oxford University Press, 2000; CARLSON, Scott N.; GISVOLD, Gregory. Practical guide to the International Covenant on Civil and Political Rights. Transnational Publishers, 2003.

11. "Artigo 23 § 1. A família é o núcleo natural e fundamental da sociedade e terá o direito de ser protegida pela sociedade e pelo Estado. § 2. Será reconhecido o direito do homem e da mulher de, em idade núbil, contrair casamento e constituir família. § 3. Casamento algum será celebrado sem o consentimento livre e pleno dos futuros esposos. § 4. Os Estados-partes no presente Pacto deverão adotar as medidas apropriadas para assegurar a igualdade de direitos e responsabilidades dos esposos quanto ao casamento, durante o mesmo e por ocasião de sua dissolução. Em caso de dissolução, deverão adotar-se as disposições que assegurem a proteção necessárias para os filhos."
O direito ao casamento é reiterado no âmbito da Convenção Internacional sobre a Eliminação de Todas as Formas de Discriminação Racial (Adopted and opened for

reconheceu, no âmbito da família, o direito de proteção das crianças no seu artigo 24,[12] tendo o Comitê de Direitos Humanos relacionado à proteção da família prevista no artigo 23 (1) ao cumprimento do dever de proteger as crianças pela razão do seu status especial previsto no artigo 24 (1).[13] Igualmente o Comitê de Direitos Civis e Políticos[14] numa de suas funções de monitorar o cumprimento de direitos humanos nos países emitiu uma comunicação contra Madagascar por violações à proteção da família e à condição de discriminação da mulher

---

signature and ratification by General Assembly resolution 2106 (XX) of 21 December 1965, entry into force 4 January 1969), de acordo com o seu artigo 5°, o qual estabelece o seguinte: "In compliance with the fundamental obligations laid down in article 2 of this Convention, States Parties undertake to prohibit and to eliminate racial discrimination in all its forms and to guarantee the right of everyone, without distinction as to race, colour, or national or ethnic origin, to equality before the law, notably in the enjoyment of the following rights: (d) Other civil rights, in particular: (iv) The right to marriage and choice of spouse."

12. "1 - Qualquer criança, sem nenhuma discriminação de raça, cor, sexo, língua, religião, origem nacional ou social, propriedade ou nascimento, tem direito, da parte da sua família, da sociedade e do Estado, às medidas de proteção que exija a sua condição de menor. 8 2 - Toda e qualquer criança deve ser registada imediatamente após o nascimento e ter um nome. 3 - Toda e qualquer criança tem o direito de adquirir uma nacionalidade."

13. UN Human Rights Committee, General Comment N°. 17: Article 24 (Rights of the Child), Thirty-fifth session, U.N. Doc. HRI/GEN/1/Rev.7 (1989), and General Comment N° 19: Article 23 (The Family), Thirty-ninth session, U.N. Doc. HRI/GEN/1/Rev.7 (1990).

14. Também denominado como Comitê de Direitos Humanos, após o Conselho de Direitos Humanos ter sucedido o anterior em algumas de suas funções, vide nota. O CDCP tem 4 funções: 1. All States parties are obliged to submit regular reports to the Committee on how the rights are being implemented. States must report initially one year after acceding to the Covenant and then whenever the Committee requests (usually every four years). The Committee examines each report and addresses its concerns and recommendations to the State party in the form of "concluding observations". 2. In addition to the reporting procedure, article 41 of the Covenant provides for the Committee to consider inter-state complaints. 3. Furthermore, the First Optional Protocol to the Covenant gives the Committee competence to examine individual complaints with regard to alleged violations of the Covenant by States parties to the Protocol. 4. The Committee also publishes its interpretation of the content of human rights provisions, known as general comments on thematic issues or its methods of work. One wide-ranging survey of these effects at national level is a 2001 study by HEYNS, Christof; VILJOEN, Frans Viljoen. The Impact of the United Nations Human Rights Treaties on the Domestic Level. Human Rights Quarterly, v. 23, n. 3, p. 483-535, ago. 2001."

e filhos.[15] Num outro caso de reclamação individual, o Comitê em 2002 reiterou sua jurisprudência sobre o direito ao casamento como previsto no PIDCP como direito humano fundamental original previsto no mencionado art. 23, parágrafo 2º ser entre homem e mulher, não constituindo uma violação dos direitos fundamentais alegados pelas partes de mesmo sexo.[16] Entretanto, embora concordando no caso específico com a

---

15. CCPR/C/123/D/2747/2016 YUJI IWASAWA, Chairman of the Committee, said that Experts had taken due note of positive developments in Madagascar, such as amendments to the Nationality Law, and the openness of prisons to external observers. However, concerns included the independence of the National Human Rights Commission; discrimination against women with respect to property, land and marriage; lynching and mob justice; harmful traditional practices such as polygamy, early and forced marriages and discrimination against twins; human rights violations committed during the 2009-2013 political crisis; traditional justice and decisions issued by traditional courts; and forced and child labour. 11 July 2017.
Num pedido individual em que foi apreciado o direito de usar a burca na França em lugares públicos o Comitê recordou sua jurisprudência sobre práticas contrárias violadoras dos direitos humanos contra a mulher e a família como a poligamia, regime de casamento, direitos do marido sobre a mulher na decisão de 17 de julho de 2018: "6. The same holds true for polygamy, excision, inequality in inheritance, repudiation of a wife, a husband's right to discipline his wife, and levirate or sororate practices. All those constitute, for their practitioners, religious obligations or rites, just as wearing the full-face veil does for followers of that custom. But the Committee has always considered the former practices to be contrary to the provisions of the Covenant and has consistently called on States to abolish them" (CCPR/C/123/D/2747/2016, Annex III, p. 18-19).

16. CCPR Communication No. 902/1999, 17 July 2002, *Consideration of the merits*:
"8.2 The authors' essential claim is that the Covenant obligates States parties to confer upon homosexual couples the capacity to marry and that by denying the authors this capacity the State party violates their rights under articles 16, 17, 23, paragraphs 1 and 2, and 26 of the Covenant. The Committee notes that article 23, paragraph 2, of the Covenant expressly addresses the issue of the right to marry.
Given the existence of a specific provision in the Covenant on the right to marriage, any claim that this right has been violated must be considered in the light of this provision. Article 23, paragraph 2, of the Covenant is the only substantive provision in the Covenant which defines a right by using the term "men and women", rather than "every human being", "everyone" and "all persons". Use of the term "men and women", rather than the general terms used elsewhere in Part III of the Covenant, has been consistently and uniformly understood as indicating that the treaty obligation of States parties stemming from article 23, paragraph 2, of the Covenant is to recognize as marriage only the union between a man and a woman wishing to marry each other.
8.3 In light of the scope of the right to marry under article 23, paragraph 2, of the Covenant, the Committee cannot find that by mere refusal to provide for marriage between homosexual couples, the State party has violated the rights of the authors under articles 16, 17, 23, paragraphs 1 and 2, or 26 of the Covenant."

conclusão do Comitê, dois de seus quinze membros, Mr. Rajsoomer Lallah e Mr. Martin Scheinin, pontuaram que poderia haver violação ao direito fundamental à não discriminação sexual com relação à união entre pessoas do mesmo sexo, dependendo das circunstâncias do que for alegado e a situação específica do caso concreto.[17]

Igualmente o Pacto Internacional de Direitos Econômicos Sociais e Culturais (PIDESC, 1966)[18] reconhece a família como a unidade natural e fundamental da sociedade.[19] Em decorrência, estabelece os direitos econômicos e sociais de

---

17. "Contrary to what was asserted by the State party (para. 4.12), it is the established view of the Committee that the prohibition against discrimination on grounds of "sex" in article 26 comprises also discrimination based on sexual orientation (*Toonen v. Australia*, Communication Nº. 488/1992). And when the Committee has held that certain differences in the treatment of married couples and unmarried heterosexual couples were based on reasonable and objective criteria and hence not discriminatory, the rationale of this approach was in the ability of the couples in question to choose whether to marry or not to marry, with all the entailing consequences (*Danning v. the Netherlands*, Communication Nº 180/1984). No such possibility of choice exists for same-sex couples in countries where the law does not allow for same-sex marriage or other type of recognized same-sex partnership with consequences similar to or identical with those of marriage. Therefore, a denial of certain rights or benefits to same-sex couples that are available to married couples may amount to discrimination prohibited under article 26, unless otherwise justified on reasonable and objective criteria."

18. Adotada pela Resolução nº 2.200-A (XXI) da Assembleia Geral das Nações Unidas, em 16 de dezembro de 1966 e ratificada pelo Brasil em 24 de janeiro de 1992, mas não ratificado ainda o Protocolo Facultativo que estabelece a possibilidade de reclamação individual ao Comitê de Direitos Econômicos Sociais e Culturais após esgotados os recursos domésticos. Em Portugal ele foi aprovado para ratificação pela Lei n.º 45/78, de 11/07, *Diário da República* I, n.º 157, de 11/07/1978 (Lei n.º 45/78), bem como aprovado o Protocolo Facultativo pela Resolução da Assembleia da República n.º 3/2013, de 21/01; ratificado pelo Decreto do Presidente da República n.º 12/2013, de 21/01. Sobre histórico e comentários sobre o PIDESC, ver: DECAUX, Emmanuel; SCHUTTER, Olivier de. Le pacte international relatif aux droits *économiques*, sociaux et culturels: commentaire article par article. Paris: Economica, 2019; e CRAVEN, Matthew C.R. The International Covenant on Economic, Social and Cultural Rights: a Perspective on its Development. Oxford University Press, 1995.

19. "Article 10. The States Parties to the present Covenant recognize that: 1. The widest possible protection and assistance should be accorded to the family, which is the natural and fundamental group unit of society, particularly for its establishment and while it is responsible for the care and education of dependent children. Marriage must be entered into with the free consent of the intending spouses."

condições de trabalho e remuneração que assegurem a cada pessoa e sua família uma vida decente e digna (art. 7, 2), incluindo alimentação, vestuário, moradia com a contínua melhoria das condições de vida de cada pessoa e membros da sua família (art. 11, § 1º). Dentre inúmeros casos decididos pelo Comitê de Direitos Econômicos, Sociais e Culturais, pode-se ressaltar pela sua efetividade o caso de uma família contra a comunidade de Madri e do Estado da Espanha por ter sido negada uma moradia digna dentro das circunstâncias particulares do caso concreto.[20]

1.2 A interação entre a Declaração Universal de Direitos Humanos e as Convenções Internacionais contra Todas as Formas de Discriminação contra a Mulher e a sobre o Direito das Crianças quanto à Família

Por sua vez, a Convenção Internacional sobre a Eliminação de Todas as Formas de Discriminação contra as Mulheres (CETFDM, 1979)[21] e a Convenção Internacional sobre os

20. Ver: Comunicação Nº 37/2018 de 11/10/2019 do Comitê dos Direitos Econômicos Sociais e Culturais aplicando o diretamente o direito a uma moradia digna para a família, além fundamentando-se nas circunstâncias da mudança forçada ter sido para um asilo onde duas das crianças menores ficaram separadas da mãe e dos demais irmãos e no princípio da proporcionalidade: "the eviction of the family occurs without an examination of proportionality by the authorities constituted a violation of their right to housing. Similarly, the Committee considers that the refusal of the public housing author's application without taking into account her situation of need and only because she was occupying a dwelling without a legal title constituted, in itself, a violation of her right to adequate housing."
Além disto, o Comitê fez uma recomendação geral para a Espanha no sentido de "Take the necessary measures to ensure that evictions involving persons who do not have the means of obtaining alternative housing are carried out only following genuine consultation with the persons concerned and once the State has taken all essential steps, to the maximum of its available resources, to ensure that evicted persons have alternative housing, especially in cases involving families, older persons, children or other persons in vulnerable situations."

21. Adotada pela Assembleia Geral das Nações Unidas em 18.12.1979, entrou em vigor em 03.09.1981. Assinada pelo Brasil, com reservas, em 31.03.1981 e ratificada, com reservas, em 01.02.1984. Em 22.06.1994 foi ratificada, sem reservas, bem como o Protocolo Facultativo (Diário do Congresso Nacional em 23.06.1994). Em Portugal aprovado também o Protocolo Facultativo Aprovado para ratificação pela Resolução da Assembleia da República n.º 17/2002; ratificado pelo Decreto do Presidente

Direitos da Criança (CDC, 1990)[22] reconhecem direitos inerentes decorrentes da família e relacionados à proteção da família.

Por exemplo, a CETFDM, desde o seu preâmbulo,[23] que de acordo com a Convenção de Viena sobre o Direito dos Tratados (art. 31, 1 e 2) faz parte do contexto do tratado e deve ser levado em consideração para a sua interpretação e aplicação, são reconhecidos os direitos de igualdade entre o homem e a mulher também em prol da família e dos filhos, tais como medidas de proteção à maternidade (artigo 4, 2). E como decidiu o Comitê sobre a Eliminação de Discriminação contra as Mulheres, o art. 2º[24] da CETFDM, embora não faça menção

---

da República n.º 15/2002, Publicação: *Diário da República* I-A, n.º 57, de 08/03/2002 (Resolução da Assembleia da República n.º 17/2002).

22. A Convenção sobre os Direitos da Criança, a qual entrou em vigor internacional em 02 de setembro de 1990, na forma de seu artigo 49, inciso 1. O Brasil ratificou a referida Convenção em 24 de setembro de 1990, tendo a mesmo entrado em vigor para o Brasil em 23 de outubro de 1990, conforme Decreto 99.710, de 21 de novembro de 1990. Em Portugal Aprovada para ratificação pela Resolução da Assembleia da República n.º 20/90, de 12/09; ratificada pelo Decreto do Presidente da República n.º 49/90, de 12/09.
O Protocolo Facultativo à Convenção sobre os Direitos da Criança, relativo à Instituição de Um Procedimento de Comunicação celebrado em Nova York, em 19 de dezembro de 2011, em vigor desde 14 de abril de 2014, que autoriza reclamações diretas ao Comitê dos Direitos da Criança foi aprovado em Portugal pela Resolução da Assembleia da República n.º 134/2013, de 09/09; ratificado pelo Decreto do Presidente da República n.º 100/2013, de 09/09, e no Brasil foi aprovado pelo Senado Federal pelo Decreto Legislativo 85, em 08 de junho de 2017 e ratificado em 29 de setembro de 2017.

23. "Tendo presente a grande contribuição da mulher ao bem-estar da família e ao desenvolvimento da sociedade, até agora não plenamente reconhecida, a importância social da maternidade e a função dos pais na família e na educação dos filhos, e conscientes de que o papel da mulher na procriação não deve ser causa de discriminação mas sim que a educação dos filhos exige a responsabilidade compartilhada entre homens e mulheres e a sociedade como um conjunto,"

24. "ARTIGO 2.º Os Estados-Partes condenam a discriminação contra as mulheres sob todas as suas formas, acordam em prosseguir, por todos os meios apropriados e sem demora, uma política tendente a eliminar a discriminação contra as mulheres e, com este fim, comprometem-se a: a) Inscrever na sua constituição nacional ou em qualquer outra lei apropriada o princípio da igualdade dos homens e das mulheres, se o mesmo não tiver já sido feito, e assegurar por via legislativa ou por outros meios apropriados a aplicação efetiva do mesmo princípio; b) Adoptar medidas legislativas e outras medidas apropriadas, incluindo a determinação de sanções em

expressa à igualdade entre homem e mulher no casamento, requer que a igualdade seja considerada não somente no casamento, mas também nas relações familiares seja a mulher como esposa ou filha.[25] Numa reclamação individual contra o Brasil, o Comitê sobre a Eliminação de Discriminação contra as Mulheres[26] decidiu que no caso da morte de uma mulher por mau atendimento médico desde a sua gravidez, o Estado deveria indenizar a mãe e a filha da vítima, por violação aos artigos 12 (acesso à saúde), 2(c) em relação ao acesso à justiça, 2 (e) em relação ao dever de diligência do Estado de regular as atividades dos prestadores privados de serviços de saúde, em conjunto com o art. 1º da Convenção.[27]

---

caso de necessidade, proibindo toda a discriminação contra as mulheres; c) Instaurar uma proteção jurisdicional dos direitos das mulheres em pé de igualdade com os homens e garantir, por intermédio dos tribunais nacionais competentes e outras instituições públicas, a proteção efetiva das mulheres contra qualquer ato discriminatório; d) Abster-se de qualquer ato ou prática discriminatórios contra as mulheres e atuar por forma que as autoridades e instituições públicas se conformem com esta obrigação; e) Tomar todas as medidas apropriadas para eliminar a discriminação praticada contra as mulheres por uma pessoa, uma organização ou uma empresa qualquer; f) Tomar todas as medidas apropriadas, incluindo disposições legislativas, para modificar ou revogar qualquer lei, disposição regulamentar, costume ou prática que constitua discriminação contra as mulheres; g) Revogar todas as disposições penais que constituam discriminação contra as mulheres."

25. Committee for the Elimination of Discrimination against Women, General recommendation No. 21: Equality in marriage and family relations, 1994, para. 13 ("The form and concept of the family can vary from State to State, and even between regions within a State. Whatever form it takes, and whatever the legal system, religion, custom or tradition within the country, the treatment of women in the family both at law and in private must accord with the principles of equality and justice for all people, as Article 2 of the Convention requires)."
Sobre o histórico e comentários sobre a Convenção, vide: FREEMAN, Marsha A.; CHINKIN, Christine; RUDOLF, Beate (Eds.). The UN Convention on the Elimination of All Forms of Discrimination against Women: a Commentary. Oxford University Press, 2012.

26. CEDAW/C/49/D/17/2008, comunicação de 25 de julho de 2011, Author: *Maria de Lourdes da Silva Pimentel*, Victim: Alyne da Silva Pimentel Teixeira. Embora um processo judicial estivesse ainda pendente no Brasil, de acordo com o Protocolo Facultativo, a demora de oito anos até então foi injustificável por qualquer razão objetiva de complexidade do caso ou número de litigantes.

27. Além da decisão individual a favor da família da vítima, o Comitê elaborou as seguintes recomendações mais gerais: "(a) Ensure women's right to safe motherhood and affordable access for all women to adequate emergency obstetric care, in line

Igualmente a CDC, desde o seu preâmbulo[28] faz também referência expressa à família como fundamental para a sociedade, sendo o meio natural para o desenvolvimento da criança, interagindo com outras disposições sobre a família nos Protocolos dos Direitos Civis e Políticos e dos Direitos Econômicos Sociais e Culturais.[29] Assim, a CDC reconhece em linha com a PIDCP e a PIDESC a família como o núcleo principal da proteção das crianças e adolescentes e atribui

---

with general recommendation Nº 24 (1999) on women and health; (b) Provide adequate professional training for health workers, especially on women's reproductive health rights, including quality medical treatment during pregnancy and delivery, as well as timely emergency obstetric care; CEDAW/C/49/D/17/2008 22 11-51699 (c) Ensure access to effective remedies in cases where women's reproductive health rights have been violated and provide training for the judiciary and for law enforcement personnel; (d) Ensure that private health-care facilities comply with relevant national and international standards on reproductive health care; (e) Ensure that adequate sanctions are imposed on health professionals who violate women's reproductive health rights; (f) Reduce preventable maternal deaths through the implementation of the National Pact for the Reduction of Maternal Mortality at state and municipal levels, including by establishing maternal mortality committees where they still do not exist, in line with the recommendations in its concluding observations for Brazil, adopted on 15 August 2007 (CEDAW/C/BRA/CO/6)."

28. "Convencidos de que a família, como grupo fundamental da sociedade e ambiente natural para o crescimento e bem-estar de todos os seus membros, e em particular das crianças, deve receber a proteção e assistência necessárias a fim de poder assumir plenamente suas responsabilidades dentro da comunidade;
Reconhecendo que a criança, para o pleno e harmonioso desenvolvimento de sua personalidade, deve crescer no seio da família, em um ambiente de felicidade, amor e compreensão;
Considerando que a criança deve estar plenamente preparada para uma vida independente na sociedade e deve ser educada de acordo com os ideais proclamados na Cartas das Nações Unidas, especialmente com espírito de paz, dignidade, tolerância, liberdade, igualdade e solidariedade;
Tendo em conta que a necessidade de proporcionar à criança uma proteção especial foi enunciada na Declaração de Genebra de 1924 sobre os Direitos da Criança e na Declaração dos Direitos da Criança adotada pela Assembleia Geral em 20 de novembro de 1959, e reconhecida na Declaração Universal dos Direitos Humanos, no Pacto Internacional de Direitos Civis e Políticos (em particular nos Artigos 23 e 24), no Pacto Internacional de Direitos Econômicos, Sociais e Culturais (em particular no Artigo 10) e nos estatutos e instrumentos pertinentes das Agências Especializadas e das organizações internacionais que se interessam pelo bem-estar da criança;"

29. Sobre o histórico e comentários sobre a Convenção ver: VAN BUEREN, Geraldine. The International Law on the Rights of the Child. Kluwer Law International, 1998; e HOLMSTROM, Leif (Ed.). Concluding observations of the UN Committee on the Rights of the Child. Martinus Nijhoff Publishers, 2000.

a ela a função preponderante de lhes assegurar o cuidado, o bem-estar e proteção como o lugar mais natural para o seu crescimento e desenvolvimento.[30]

Quatro princípios cardeais informam toda a CDC: a não discriminação, o direito à vida e à sobrevivência, o respeito pela opinião da criança, e o princípio dos melhores interesses da criança previsto no artigo 3(1), que tem a finalidade de assegurar o pleno e o efetivo gozo de todos os direitos reconhecidos na Convenção.[31] Por exemplo, o artigo 6 da CDC estabelece que toda criança tem o direito inerente à vida e que os Estados devem assegurar a sobrevivência e desenvolvimento de todas as crianças e o Comitê dos Direitos da Criança esclarece que "a holistic concept, embracing the child's physical, mental, spiritual, moral, psychological and social development" e que "implementation measures should be aimed at achieving the optimal development for all children."[32]

Como visto, os estatutos com os protocolos opcionais destes tratados internacionais preveem um mecanismo de monitoramento e de implementação dos direitos neles previstos para os seus respectivos seguintes Comitês: o de Direitos Humanos (sucedido pelo Conselho de Direitos Humanos),[33] e mais especificamente o de Direitos Civis e Políticos, o de Direitos Econômicos Sociais e Culturais, o de Discriminação

---

30. CRC, preâmbulo e artigos 3.2, 5, 7, 8, 9, 10, 11, 16, 18, 20, 21, e 27.

31. ORGANIZAÇÃO DAS NAÇÕES UNIDAS. Comitê dos Direitos da Criança (CRC). General comment No. 14 (2013): on the right of the child to have his or her best interests taken as a primary consideration (art. 3, para. 1), 29 May 2013, CRC /C/GC/14, para. 14; ORGANIZAÇÃO DAS NAÇÕES UNIDAS. Comitê dos Direitos da Criança (CRC). General comment No. 7 (2005): Implementing Child Rights in Early Childhood, 20 September 2006, CRC/C/GC/7/Rev.1, paras. 1 and 4.

32. ORGANIZAÇÃO DAS NAÇÕES UNIDAS. Comitê dos Direitos da Criança (CRC). General comment no. 5 **(2003)**: General measures of implementation of the Convention on the Rights of the Child, 27 November 2003, CRC/GC/2003/5, para. 12.

33. Pursuant to General Assembly resolution 60/251 of 15 March 2006 entitled 'Human Rights Council', all mandates, mechanisms, functions and responsibilities of the Commission on Human Rights, including the Sub-Commission on the Promotion and Protection of Human Rights, were assumed, as of 19 June 2006, by the Human Rights Council.

contra as Mulheres e o de Direitos da Criança. Tais Comitês podem apreciar, de acordo com os protocolos facultativos de cada tratado, reclamações individuais e diretas de pessoas que esgotaram os recursos judiciais domésticos do país onde se encontram ou onde iniciaram um processo para garantir algum direito previsto nos respectivos tratados, resultando em recomendações obrigatórias aos Estados que tenham ratificado os respectivos protocolos opcionais. Os respectivos Comitês também elaboram Comentários Gerais sobre o conteúdo dos direitos e princípios previstos nos tratados que não são legalmente obrigatórios para os Estados Partes, mas tendem a ser bem fundamentados e moralmente persuasivos, sinalizando a posição dos Comitês em casos concretos que forem apresentados por indivíduos.

Tais recomendações ou decisões e comentários fundamentados por um colegiado de experts gera uma base de jurisprudência internacional sobre a assim denominada *International Bill of Rights.* Dentre vários casos já decididos pelos respectivos Comitês, alguns foram mencionados nesta seção no âmbito da proteção da família como um valor universal, demonstrando ao mesmo tempo a sua praticidade e efetividade de tentar fazer justiça em cada caso concreto, sem ter uma visão utilitarista dos direitos humanos, a qual permitiria em nome de um "interesse geral" casos marginais de injustiça.

2. AS CONVENÇÕES E TRIBUNAIS INTERNACIONAIS REGIONAIS DE DIREITOS HUMANOS E A FAMÍLIA (EUROPEIA, INTERAMERICANA E AFRICANA)

2.1 A Convenção Europeia de Direitos Humanos e a Família

A ideia de fomentar também convenções internacionais regionais de direitos humanos foi uma maneira de torná-los mais difundidos, de uma maneira mais próxima e mais efetiva através de um mecanismo de controle jurisdicional por tribunais internacionais regionais. Especialmente na Europa, após a Segunda Guerra mundial, houve o esforço conjunto principalmente do Reino Unido e França de se chegar a um consenso e proteção mínima aos direitos humanos fundamentais. Assim, a primeira Convenção Internacional Regional de Direitos Humanos a proteger a privacidade familiar e a reconhecer também o direito ao casamento como um direito fundamental universal foi a Convenção Europeia de Direitos Humanos (CEDH) de 04/11/1950,[34] respectivamente nos seus artigos 8 e 12.[35] Os Estados podem reconhecer uma maior proteção em seus respectivos ordenamentos jurídicos, mas não uma proteção menor do que um padrão internacional mínimo previsto na Convenção.[36]

---

34. Início de vigência na ordem internacional em 03/09/1953, com vigência em Portugal em 09/11/1978, após aprovada para ratificação pela Lei n.º 65/78, de 13/10. Sobre o histórico e comentários sobre a Convenção EDH, vide: JACOBS, Francis G.; WHITE, Robin C. A.. The European Convention on Human Rights. Clarendon Press, 2002; MOWBRAY, Alastair. Cases, Materials, and Commentary on the European Convention on Human Rights. 3. ed. Oxford University Press, 2012; SUDRE, Frédéric (Ed.). Le droit au respect de la vie familiale au sens de la Convention européenne des droits de l'homme: Actes du colloque des 22 et 23 mars 2002. Bruylant, 2002; BLACKBURN, Robert. The Institutions and Processes of the Convention. In: BLACKBURN, Robert; POLAKIEWICZ, Jörg (Eds.). Fundamental Rights in Europe: the ECHR and Its Member States, 1950-2000. Oxford University Press, 2001; DEMBOUR, Marie-Bénédicte. Who Believes in Human Rights? Reflections on the European Convention. Cambridge University Press, 2006; GREER, Steven. The European Convention on Human Rights: Achievements, Problems and Prospects. Cambridge University Press, 2006.

35. "Artigo 8º. Direito ao respeito pela vida privada e familiar 1. Qualquer pessoa tem direito ao respeito da sua vida privada e familiar, do seu domicílio e da sua correspondência. 2. Não pode haver ingerência da autoridade pública no exercício deste direito senão quando esta ingerência estiver prevista na lei e constituir uma providência que, numa sociedade democrática, seja necessária para a segurança nacional, para a segurança pública, para o bem-estar económico do país, a defesa da ordem e a prevenção das infracções penais, a proteção da saúde ou da moral, ou a proteção dos direitos e das liberdades de terceiros."
"Artigo 12º. Direito ao Casamento A partir da idade núbil, o homem e a mulher têm o direito de se casar e de constituir família, segundo as leis nacionais que regem o exercício deste direito."

36. Artigo 17. Proibição do abuso de direito – "Nenhuma das disposições da presente Convenção se pode interpretar no sentido de implicar para um Estado, grupo ou indivíduo qualquer direito de se dedicar a actividade ou praticar actos em ordem à destruição dos direitos ou liberdades reconhecidos na presente Convenção ou a maiores limitações de tais direitos e liberdades do que as previstas na Convenção."

A jurisprudência da Corte Europeia de DH é das mais expressivas em termos de quantidade de casos, extensão dos temas relacionados aos direitos humanos e eficácia das suas decisões. A Corte aplica o princípio da proporcionalidade como um princípio chave na interpretação de todos os direitos previstos na Convenção e ao mesmo tempo tendo uma deferência a uma margem de apreciação das jurisdições domésticas (legislador e tribunais nacionais) que muitas vezes podem estar numa posição de mais proximidade e de conhecimento e extensão dos fatos que um tribunal internacional. Por outro lado, a posição de um tribunal internacional tende a estar mais imune a interferências locais que poderiam comprometer a sua imparcialidade na função jurisdicional. Igualmente a sua tarefa de estabelecer proteção mínima dos direitos humanos se diz no sentido de ser um *common ground* (*commonality principle*) efetivo onde os Estados-Partes da Convenção podem estabelecer outras garantias e proteções maiores. No âmbito da proteção da família e direito ao casamento e direitos correlatos a Corte tem decidido inúmeros casos, inclusive em matéria tributária.

Primeiramente, a Corte de DH decidiu que o artigo 12 estabelece claramente o direito ao casamento entre homem e mulher e no sentido monogâmico[37] em linha com a jurisprudência do Comitê de Direitos Civis e Políticos da ONU como visto na seção anterior. Neste sentido, adotou uma interpretação natural e clara, dentro do contexto histórico da Convenção, não podendo atribuir uma obrigação não prevista no instrumento multilateral aos Estados Partes, no sentido de reconhecer formalmente a união de pessoas do mesmo sexo estritamente

37. The wording of Article 12 implies that the "right to marry" refers to a marriage between one single man and one single woman in accordance with the principle of monogamy adhered to in the member states (*Jonhston and Others v. Ireland*, 1986, § 52). Therefore, the Court has found no violation of Article 12 when the State precluded marriage on its territory between persons one of whom is a party to a subsisting marriage (*X v. the United Kingdom*, 1970, Commission decision). (UNIÃO EUROPEIA. Comissão Europeia de Direitos Humanos. Guide on Article 12 of the European Convention on Human Rights. Right to marry. Disponível em: https://bit.ly/3FJPQwX Acesso em: 9 ago. 2021.)

como casamento, que afetaria a margem de apreciação ou discrição de cada país dentro do sistema de proteção mínima de direitos humanos.[38] Por outro lado, existindo a opção do reconhecimento formal como a união civil num Estado, o mesmo não pode ser obrigado a chamar aquela união civil como casamento como previsto no artigo 12 da Convenção, a qual não viola a não discriminação (artigo 14), pois as situações são diferentes estando dentro da margem de apreciação de cada Estado regular dentro de parâmetros razoáveis.[39]

Entretanto, em situações especiais, a não aceitação de alguma forma da união civil entre pessoas do mesmo sexo adotada em alguns países, mas não reconhecida em outro, pode ser enquadrada como violação ao artigo 8º da Convenção que tem um escopo mais abrangente e mais diretamente ligado à privacidade.[40] No mesmo sentido interpretando de forma mais extensiva o artigo 8 da Convenção (*Family Life*), a Corte entendeu que para efeito de autorização para residência sendo uma pessoa não nacional e a outra nacional de um Estado-Parte, ambas numa união civil de pessoas do mesmo sexo, este Estado não pode recusar a entrada e residência

---

38. *Schalk and Kopf v. Austria*, 2010, Application 30141/04. Sobre a doutrina da margem de apreciação, vide: ARAI-TAKAHASHI, Yutaka. The Margin of Appreciation Doctrine and the Principle of Proportionality in the Jurisprudence of the ECHR. Intersentia/Oxford, 2002; GREER, Steven. The Margin of Appreciation: Interpretation and Discretion under the European Convention on Human Rights. Council of Europe Publishing, 2000.

39. In *Chapin and Charpentier v. France*, 2016, Application 40183/07, the Court reiterated that neither Article 12, nor Article 14 in conjunction with Article 8, which was more general in purpose and scope, could be interpreted as imposing an obligation on the Contracting States to open marriage to same sex couples. In finding no violation of the latter, it noted that it had been open to the applicants to enter into a civil union in France (PACS).

40. In *Orlandi and Others v. Italy*, 2017 (Applications 26431/12, 26742/12, 44057/12), the applicants had contracted same-sex marriage abroad and requested its registration in Italy. The Court held that the decisions refusing to register their marriage under any form in Italy had left the applicants in a legal vacuum and that the State had thereby failed to strike a fair balance under Article 8 between any competing interests in so far as it failed to provide a specific legal framework for the recognition and protection of their same-sex unions.

do não nacional, ainda que não reconheça internamente a relação da união civil.[41]

O próprio conceito de vida familiar não definido na Convenção (artigo 8º) com razão tem tido uma interpretação mais abrangente, pois muitas vezes relações e circunstâncias de fato em prol do grupo familiar, sua proteção e propiciar o exercício de outros direitos fundamentais, não se limita a um conceito restrito de família, em linha com a jurisprudência dos Comitês de Direitos Civis e Políticos, de Direitos da Criança e de Não Discriminação contra Mulher. Assim, a Corte Europeia de DH leva em consideração vínculos de fato, a extensão, o comprometimento e cuidado entre as pessoas para terem a proteção do direito fundamental à privacidade e vida familiar ao abrigo do artigo 8º, exceto nas condições ressalvadas pela sua parte final e previstas na lei e que constituam "uma providência que, numa sociedade democrática, seja necessária para a segurança nacional, para a segurança pública, para o bem-estar económico do país, a defesa da ordem e a prevenção das infracções penais, a proteção da saúde ou da moral, ou a proteção dos direitos e das liberdades de terceiros."[42] Igualmente também no caso que se tornou um dos *leading cases* em relação ao conceito de vida familiar de acordo com o artigo 8º,

41. In *Taddeuci and McCall v. Italy* (Application Nº. 51362/09) the Court found a violation of Article 14 of the Convention read in conjunction with Article 8 where a same-sex couple was prevented from living together in Italy as a result of the refusal to grant one applicant, a non-EU national, a residence permit for family purposes (§§ 98-99). The Court considered that a same-sex couple where one of the partners was a non-EU national was in a different situation than an unmarried heterosexual couple where one of the partners was a non-EU national and, therefore, needed to be treated differently (§ 85).

42. The essential ingredient of family life is the right to live together so that family relationships may develop normally, and the notion of family life is an autonomous concept (*Marckx v. Belgium,* Application No. 6833/74, § 31). Consequently, whether or not "family life" exists is essentially a question of fact depending upon the real existence in practice of close personal ties (*Paradiso and Campanelli v. Italy* [GC], Application No.24/01/2017, § 140). The Court will therefore look at de facto family ties, such as applicants living together, in the absence of any legal recognition of family life (*Johnston and Others v. Ireland,* Application No. 9697/82, § 56).

a Corte em X, Y, and Z, v. the United Kingdom[43] descreveu alguns dos fatores que podem ser levados em consideração para a determinação do seu conceito aberto, como por exemplo, a natureza e extensão do relacionamento do casal, bem como qualquer outro compromisso recíproco que tenham assumido de ajuda ou cuidado mútuo, ainda que não tenham filhos.

A proteção da vida familiar tem reflexos também em como a família, como unidade familiar, é tributada. Por exemplo, um caso que não precisou ser levado para a Corte, pois houve decisão favorável às famílias dos tribunais constitucionais de alguns Estados que adotavam a tributação obrigatória em conjunto do casal, o que tornava mais gravosa a tributação sobre o rendimento cumulativo em comparação com a situação de pessoas que vivem juntas, mas não casadas. Assim, as Cortes Constitucionais da Alemanha,[44] Itália[45] e Espanha[46] declararam discriminatória em detrimento da proteção da família a tributação unitária obrigatória do casal.[47]

No caso Riener v. Bulgaria[48] a Corte entendeu que seria uma violação ao artigo 8º da Convenção reter o passaporte de

---

43. Application. No. 21830/93, Judgment of 22 April 1997, para. 36 ("When deciding whether a relationship can be said to amount to "family life", a number of factors may be relevant, including whether the couple live together, the length of their relationship and whether they have demonstrated their commitment to each other by having children together or by any other means.").

44. 6 BVerfGE 55, decision of 17 January 1957, excerpted in KOMMERS, Donald; MILLER, Russell A. The Constitutional Jurisprudence of the Federal Republic of Germany. Duke University Press, 1997. p. 498.

45. Decisão 179 de 1976 da Corte Constitucional com base nos princípios da igualdade, capacidade contributiva e a proteção constitucional da família.

46. Ver julgamento Nº 45/89 (STC 45/1989), de 20 de fevereiro de 1989.

47. Sobre a tributação da família e sua proteção, ver: ROCH, María Teresa Soler. Family Taxation in Europe. Kluwer Law International, 1999; CAMPOS, Diogo Leite de. Tributação da família. Carga fiscal e inconstitucionalidade. *Boletim da Faculdade de Direito de Coimbra*, Coimbra, v. 16, 1980; TILEY, John. Tax, Marriage and the Family. The Cambridge Law Journal, v. 65, n. 2, 2006.

48. Application Nº. 46343/99: "The applicant's right to respect for her private and family life was also considered as irrelevant and no attempt was made to assess whether the continuing restrictions after certain lapse of time were still a proportionate

uma pessoa, impedindo-a de visitar parentes em outro país, simplesmente por razoes de débitos fiscais.

No mencionado caso Marckx,[49] a restrição de direitos de herança e relação de maternidade para mães não casadas com filhos em comparação com mães casadas foi considerada discriminatória e sem qualquer objetiva e razoável justificação com relação também à própria mãe, violando os artigos 8º e 14 da Convenção. Consistente com o precedente de Marckx, no caso PM v UK, a Corte entendeu que a não dedução para fins fiscais de pagamentos de um pai não casado para a mãe de sua filha era contrária ao artigo 14 por ser discriminatório e uma restrição desproporcional ao direito de propriedade, considerando os direitos civis garantidos ao pai não casado, bem como obrigações civis impostas ao mesmo.[50] Estes dois casos poderiam ser vistos erroneamente, a meu ver, como não indutores ao casamento, pois tanto faz ser casado ou não para num caso transmitir herança e exercer direitos patrimoniais na maternidade e no outro, para se deduzir pensão para manutenção e educação de filhos. O que está em jogo, precipuamente, são os direitos e proteção no interesse dos filhos, numa relação de fato e de direito em ambas as situações.

Outra questão que está sendo objeto de discussão judicial é o caso de limitação de benefícios ou incentivos dependendo do número de filhos do casal. Em 09 de julho de 2021, a Suprema Corte do Reino Unido decidiu que a limitação do *tax credit* para dois filhos somente, que antes era universal sem limites por número de filhos, não viola o artigo 8º da Convenção, pois tem uma justificativa razoável e proporcional de

---

measure, striking a fair balance between the public interest and the applicant's rights" (Paragraph 141 of the judgment).

49. Application No. 6833/74, Grand Chamber, judgment of 13 June 1979.

50. *PM v. UK* (Application No. 6638/03), Fourth Section, judgment of 19 July 2005. Besides the obligation of financial help, unmarried fathers 'can claim equal rights of contact and custody with married fathers'. (OVEY, Clare; WHITE, Robin C. A. *The European Convention on Human Rights*. 3. ed. Oxford University Press, 2002. p. 428)

política econômica pública de reduzir o déficit fiscal.[51] Claramente, esta decisão atribui maior peso ao grau de discrição do governo e do parlamento em benefício de um objetivo mais utilitarista de um bem coletivo maior, ainda que afetando diretamente as famílias com mais de dois filhos e desproporcionalmente mais as mulheres. Demonstrando uma interação entre os instrumentos internacionais de direitos humanos foi alegada também a violação da Convenção Internacional dos Direitos da Criança, que o Reino Unido assinou e ratificou, mas como dentro do sistema dualista pelo fato do Reino Unido não ter incorporado ainda a Convenção como direito interno, a Suprema Corte não pôe aplicá-la.[52] No âmbito da Convenção Europeia, caberá recurso para a Corte Europeia de Direitos Humanos, à qual poderá caber então dar a última palavra.[53]

---

51. R (on the application of SC, CB and 8 children (Appelants v Secretary of State for Work and Pension and others (Respondents) 2021 UKSC 26. A Suprema Corte, reconhecendo a disparidade de tratamento e o efeito mais oneroso para as mulheres, que na grande maioria seriam mais afetadas, resumiu os seus principais fundamentos em argumentos de discrição judicial e margem larga de discrição do Parlamento: "Parliament took account of the impact of the limitation on the interests of affected children and decided that the impact was outweighed by the reasons for introducing it (paragraph 207) The assessment of proportionality therefor ultimately resolves itself into a question as to whether Parliament made the right choice. That is a question of intense political controversy, which cannot be answered by any process of legal reasoning (paragraph 208). There is no basis, consistent with the separation of powers under our constitution, on which the Court could overturn Parliament's judgment that the two child limit was an appropriate means of achieving its aims (paragraph 209).

52. Como o Reino Unido ainda não ratificou o Protocolo Facultativo que permite recurso direto das pessoas afetadas por violações a direitos previstos na Convenção, em tese não cabe esta via direta de recurso para o Comitê de Direitos da Criança.

53. Em 1º de agosto de 2021, entrou em vigor o Protocolo Adicional nº 15, cujo art. 1º acrescentou expressamente ao preâmbulo da Convenção, a doutrina da margem de apreciação, criada e desenvolvida pela própria Comissão e Corte e o papel de supervisão desta última: "Affirming that the High Contracting Parties, in accordance with the principle of subsidiarity, have the primary responsibility to secure the rights and freedoms defined in this Convention and the Protocols thereto, and that in doing so they enjoy a margin of appreciation, subject to the supervisory jurisdiction of the European Court of Human Rights established by this Convention".

2.2 A Convenção Interamericana de Direitos Humanos e a Proteção da Família. As funções do Comitê Interamericano de DH e da Corte Interamericana de DH

A segunda convenção regional internacional de direitos humanos, que também reconheceu a família como elemento natural e fundamental da sociedade, foi a Convenção Interamericana de Direitos Humanos (CIADH) de 1969[54] no seu artigo 17.[55] Igualmente no âmbito do direito à dignidade da pessoa humana, a família também é protegida como decorrência natural da sua existência,[56] bem como o direito das crianças

---

54. To this date, twenty five American nations have ratified or adhered to the Convention, including; Argentina, Barbados, Bolivia, Brazil, Colombia, Costa Rica, Chile, Dominica, Ecuador, El Salvador, Granada, Guatemala, Haiti, Honduras, Jamaica, Mexico, Nicaragua, Panama, Paraguay, Peru, Dominican Republic, Suriname, Trinidad and Tobago, Uruguay and Venezuela. Trinidad and Tobago denounced the American Convention on Human Rights, by a communication addressed to the General Secretary of the OAS on May 26, 1998. Venezuela denounced the American Convention on Human Rights, by communication to the General Secretary of the OAS, on September 10, 2012.

55. Artigo 17. Proteção da família
1. A família é o elemento natural e fundamental da sociedade e deve ser protegida pela sociedade e pelo Estado.
2. É reconhecido o direito do homem e da mulher de contraírem casamento e de fundarem uma família, se tiverem a idade e as condições para isso exigidas pelas leis internas, na medida em que não afetem estas o princípio da não-discriminação estabelecido nesta Convenção.
3. O casamento não pode ser celebrado sem o livre e pleno consentimento dos contraentes.
4. Os Estados Partes devem tomar medidas apropriadas no sentido de assegurar a igualdade de direitos e a adequada equivalência de responsabilidades dos cônjuges quanto ao casamento, durante o casamento e em caso de dissolução do mesmo. Em caso de dissolução, serão adotadas disposições que assegurem a proteção necessária aos filhos, com base unicamente no interesse e conveniência dos mesmos.
5. A lei deve reconhecer iguais direitos tanto aos filhos nascidos fora do casamento como aos nascidos dentro do casamento.

56. Artigo 11. Proteção da honra e da dignidade
1. Toda pessoa tem direito ao respeito de sua honra e ao reconhecimento de sua dignidade.
2. Ninguém pode ser objeto de ingerências arbitrárias ou abusivas em sua vida privada, na de sua família, em seu domicílio ou em sua correspondência, nem de ofensas ilegais à sua honra ou reputação.

previsto no artigo 19.[57] A proteção à família assume, na Convenção, um status fundamental, similar ao direito à vida, não podendo ser suspensos os direitos previstos nos seus mencionados artigos 17 e 19 mesmo em tempos de guerra, de perigo público, ou de outra emergência que ameace a independência ou segurança do Estado, conforme estabelece o seu artigo 19 sobre a suspensão de garantias. Outro aspecto importante com relação à família no âmbito da Convenção Interamericana diz respeito à correlação entre direitos e deveres, correspondendo o direito ao casamento e de fundar uma família aos deveres de todos para com a mesma.[58] O sistema interamericano de proteção aos direitos humanos dentro da OEA (Organização dos Estados Americanos)[59] é formado pela Comissão de Direitos Humanos[60] e pela Corte Interamericana de Direitos Humanos.[61] Antes mesmo da Convenção Interamericana de DH, já havia sido aprovada a Declaração Americana dos

---

57. Toda criança tem direito às medidas de proteção que a sua condição de menor requer por parte da sua família, da sociedade e do Estado.

58. Artigo 32. Correlação entre deveres e direitos
1.Toda pessoa tem deveres para com a família, a comunidade e a humanidade.

59. The OAS is an international organization created by the States of the Americas to achieve a regional order of peace and justice, promote solidarity, and defend their sovereignty, territorial integrity, and independence (Article 1 of the OAS Charter). The Member States of the OAS are Antigua and Barbuda, Argentina, Bahamas, Barbados, Belize, Bolivia, Brazil, Canada, Chile, Colombia, Costa Rica, Cuba, Dominica, Dominican Republic, Ecuador, El Salvador, Grenada, Guatemala, Guyana, Haiti, Honduras, Jamaica, Mexico, Nicaragua, Panama, Paraguay, Peru, Saint Kitts and Nevis, Saint Lucia, Saint Vincent and the Grenadines, Suriname, Trinidad and Tobago, United States, Uruguay, and Venezuela.

60. The primary function of the Commission is to promote the observance and defense of human rights and serve as an advisory body to the Organization of American States in such matters. It also undertakes functions with a quasi-judicial dimension. It is via this latter form of competence that it is able to receive denunciations of individuals or organizations relating to human rights violations, examine these petitions, and adjudicate cases with the assumption that they comply with admissibility requirements.

61. Twenty States have recognized the contentious jurisdiction of the Court, including as follows: Argentina, Barbados, Bolivia, Brazil, Chile, Colombia, Costa Rica, Dominican Republic, Ecuador, El Salvador, Guatemala, Haiti, Honduras, Mexico, Nicaragua, Panama, Paraguay, Peru, Suriname, and Uruguay.

Direitos do Homem pela 9ª. Conferência Internacional dos Estados Americanos de 1948, em Bogotá (Colômbia), que assegura proteção à vida familiar (art. V), reconhece o direito de qualquer pessoa estabelecer uma família e a reconhece como elemento básico da sociedade (art. VI), bem como o direito a uma justa remuneração pelo trabalho que possa sustentar a própria família (art. XIV).

A Comissão de Direitos Humanos do sistema interamericano tem um papel educativo, de monitoramento e tem demonstrado uma interação com outras fontes do direito internacional dos Direitos Humanos como por exemplo com a Convenção dos Direitos da Criança (CDC). Assim, a Comissão reconheceu o direito de a criança viver e ser cuidada por seus pais, bem como a obrigação do Estado de promover e propiciar suporte adequado para as famílias para que elas sejam capazes de cumprir suas responsabilidades.[62] Igualmente, a Corte Interamericana, na sua função consultiva, tem interpretado e desenvolvido a proteção à família como previsto na Declaração Americana, na Convenção Interamericana de DH e na CDC, ao insistir que "the State is under the obligation not only to decide and directly implement measures to protect children, but also to favor, in the broadest manner, development and strengthening of the family nucleus."[63] Assim, o Estado não teria apenas uma obrigação moral para com os seus cidadãos e perante outros Estados, mas uma obrigação jurídica perante também o direito internacional.

Em termos de decisões proferidas após reclamações individuais, a Comissão tem sido ativa e tem referido casos para a Corte, como em duas situações de gravidez e tratamento de

62. IACHR, The Right of Boys and Girls to a Family. Alternative Care. Ending institutionalization in the Americas, OEA/Ser.L/V/II. Doc.54/13, 2013. Neste sentido, pela experiência brasileira do bolsa-família e do bolsa escola podem ser bons instrumentos para o sustento familiar e ao mesmo tempo fomentar mais a educação.

63. I/A Court H.R., Juridical Condition and Human Rights of the Child, Advisory Opinion OC-17/02, para. 66.

saúde correspondente, num caso contra a Argentina[64] e outro contra a Venezuela.[65] Num outro caso contra o Brasil, a Comissão entendeu também haver além de violação ao direito à vida e não discriminação contra a mulher, a demora da duração do processo, considerando-se ainda que o réu era um político ex-deputado famoso em sua região, como violação do direito ao devido processo legal como direito humano fundamental.[66] Embora estas decisões ainda tenham de ser confirmadas pela Corte Interamericana, as suas razões de decidir são bem fundamentadas de não discriminação contra a mulher, direito à saúde especialmente em estado de gravidez e duração razoável e efetiva do devido processo legal, seguindo um standard internacional mínimo.

Com relação expressamente à proteção da família e a interação da Convenção IDH com princípios de outros tratados internacionais como a CDC, interessante a decisão da Corte Interamericana no caso no qual o Estado da Bolívia foi considerado responsável por violar a proteção da família e das crianças previstos nos artigos 17 e 19 da Convenção.[67] Este caso envolveu a expulsão de uma família sem terem sido ouvidas as crianças e sem levar em consideração o princípio da reunificação da família e o princípio dos melhores interesses da criança previsto no CDC.[68] Igualmente, a Corte reconheceu e desenvolveu um pouco mais o direito das crianças como

64. *Cristina Britez Arce and family* v Argentina, decision of February 25, 2021 (Case 13.002).

65. *Balbina Francisca Rodríguez Pacheco and family v Venezuela*, decision of March 22, 2021 (Case 12.868).

66. *Márcia Barbosa de Souza and her family v Brazil*, decision of July 11, 2019, (Case 12.263).

67. *Pacheco Tineo family v. Bolivia*, Judgment of November 25, 2013. Series C N° 272.

68. Outros casos semelhantes em que a Corte tem aplicado expressamente o direito de proteção da família e o direito das crianças em favor delas mesmas e da unidade familiar podem ser encontrados em *Forneron and daughter v. Argentina*, Judgment of April 27, 2012 Series C No. 242, *Case of the "Street Children" (Villagrán Morales et al.) v. Guatemala*, Judgment of November 19, 1999. Series C No. 63, e *Gelman v. Uruguay*, Judgment of February 24, 2011. Series C No. 221.

sujeitos de direitos e não objetos do direito no plano internacional mencionando decisões de alguns tribunais constitucionais de alguns países e de outras Cortes internacionais.[69]

Com relação ao aspecto característico da família ser constituída basicamente pela união entre homem e mulher não há precedente especifico da Corte, pois alguns países- membros já adotaram a união civil entre pessoas do mesmo sexo e, caso chegue um caso à Corte, muito provavelmente ela deverá seguir os precedentes da Corte Europeia de Direitos Humanos. O mesmo pode ser dito com relação a outro aspecto essencial ao casamento de ser uma relação monogâmica. No Brasil, o Supremo Tribunal Federal, em ação de repercussão geral reconheceu, a meu ver corretamente e em consonância com os limites dos direitos humanos internacionais, que o princípio da monogamia e o dever de fidelidade como os adotados pelo regime jurídico constitucional.[70] Assim, em linha com a jurisprudência da Comissão de Direitos Humanos da ONU e da Convenção Europeia de Direitos Humanos, se este caso chegar aos órgãos interamericanos de direitos humanos, a bigamia não deve ser reconhecida, ainda que apenas para efeito previdenciário e ainda que uma das partes possa estar

---

69. Foram referenciados os seguintes casos no parágrafo 228 do julgamento: Court of Justice of the European Union, C-356/11 and C-357/11, Judgment of 6 December 2012, paras. 75 to 82; Constitutional Court of Colombia, Case of Raquel Estupiñon Enriquez, on her own behalf and in representation of her two minor children, files an application for *amparo v.*/Decision 230 of the Administrative Department of Security, Judgment T-215/96, of May 15, 1996; and Supreme Court of Justice of Costa Rica, application for *amparo*, filed by Edwin Zumbado Duarte, in favor of Noemi Cruz Izaguirre, against Director General of Immigration and Aliens' Affairs, Judgment of December 5, 2008.

70. A tese fixada pelo STF no RE 1.045.273, em 20/12/202, foi a seguinte: "A preexistência de casamento ou de união estável de um dos conviventes, ressalvada a exceção do artigo 1.723, parágrafo 1º, do Código Civil, impede o reconhecimento de novo vínculo referente ao mesmo período, inclusive para fins previdenciários, em virtude da consagração do dever de fidelidade e da monogamia pelo ordenamento jurídico-constitucional brasileiro". Embora o voto divergente liderado pelo Min. Edson Fachin ressaltasse que devia ser somente no caso de boa-fé, ou seja, do desconhecimento de uma outra relação civil para pleitear a divisão do direito previdenciário, a maioria entendeu que o reconhecimento judicial por este fato importaria no reconhecimento possível da bigamia civil e relativização do dever de fidelidade.

de boa-fé, já que o princípio da boa-fé também não é absoluto, a ponto de prevalecer sobre outros princípios e valores reconhecidos por ordens constitucionais e internacionais.

2.3 A Convenção Africana de Direitos Humanos e dos Povos e a Proteção da Família

A terceira Convenção Regional de Direitos Humanos, em linha com a DUDH e seus Pactos Internacionais sobre Direitos Civis e Políticos e sobre Direitos Econômicos Sociais e Culturais, foi a Carta Africana de Direitos Humanos e dos Povos (CADHP),[71] cujo artigo 18º (1)[72] reconhece que a família é a célula natural e base da sociedade que deve ser protegida pelo Estado no seu aspecto físico e moral. A proteção da família é assegurada também pelo reconhecimento de deveres dos indivíduos, de forma similar à CIADH, não somente de respeitar a família,[73] mas também de promover o seu desenvolvimento harmônico.[74] Igualmente, o Protocolo da Carta Africana de Direitos Humanos e dos Povos sobre os Direitos da Mulher na África (de 01/07/2003), também denominado Protocolo de Maputo, cujo artigo 6º reitera a igualdade da mulher no casamento e outras garantias de igualdade na família.[75]

---

71. African Charter On Human And Peoples' Rights (Adopted 27 June 1981, OAU Doc. CAB/LEG/67/3 rev. 5, 21 I.L.M. 58 (1982), entered into force 21 October 1986), assinada e ratificada por 54 Estados, todos membros da União Africana, exceto Marrocos.

72. Article 18 1. The family shall be the natural unit and basis of society. It shall be protected by the State which shall take care of its physical health and moral. 2. The State shall have the duty to assist the family which is the custodian or morals and traditional values recognized by the community. 3. The State shall ensure the elimination of every discrimination against women and also ensure the protection of the rights of the woman and the child as stipulated in international declarations and conventions. 4. The aged and the disabled shall also have the right to special measures of protection in keeping with their physical or moral needs.

73. Article 27. 1. Every individual shall have duties towards his family and society, the State and other legally recognised communities and the international community.

74. Article 29. The individual shall also have the duty: 1.To preserve the harmonious development of the family and to work for the cohesion and respect of the family; to respect his parents at all times, to maintain them in case of need.

75. "Article 6: Marriage

Mesmo com relação aos casos de poligamia, admitida em alguns países africanos, o Protocolo de Maputo estabelece que a monogamia deve ser o regime preferido de casamento como que reconhecendo a forma mais natural para a proteção da família, mas ao mesmo tempo, enquanto existir a poligamia, a mulher deve ser protegida contra qualquer discriminação. Realmente este tema é sensível em alguns países africanos e a justificativa histórica e religiosa na sua origem foi para proteger as mulheres, que viviam em situação socialmente menos reconhecida e alvo de toda sorte de discriminação, que aos poucos podem ser remediadas, perdendo-se a sua razão de existir.[76] Igualmente, a Carta Africana dos Direitos e Bem-Estar da Criança (CADBEC), inspirada em outras declarações da União Africana e da própria Convenção dos Direitos da Criança da ONU, reconhece a família como o seio natural da sociedade[77] na qual a criança tem o direito de viver, se educar e crescer atingindo a sua maturidade em condições materiais suficientes para o seu pleno desenvolvimento.

De maneira semelhante à CIADH, há uma Comissão de Direitos Humanos, que funciona como um órgão quase judicial, monitorando a implementação da Convenção e tem a função de fazer um exame preliminar sobre os casos apresentados para decidir se envia o caso ou não para a Corte Africana

States Parties shall ensure that women and men enjoy equal rights and are regarded as equal partners in marriage. They shall enact appropriate national legislative measures to guarantee that: a) no marriage shall take place without the free and full consent of both parties; b) the minimum age of marriage for women shall be 18 years; c) monogamy is encouraged as the preferred form of marriage and that the rights of women in marriage and family, including in polygamous marital relationships are promoted and protected."

76. Explicação que recebi de um diplomata sul-africano numa conferência em Joanesburgo em 2017.

77. "Article 18 Protection of the Family 1. The family shall be the natural unit and basis of society. It shall enjoy the protection and support of the State for its establishment and development. 2. State Parties to the present Charter shall take appropriate steps to ensure equality of rights and responsibilities of spouses with regard to children during marriage and in the event of its dissolution. In case of the dissolution, provision shall be made for the necessary protection of the child. 3. No child shall be deprived of maintenance by reference to the parents' marital status."

de Direitos Humanos (CADH).[78] Dos 31 Estados que já ratificaram o Protocolo sobre a Corte Africana de Direitos Humanos, 6 deles já concordaram em aceitar que os casos possam ser apresentados diretamente também por indivíduos e organizações não governamentais, sem necessidade de a Comissão fazer uma avaliação preliminar, como ocorre ainda na CIADH.

A primeira decisão[79] da CADH sobre direitos da mulher e das crianças na família foi emblemática, direta e persuasiva do ponto de aplicação dos direitos consagrados em convenções internacionais. A Corte entendeu que Mali deveria reformar a sua lei sobre a família, pois ela violava os seguintes dispositivos das Convenções respectivamente mencionadas: artigo 6º (b) do Protocolo de Maputo e artigo 2º da Carta Africana dos Direitos e Bem-Estar da Criança (CADBEC), que estabelecem a idade mínima para o casamento aos 18 anos; artigo 6º(a) do Protocolo de Maputo e artigo 16 (a) e (b) da Convenção para a Eliminação de Todas as Formas de Discriminação contra a Mulher (CEDAM) sobre o direito ao consentimento, pois a lei da família não obrigava os ministros religiosos exigirem o consentimento prévio dos nubentes e a presença deles na cerimônia de casamento; artigo 21 (2) do Protocolo de Maputo, porque a lei islâmica sobre a família obrigava que a mulher recebesse de herança metade da parte atribuída ao herdeiro homem; artigos 3º e 4º (1) da CADBEC com relação à não discriminação e a obrigação de aplicar o princípio dos melhores interesses da criança, ao dispor a lei islâmica sobre a família que crianças nascidas fora do casamento

78. O Protocolo que estabeleceu a Corte Africana de DH foi ratificada por 31 países, tendo suas decisões força cogente para estes Estados, enquanto os demais têm um compromisso de respeitar os princípios e direitos consagrados na Convenção. Os 31 Estados que ratificaram o Protocolo sobre a Corte são Algeria, Benin, Burkina Faso, Burundi, Cameroon, Chad, Cote d'Ivoire, Comoros, Congo, Gabon, Gambia, Ghana, Kenya, Libya, Lesotho, Mali, Malawi, Mozambique, Mauritania, Mauritius, Nigeria, Niger, Rwanda, Sahrawi Arab Democratic Republic, South Africa, Senegal, Tanzania, Togo, Tunisia, Uganda and Republic of Congo.

79. The case of *Association Pour le Progrès et la Défense des Droits des Femmes Maliennes (APDF) and the Institute for Human Rights and Development in Africa (IHRDA) v Mali*. Decision of 11 May 2018.

somente receberiam herança se os pais assim o quisessem. E finalmente, a Corte considerou que Mali não tinha cumprido sua obrigação positiva prevista nos artigos 2º (2) do Protocolo de Maputo, 5º (a) da CEDAM e 1(3) da CADBEC de eliminar tradições e costumes prejudiciais às mulheres e crianças e à vida familiar. Esta decisão, do ponto de vista de direito internacional e regional, aplicando princípios e regras previstos em instrumentos regionais e mundiais de proteção da família, principalmente da mulher e crianças, também por sua persuasão moral, tende a fazer com que outros países se adaptem e promovam mutações constitucionais e de paradigmas de direito e na prática. No ano seguinte a esta decisão da Corte Africana de Direitos Humanos, a Corte Suprema de Apelação da Tanzânia considerou inconstitucional a lei doméstica que estabelecia a idade mínima de 15 anos para mulheres e de 18 anos para homens para fins de casamento, fundamentando-se também no artigo 6º do Protocolo de Maputo.[80]

3. OUTRAS DECLARAÇÕES REGIONAIS E A ISLÂMICA. INTERAÇÃO ENTRE OS INSTRUMENTOS INTERNACIONAIS NA PROTEÇÃO UNIVERSAL À DIGNIDADE DA FAMÍLIA. CONCLUSÃO

As três convenções internacionais regionais sobre direitos humanos analisadas na seção anterior, quais sejam, a Europeia, a Interamericana e a Africana, estabelecem um tribunal regional internacional independente para decidir casos concretos apresentados por indivíduos que pleiteiam o reconhecimento da violação de algum direito fundamental. Diferentemente, outras três declarações internacionais, a da

80. ODHIAMBO, Agnes. Victory Against Child Marriage in Tanzania. Human Rights Watch, 25 out. 2019. Disponível em: https://bit.ly/3PbFNVM. Acesso em: 9 ago. 2021; e EQUALITY NOW. 9 ways the Maputo Protocol has protected and promoted the rights of women and girls across Africa. Equality Now, 24 mar. 2021. Disponível em: https://bit.ly/37CCoyh. Acesso em: 9 ago. 2021.

Conferência do Cairo (1990),[81] a dos Países Árabes (Carta dos Direitos Humanos de 1994)[82] e a dos Países do Sudeste Asiático (ASEAN *Declaration on Human Rights*, de 2012),[83] embora reconheçam a família como unidade natural e essencial na sociedade, não possuem um tribunal que possa decidir e reconhecer em casos concretos a violação dos direitos humanos nelas previstos. Espera-se que seja uma questão de tempo, como ocorreu com as outras convenções regionais de direitos humanos, que no início não tinham uma corte internacional formada por juízes independentes, sendo inegável ao menos no âmbito do reconhecimento e proteção da família de acordo com parâmetros universais mínimos.

Todas as convenções regionais fazem referência à Declaração Universal dos Direitos Humanos da ONU, o que autoriza uma necessária interação e harmonia entre elas, bem como com as outras Convenções e Protocolos da própria ONU no tocante aos direitos humanos e à proteção da família. Igualmente os direitos sociais, econômicos e culturais, nelas previstos, devem ser implementados com as respectivas obrigações dos Estados, respeitando-se as diferenças de costumes e tradições locais, como linguagem, vestimenta, comida, folclore e outras manifestações da cultura de cada país, que não afetem

81. "Article 5: Protection of the Family and Marriage a. The family is the natural and fundamental group unit of society. It is based on marriage between a man and a woman. b. Men and women of marrying age have the right to marry and to found a family according to the rules and conditions of marriage. No marriage can take place without the full and free consent of both espouses. The laws in force guarantee the rights and duties of man and woman as to marriage, during marriage and after its dissolution. c. The State and society shall ensure the protection of the rights of the family and its members, strengthening of the family ties, and the prohibition of all forms of violence or abuse in the relations among its members, particularly against women, children, persons with disabilities and the elderly."

82. "Article 38 (a) The family is the basic unit of society, whose protection it shall enjoy. (b) The State undertakes to provide outstanding care and special protection for the family, mothers, children and the aged."

83. "Article 19. The family as the natural and fundamental unit of society is entitled to protection by society and each ASEAN Member State. Men and women of full age have the right to marry on the basis of their free and full consent, to found a family and to dissolve a marriage, as prescribed by law."

a dignidade humana e da família como valor e sobreprincípio do direito internacional público.

REFERÊNCIAS

ARAI-TAKAHASHI, Yutaka. The Margin of Appreciation Doctrine and the Principle of Proportionality in the Jurisprudence of the ECHR. Intersentia/Oxford, 2002.

BLACKBURN, Robert. The Institutions and Processes of the Convention. In: BLACKBURN, Robert; POLAKIEWICZ, Jörg (Eds.). Fundamental Rights in Europe: the ECHR and Its Member States, 1950-2000. Oxford University Press, 2001.

CAMPOS, Diogo Leite de. Tributação da família. Carga fiscal e inconstitucionalidade. *Boletim da Faculdade de Direito de Coimbra*, Coimbra, v. 16, 1980.

CANNIZZARO, Enzo (Ed.). The Law of Treaties Beyond the Vienna Convention. Oxford University Press, 2011.

CARLSON, Scott N.; GISVOLD, Gregory. Practical guide to the International Covenant on Civil and Political Rights. Transnational Publishers, 2003.

CONSELHO EUROPEU. Protocol Nº 15 amending the Convention on the Protection of Human Rights and Fundamental Freedoms. Disponível em: https://bit.ly/38roEqq Acesso em: 9 ago. 2021.

CRAVEN, Matthew C.R. The International Covenant on Economic, Social and Cultural Rights: a Perspective on its Development. Oxford University Press, 1995.

DECAUX, Emmanuel; SCHUTTER, Olivier de. Le pacte international relatif aux droits économiques, sociaux et culturels: commentaire article par article. Paris: Economica, 2019.

DEMBOUR, Marie-Bénédicte. Who Believes in Human Rights? Reflections on the European Convention. Cambridge University Press, 2006.

EQUALITY NOW. 9 ways the Maputo Protocol has protected and promoted the rights of women and girls across Africa. Equality Now, 24 mar. 2021. Disponível em: https://bit.ly/37C-Coyh. Acesso em: 9 ago. 2021.

FREEMAN, Marsha A.; CHINKIN, Christine; RUDOLF, Beate (Eds.). The UN Convention on the Elimination of All Forms of Discrimination against Women: a Commentary. Oxford University Press, 2012.

GREER, Steven. The European Convention on Human Rights: Achievements, Problems and Prospects. Cambridge University Press, 2006.

GREER, Steven. The Margin of Appreciation: Interpretation and Discretion under the European Convention on Human Rights. Council of Europe Publishing, 2000.

HENKIN Louis. The Universality of the Concept of Human Rights. The ANNALS of the American Academy of Political and Social Science, v. 506, n. 1, 1989. p. 10-16.

HEYNS, Christof; VILJOEN, Frans Viljoen. The Impact of the United Nations Human Rights Treaties on the Domestic Level. Human Rights Quarterly, v. 23, n. 3, p. 483-535, ago. 2001.

HOLMSTROM, Leif (Ed.). Concluding observations of the UN Committee on the Rights of the Child. Martinus Nijhoff Publishers, 2000.

JOÃO PAULO II. The Fiftieth General Assembly Of The United Nations Organization, Address Of His Holiness John Paul II, United Nations Headquarters (New York),Thursday, 5 October 1995. L'Osservatore Romano, n. 41, 1995.

JOSEPH, Sarah; SCHULTZ, Jenny; CASTAN, Melissa. The International Covenant on Civil and Political Rights: cases, materials and commentary, Oxford University Press, 2000.

KOMMERS, Donald; MILLER, Russell A. The Constitutional Jurisprudence of the Federal Republic of Germany. Duke University Press, 1997.

MOWBRAY, Alastair. Cases, Materials, and Commentary on the European Convention on Human Rights. 3. ed. Oxford University Press, 2012.

ODHIAMBO, Agnes. Victory Against Child Marriage in Tanzania. Human Rights Watch, 25 out. 2019. Disponível em: https://bit.ly/3PbFNVM. Acesso em: 9 ago. 2021.

ORGANIZAÇÃO DAS NAÇÕES UNIDAS. Assembleia Geral. Convenção Internacional sobre os Direitos da Criança, 20 de novembro de 1989. Disponível em: https://uni.cf/3MZ4aUO Acesso em: 9 ago. 2021.

ORGANIZAÇÃO DAS NAÇÕES UNIDAS. Assembleia Geral. Pacto Internacional de Direitos Civis e Políticos. Disponível em: https://bit.ly/3suYnOP Acesso em: 9 ago. 2021.

ORGANIZAÇÃO DAS NAÇÕES UNIDAS. Assembleia Geral. Pacto Internacional sobre os Direitos Econômicos, Sociais e Culturais. Disponível em: https://bit.ly/38g00t3 Acesso em: 9 ago. 2021.

ORGANIZAÇÃO DAS NAÇÕES UNIDAS. Comitê de Direitos Humanos. CCPR General Comment Nº 17: Article 24 (Rights of the Child), 7 April 1989. Disponível em: https://bit.ly/3wonVhM Acesso em: 9 ago. 2021.

ORGANIZAÇÃO DAS NAÇÕES UNIDAS. Comitê de Direitos Humanos. CCPR/C/123/D/2747/2016, Annex III, 7 december 2018. Disponível em: https://bit.ly/3PheARJ Acesso em: 9 ago. 2021.

ORGANIZAÇÃO DAS NAÇÕES UNIDAS. Comitê de Direitos Humanos. Convenção Internacional sobre a Eliminação de Todas as Formas de Discriminação contra as Mulheres, 18 de dezembro de 1979. Disponível em: https://bit.ly/39VtVHm. Acesso em: 9 ago. 2021.

ORGANIZAÇÃO DAS NAÇÕES UNIDAS. Comitê dos Direitos da Criança (CRC). General comment no. 5 (2003): General measures of implementation of the Convention on the Rights of the Child, 27 November 2003, CRC/GC/2003/5. Disponível em: https://bit.ly/3M199UR Acesso em: 9 ago. 2021.

ORGANIZAÇÃO DAS NAÇÕES UNIDAS. Comitê dos Direitos da Criança (CRC). General comment No. 14 (2013): on the right of the child to have his or her best interests taken as a primary consideration (art. 3, para. 1), 29 May 2013, CRC /C/GC/14. Disponível em: https://bit.ly/38qjQ4F. Acesso em: 9 ago. 2021.

ORGANIZAÇÃO DAS NAÇÕES UNIDAS. Comitê dos Direitos da Criança (CRC). General comment No. 7 (2005): Implementing Child Rights in Early Childhood, 20 September 2006, CRC/C/GC/7/Rev.1. Disponível em: https://bit.ly/3l4F62C Acesso em: 9 ago. 2021.

ORGANIZAÇÃO DAS NAÇÕES UNIDAS. Declaração Universal dos Direitos Humanos, **1948**. Disponível em: https://uni.cf/3FAkVmM. Acesso em: 9 ago. 2021.

ORGANIZAÇÃO DAS NAÇÕES UNIDAS. Office Of The High Commissioner For Human Rights (OHCHR). Fact Sheet No. 2 (Rev.1), The International Bill of Human Rights, June 1996, No. 2 (Rev.1). Disponível em: https://bit.ly/3ywfLXu. Acesso em: 9 ago. 2021.

ORGANIZAÇÃO DAS NAÇÕES UNIDAS. UN International Human Rights Instruments. Compilation of General Comments and General Recommendations Adopted by Human Rights Treaty Bodies, 4 May 2005, HRI/GEN/1/Rev.7/Add.1. Disponível em: https://bit.ly/3FE9QB9 Acesso em: 9 ago. 2021.

ORGANIZAÇÃO DOS ESTADOS AMERICANOS. Comissão Inter-Americana de Direitos Humanos. The Right of Boys and Girls to a Family. Alternative Care. Ending institutionalization in the Americas, OEA/Ser.L/V/II. Doc.54/13, 2013. Disponível em: https://bit.ly/3wsvHaG Acesso em: 9 ago. 2021.

ORGANIZAÇÃO DOS ESTADOS AMERICANOS. Comissão Inter-Americana de Direitos Humanos. Advisory Opinion Oc-17/2002 Of August 28, 2002, Requested By The Inter-American

Commission On Human Rights. Disponível em: https://bit.ly/39J4B7c Acesso em: 9 ago. 2021.

ORGANIZAÇÃO DOS ESTADOS AMERICANOS. Convenção Interamericana de Direitos Humanos, 22 nov. 1969. Disponível em: https://bit.ly/3FKnpiA Acesso em: 9 ago. 2021.

OVEY, Clare; WHITE, Robin C. A. The European Convention on Human Rights. 3. ed. Oxford University Press, 2002.

ROCH, María Teresa Soler. Family Taxation in Europe. Kluwer Law International, 1999.

SUDRE, Frédéric (Ed.). Le droit au respect de la vie familiale au sens de la Convention européenne des droits de l'homme: Actes du colloque des 22 et 23 mars 2002. Bruylant, 2002.

TILEY, John. Tax, Marriage and the Family. The Cambridge Law Journal, v. 65, n. 2, 2006.

TRINDADE, Antonio Augusto Cançado. *Tratado de direito internacional dos direitos humanos.* Porto Alegre: Sergio Fabris Editor, 1997.

UNIÃO AFRICANA. Comissão Africana dos Direitos Humanos e dos Povos. African Charter on Human and Peoples' Rights. Disponível em: https://bit.ly/3L72gQL Acesso em: 9 ago. 2021.

UNIÃO EUROPEIA. Comissão Europeia de Direitos Humanos. Guide on Article 12 of the European Convention on Human Rights. Right to marry. Disponível em: https://bit.ly/3FJPQwX Acesso em: 9 ago. 2021.

VAN BUEREN, Geraldine. The International Law on the Rights of the Child. Kluwer Law International, 1998.

ANEXO I – CASOS CITADOS

ALEMANHA. Tribunal Constitucional Federal. **6 BVerfGE 55**, 17 jan. 1957.

BRASIL. Supremo Tribunal Federal. Recurso Extraordinário 1.045.273. Relator: Min. Alexandre de Moraes, 9 abr. 2021. Disponível em: https://bit.ly/3w5wwHq Acesso em: 9 ago. 2021.

CONSELHO EUROPEU. Corte Europeia de Direitos Humanos. Chapin and Charpentier v. France, 2016 (Application 40183/07, 9 jun. 2016). Disponível em: https://bit.ly/3sw30bD Acesso em: 9 ago. 2021.

CONSELHO EUROPEU. Corte Europeia de Direitos Humanos. Johnston and Others v. Ireland (Application Nº 9697/82, § 56), 18 dez. 1986. Disponível em: https://bit.ly/3FDulht . Acesso em: 9 ago. 2021.

CONSELHO EUROPEU. Corte Europeia de Direitos Humanos. Marckx v. Belgium (Application Nº 6833/74, § 31), 13 jun. 1979. Disponível em: https://bit.ly/3w4OHgl Acesso em: 9 ago. 2021.

CONSELHO EUROPEU. Corte Europeia de Direitos Humanos. Orlandi and Others v. Italy, 2017, (Applications 26431/12, 26742/12, 44057/12), 17 dez. 2017. Disponível em: https://bit.ly/3N9sh3e Acesso em: 9 ago. 2021.

CONSELHO EUROPEU. Corte Europeia de Direitos Humanos. Paradiso and Campanelli v. Italy (Application Nº 24/01/2017, § 140), 24 jan. 2017. Disponível em: https://bit.ly/3l0mD7g Acesso em: 9 ago. 2021.

CONSELHO EUROPEU. Corte Europeia de Direitos Humanos. PM v. UK (Application No. 6638/03), 19 jul. 2005. Disponível em: https://bit.ly/3l0mv7M Acesso em: 9 ago. 2021.

CONSELHO EUROPEU. Corte Europeia de Direitos Humanos. Riener v. Bulgaria (Application nº 46343/99), 23 maio 2006. Disponível em: https://bit.ly/3FDulht Acesso em: 9 ago. 2021.

CONSELHO EUROPEU. Corte Europeia de Direitos Humanos. Schalk and Kopf v. Austria (Application no. 30141/04), 24 June 2010. Disponível em: https://bit.ly/3w1HH3M. Acesso em: 9 ago. 2021.

CONSELHO EUROPEU. Corte Europeia de Direitos Humanos. Taddeuci and McCall v. Italy (Application Nº. 51362/09), 30 jun. 2016. Disponível em: https://bit.ly/3FztZZ6 Acesso em: 9 ago. 2021.

CONSELHO EUROPEU. Corte Europeia de Direitos Humanos. X, Y, and Z, v. the United Kingdom (Application. No. 21830/93), 22 abr. 1997. Disponível em: https://bit.ly/3PeTOSt Acesso em: 9 ago. 2021.

ESPANHA. Tribunal Constitucional. Sentencia 45/1989, 20 fev. 1989. Disponível em: https://bit.ly/3FFuJMb Acesso em: 9 ago. 2021.

ITÁLIA. Corte Constitucional. Sentenza n. 179, anno 1976, 15 jul. 1976. Disponível em: https://bit.ly/3l0YIVr Acesso em: 9 ago. 2021.

ORGANIZAÇÃO DAS NAÇÕES UNIDAS. Comitê Sobre a Eliminação da Discriminação contra a Mulher (CEDAW). Alyne da Silva Pimentel Teixeira (deceased) v. Brazil. Disponível em: https://bit.ly/3FQGVdn Acesso em: 9 ago. 2021.

ORGANIZAÇÃO DAS NAÇÕES UNIDAS. Comitê Sobre a Eliminação da Discriminação contra a Mulher (CEDAW). Alyne da Silva Pimentel vs. Brazil. Comunicação nº 17/2008, §21, Documento da ONU: CEDAW/C/49/D/17/2008, 2011. Disponível em: https://bit.ly/3suji4z Acesso em: 9 ago. 2021.

ORGANIZAÇÃO DOS ESTADOS AMERICANOS. Corte Interamericana de Direitos Humanos. Cristina Britez Arce and family v Argentina (Case 13.002). Disponível em: https://bit.ly/3N4XOTR Acesso em: 9 ago. 2021.

ORGANIZAÇÃO DOS ESTADOS AMERICANOS. Corte Interamericana de Direitos Humanos. Balbina Francisca Rodríguez Pacheco and family v Venezuela (Case 12.868). Disponível em: https://bit.ly/3w0E7qx Acesso em: 9 ago. 2021.

ORGANIZAÇÃO DOS ESTADOS AMERICANOS. Corte Interamericana de Direitos Humanos. Márcia Barbosa de Souza and her family v Brazil (Case 12.263). Disponível em: https://bit.ly/3PbMIOP Acesso em: 9 ago. 2021.

ORGANIZAÇÃO DOS ESTADOS AMERICANOS. Corte Interamericana de Direitos Humanos. Pacheco Tineo family v. Bolivia (Case 12.474). Disponível em: https://bit.ly/3yALNBL Acesso em: 9 ago. 2021.

ORGANIZAÇÃO DOS ESTADOS AMERICANOS. Corte Interamericana de Direitos Humanos. Forneron and daughter v. Argentina (Case 12.584). Disponível em: https://bit.ly/3skCba8 Acesso em: 9 ago. 2021.

ORGANIZAÇÃO DOS ESTADOS AMERICANOS. Corte Interamericana de Direitos Humanos. Case of the "Street Children" (Villagrán Morales et al.) v. Guatemala (Case 11.383). Disponível em: https://bit.ly/3P6gzIm Acesso em: 9 ago. 2021.

ORGANIZAÇÃO DOS ESTADOS AMERICANOS. Corte Interamericana de Direitos Humanos. Juan Gelman, María Claudia Iruretagoyena de Gelman y María Macarena Gelman García Iruretagoyena v. Uruguay (Case 12.607). Disponível em: https://bit.ly/3wjwjPt Acesso em: 9 ago. 2021.

REINO UNIDO. Suprema Corte. R (on the application of SC, CB and 8 children) (Appellants) v Secretary of State for Work and Pensions and others (Respondents). Disponível em: https://bit.ly/3FtS3wv Acesso em: 9 ago. 2021.

UNIÃO AFRICANA. Corte Africana dos Direitos Humanos e dos Povos. Association Pour le Progrès et la Défense des Droits des Femmes Maliennes (APDF) and the Institute for Human Rights and Development in Africa (IHRDA) v. Republic of Mali (Application 046/2016). Disponível em: https://bit.ly/3FDxQo4 Acesso em: 9 ago. 2021.